上海社会科学院创新成果丛书

主编 张道根 于信汇

长三角协同发展战略研究

Research on the coordinated development strategy of the Yangtze River Delta

王 振 等著

上海社会科学院出版社
SHANGHAI ACADEMY OF SOCIAL SCIENCES PRESS

丛书编委会

从书总序

在中国特色社会主义伟大实践中加快构建中国特色哲学社会科学，既是开创中华民族伟大复兴的思想基础，也是应对当前深刻复杂国际形势的重要支撑。党的十八大以来，以习近平同志为总书记的党中央把加快构建中国特色哲学社会科学作为提高治国理政能力、推进国家治理体系和治理能力现代化的战略任务，高度重视、精心部署、全力推动。这也为上海社会科学院新时期的发展提供了目标方向。

理论的生命力在于创新。古往今来，世界大国崛起路径各异，但在其崛起的过程中，无不伴随着重大的理论创新和哲学社会科学的发展。面对新挑战、新要求，中国哲学社会科学特别需要加强理论前沿、重大战略、综合领域、基层实践的诠释和指导能力。作为国家哲学社会科学的重要研究机构，2014 年上海社会科学院率先在地方社会科学院实施哲学社会科学创新工程；2015 年又成为国家首批高端智库试点单位。上海社会科学院从体制机制入手，以理论创新为突破口，围绕“国家战略和上海先行先试”定位，以智库建设和学科发展“双轮驱动”为创新路径，积极探索，大胆实践，对哲学社会科学的若干重大理论和现实问题开展前瞻性、针对性、储备性政策研究，完成了一批中央决策需要的、具有战略和全局意义、现实针对性强的高质量成果。

在上海社会科学院创新工程实施三年之际，通过本套丛书集中展示了我院在推进哲学社会科学理论创新中的成果，并将分批陆续出版。在编撰过程中，我们既强调对重大理论问题的深入探讨，也鼓励针对高端智库决策成果中的热点现实问题进行理论探讨。希望本丛书能体现高端智库的研究水平、社科院的研究特色，对国家战略性、前瞻性、基础性问题进行深入思考，也为繁荣新时期中国哲学社会科学理论创新添砖加瓦。

丛书主编

2016年11月15日

目 录

序

协同推进长三角一体化发展

党的十九大开启了全面建设社会主义现代化国家的新征程，提出：从2020年到2035年，在全面建成小康社会的基础上，再奋斗15年，基本实现社会主义现代化；从2035年到本世纪中叶，在基本实现现代化的基础上，再奋斗15年，把我国建成富强民主文明和谐美丽的社会主义现代化强国。

在党的十九大精神指引下，在未来国家现代化建设大局中，长三角地区将继续肩负起率先发展、一体化发展的历史使命，勇当现代化建设的引领示范者和现代化强国的核心承载区。而在区域的协同行动中，既要继续培育壮大上海的全球城市功能、长三角核心区的全球引擎功能和长三角城市群的现代化引领功能，还要全面增强上海及南京、杭州、合肥、苏州、宁波等各个核心引擎的对外辐射和服务，推动整个长三角地区的先行和领跑，进而带动长江经济带和全国的现代化建设。

当下，长三角地区正进入协同推进一体化发展的新时代。我们可从新基础、新内涵、新趋势来深刻认识这个新时代。

一、长三角一体化发展的新基础、新内涵

从新基础看，必须把握深度同城化这个最重要的区域合作新基础。进入21世纪初，长三角地区进入同城化时代，也就是以高速公路网和跨江跨海大桥建设为标志，越来越多的城市与上海的交通时空距离大大缩短，要素流动越来越频繁，城市化差距加快缩小。进入2010年以来，以上海成功举办世博会，以及高铁、互联网的快速发展为标志，长三角地区开始步入深度同城化时代，更多的城市进入2小时交通圈，跨地区通勤成为常态，地区合作从产业转移升级到共建共享，城市之间的经济差距进一步缩小。正是有了深度城市化这一新基础，对长三角一体化发展提出了新要求、新任务。

特别是经过40年的改革开放，长三角地区三省一市2017年合计的经济总量已经达到19.53万亿元，占全国的23.6%，其中以26个城市为边界的长三角城市群，其2017年的经济总量为16.52万亿元，居世界六大城市群的第五位。按照2017年人均GDP计算，长三角地区为8.74万元，比全国高2.77万元，按2017年年底汇率，人均水平已达到1.36万美元，可以说已达到发达国家初等水平。而上海为12.46万元，江苏为10.72万元，浙江为9.21万元，按美元计算的人均水平更加接近发达国家的中等水平。正是有了厚实的经济基础，再次把长三角一体化发展提升到了新时代的国家战略层面。

从新内涵看，我们现在谈的长三角一体化发展，是基于建设社会主义现代化强国这一大政方针，基于建设世界级城市群这一国家战略部署，基于长三角进入深度同城化这一新阶段，以全面深化区域合作为导向，在更多领域加快突破体制机制瓶颈，更好解决区域协调发展中的不衔接、不平衡问题，激发区域内在活力，加快向具有全球影响力的城市群迈进。

传统的区域一体化发展，是指发达的大城市为加快提升不发达

的周边中小城市和乡村发展水平，通过构建以大带小、以城带乡的一体化体制机制和特殊政策，把大城市高度集聚的功能优势、资源优势、产业优势、人才优势，辐射扩散到周边城市和乡村，带动其工业化、城市化、现代化进程，加快缩小地区差距和城乡差距。长三角地区多年来的一体化发展思路和实践，基本属于这一传统的概念范畴。

而当下的区域一体化发展，新时代赋予了新的内涵，是指城市群中的各个城市，特别是都市圈中的各个城市，为提升城市群的同城化水平和国际竞争力，实现“$1+1>2$”效应，在一些领域开展紧密合作，通过建立一体化建设和运营的体制机制及平台载体，消除行政分割，激发规模效应，实现更高层次的共生共享。在高铁、互联网、深度同城化和成熟市场经济的牵引下，这一新概念范畴的区域一体化正在成为长三角区域合作的主流。正是由于未来长三角一体化发展更多表现出共生共建共享的新特征，更加积极推进地区间的紧密协同行动，将成为实现各项一体化发展的关键所在。

二、协同推进长三角一体化发展的战略任务

党的十九大以来，长三角一体化发展问题成为各方热议的话题。从三省一市在上海合作成立长三角区域合作办公室，到正在积极研究制定的长三角一体化发展行动方案，都预示着长三角一体化发展迎来了重大突破的阶段。长三角三省一市，以及城市群 26 个城市，都要积极参与到协同行动中来，其中最重要的有三项战略任务。

（一）在多个领域协同推进一体化发展

不仅有生态保护、交通互联、产业合作、科技创新领域的一体化，还有城市功能、要素市场、民生发展等领域的一体化。比如要素市场，当前技术、资金、人才等创新要素市场仍然带有明显的地方性，因此也导致了比较突出的地方分割问题，要发挥市场在合理配置创新

资源中的决定性作用，就必须从区域协同起步，逐步消除导致市场分割和碎片化问题的体制机制障碍，逐步向统一的一体化市场迈进。又如民生发展，这方面的一体化发展目前是薄弱环节，但在深度同城化时代，其一体化需求越来越突出。如医疗，各地自有一套医疗保险体系，城市之间互不衔接，给跨地区医疗，以及那些到其他城市安度晚年的老人都带来了极大的不便，这将成为长三角一体化发展需要攻克的具体项目。

不仅有上海加大对外辐射强化服务的一体化，还有各地协同出力共同打造上海全球城市功能的一体化。比如上海建设卓越的全球城市，建设全球性的经济、金融、贸易、航运及科创中心，不是上海一家的全球城市和全球中心，而是上海大都市圈范畴的全球城市和全球中心。纽约、伦敦、东京之所以能成为世界级城市群的首位城市，都是基于大纽约、大伦敦、大东京的大都市圈范畴和基础。又如打造世界级产业集群，上海在汽车、高端装备、航空航天、海洋重工领域拥有行业领军者企业，但光靠上海的空间及产业集群，难以走向世界级，因此需要布局在各地的产业集群加强合作，形成合理的空间布局和创新链配套，向产业链一体化发展迈进。

（二）着力协同建设一批一体化运营的机构载体

主要在基础设施、要素市场、公共服务等领域，长期以来都是按行政区分级设置载体机构，今后则将向载体一体化迈进。因为只有建立了一批跨地区一体化营运的机构和载体，通过它们更加有效地承担一体化建设和运营项目，才能更好地解决行政区分割和各自为政问题，提高一体化发展效能。当然，建设跨区域的一体化运营机构难度比较大，但如果在这方面没有重大突破，长三角一体化发展也难以迈入新时代。

我们认为，建立一批覆盖长三角全区域，实行一体化运营的载体机构，是长三角一体化发展的重中之重。今后，一方面是如何新建，三省一市通过共同谋划、共同出资，建设一批覆盖长三角的专业机构。如长三角区域合作委员会、长三角轨道交通公司、长三角开发银行、长三角产业合作基金、长三角生态基金，还有覆盖长三角整个区域的各种专业性社会组织，等等。另一方面是如何整合，通过机制创新，促进各地行业合并或联合，形成覆盖全区域的新型功能平台、新型服务机构。如推动大学、科研机构、公共服务机构、交易市场、养老机构的跨地区发展和机构整合，形成一体化运作的体系和机制。

（三）积极协同构建促进和保障一体化发展的制度框架

一方面，要建立健全促进一体化发展的政策体系，其中既有三省一市共同研究制定的一体化政策，也有消除地区政策的标准不一、执行不一问题，让各地政策相互衔接、统一。另一方面，要发挥地方立法作用，开展合作立法，为一体化发展提供制度支撑和保障。

围绕世界级城市群的共同愿景，按照一体化发展规划的项目布局，在城市功能、产业合作、创新协同、基础设施、市场配置、公共服务等各个方面制定专门的配套政策。比如市场准入政策，各地将形成统一的认准标准、监管标准，并且一地认准，各地通用。比如生态补偿政策，各地将加强协同、衔接，产业和人口集聚度高的地区多承担、多贡献一点，保障生态功能区可以全面承担生态功能。

探索地区合作立法机制，用制度促进和保障长三角一体化发展。目前，我国关于协调区域发展的法规基本处于空白状态，而从法国、美国和日本等发达国家的城市群发展或流域治理来看，他们都通过国家立法及政府配套条文予以保障和规范。长三角一体化发展，是一项需要久久围攻的系统工程，需要有一套能够协调三省一市的制度体系予以推动和保障。国家层面要为长三角专门立法，不太现实，所以今后可以赋予长三角地区地方合作立法机制的改革试点，制定出共同遵守、共同建设的法规体系，让更多的一体化项目有法可依、有法支撑。

三、本著作的特点与贡献

本书是上海社会科学院长三角区域经济创新团队经过两年多研究形成的成果。创新团队成立于2014年5月，其成员多年来研究长三角及长江经济带区域经济发展问题，每年撰写出版《长三角地区经济发展报告》和《长江经济带发展蓝皮书》，还建成了“长江经济网”门户网站及数据库。

在选择长三角区域合作课题研究中，我们把切入口放在了区域协同发展角度，因为我们认为，自国家提出京、津、冀协同发展战略以来，我国区域协调发展进入协同发展时代。协同发展，特别强调在一个区域大板块中，各个城市或地区都有各自的发展特色和优势，通过功能的合理分工和合作共赢的协同机制，调动各个地区积极性，在多个增长极和创新源的带动下，逐步缩小地区差距，实现区域共同繁荣。协同发展，更多强调大城市对周边地区的辐射和服务，疏解过度集中的功能和要素，以城市群、都市圈模式推动区域协调发展。

我们在研究长三角区域经济与区域合作现实的基础上，更加突出智库研究特色，以2035年为战略愿景期，着重研究长三角协同发展的战略背景、战略问题、战略目标与战略路径。我们提出了一个长三角区域协同发展的战略愿景框架，以建设世界级城市群为战略导向，提出了六大战略愿景行动框架，即(1)协同打造世界级功能：全球服务力；(2)协同建成世界级产业集群：国际竞争力；(3)协同构建世界级科创体系：全球影响力；(4)协同提升世界级港口群：全球性中枢；(5)协同创建世界级生态共同体：可持续发展；(6)协同造就世界级富裕区域：民生均等化。同时在七大重点领域开展专题研究，包括：城市群建设的协同、科技创新的协同、产业发展的协同、生态环境治理的协同、港口发展的协同、金融中心建设的协同、农业发展的协同、区域协同机制与政策等。

本著作的分工是：序，王振；第一章，王振、薛艳杰；第二章，薛艳杰；第三章，刘亮；第四章，樊福卓；第五章，张翼飞、王赛、陈小庆；第六章，张彦；第七章，王晓娟；第八章，戴伟娟；第九章，王振、薛艳杰；参考文献，马双。由王振提出研究框架，王振、王晓娟负责统稿。

最后要感谢上海社会科学院对我们创新团队的资金支持，感谢创新团队成员通力合作，完成了这部在长三角区域合作问题上具有开创性研究的书稿，感谢上海社会科学出版社在较短时间内完成了正式出版。

王　振
上海社会科学院副院长
长三角区域经济创新团队首席专家
2018 年 4 月 15 日

第一章

长三角协同发展：战略背景与愿景行动

党的十八大以来，作为改革开放先行者排头兵的长三角地区，积极贯彻落实创新、协调、绿色、开放、共享五大发展新理念，以建设更高水平的小康社会为导向，已经先行开启现代化建设的伟大实践。在党的十九大精神指引下，在未来的国家现代化建设大局中，长三角地区将继续肩负起重要的历史使命，是现代化建设的引领示范者、现代化强国的核心承载区。而在区域的协同行动中，既要培育壮大上海、长三角核心区、长三角城市群多层级的现代化建设引擎，还要全面增强各个引擎的对外辐射和服务，推动整个长三角地区的先行和领跑，进而带动长江经济带和全国的现代化建设。

长三角地区经过 40 年的改革开放，三省一市 2017 年合计的经济总量已经达到 19.53 万亿元，占全国的 23.6%，其中以 26 个城市为边界的长三角城市群，其 2017 年的经济总量为 16.52 万亿元，居世界六大城市群的第五位。但这一区域的上海、江苏、浙江、安徽三省一市，以及各城市之间，地区差距仍很明显。而要实现我们理想的区域一体化蓝图，体制机制瓶颈障碍仍很明显，区域合作仍要进一步探索实践各种新路径、新机制。

一、长三角协同发展的战略背景

以京津冀协同发展为标志和引领，我国区域发展进入了协同发展时代。

在长三角地区，多年来区域合作一直是在一体化发展的思路框架中展开的。但区域一体化发展与区域协同发展是有本质性区别的。笔者认为，区域一体化发展有两层含义：一是指发达的大城市为加快提升周边城市和乡村的发展水平，通过构建以大带小、以城带乡的一体化体制机制和特殊政策，把大城市高度集聚的功能优势、资源优势、产业优势、人才优势，辐射扩散到周边城市和乡村，带动其工业化、城市化、现代化进程，加快缩小地区差距和城乡差距。长三角地区多年来的一体化发展思路和实践，基本属于这一概念范畴。二是指城市群中的各个城市，特别是都市圈中的各个城市，为提升城市群的同城化水平和国际竞争力，实现“1＋1＞2”效应，在一些领域开展紧密合作，通过建立一体化建设和运营的体制机制和平台载体，消除行政分割，激发规模效应，实现更高层次的共生共享。在当下高铁、互联网、同城化和成熟市场经济的牵引下，这一概念范畴的区域一体化正在成为主流。

区域协同发展，基于平等的行政区主体及共生的城市群、都市圈，为发挥各个城市的各自优势，促进区域协调发展，形成整体合力，通过协商协助和共建共享，促进城市功能的合理分工，促进产业链的合理分布，促进交通及各类基础设施的网络化和枢纽化，促进民生和公共服务的均衡化和优质化，加快缩小地区差距，最大限度实现区域共生共荣。协商协助和共建共享，是区域协同发展的两个关键词。协商协助是特征，是构建区域合作机制框架的基本原则。共建共享是导向，是深化区域合作、实现共生共荣的行动路径。共建共享也正是当下及未来长三角一体化发展的新模式、新机制。

当前，长三角地区所处的内外部环境条件正在发生深刻变革，无论是从宏观形势和国家战略要求，还是区域发展的内生基础和需要，以及支撑引领发展的载体条件来看，深化协同发展已经成为长三角区域合作发展的迫切需要。

（一）国际国内经济地理格局重塑，协同发展成为主要趋势

从近期发展态势来看，2008 年国际金融危机已发生 10 年，世界经济不稳定、不确定影响因素增多，特别是特朗普当选美国总统以来实施的单边贸易保护主义，致使宏观环境更加错综复杂，经济地理格局加快重塑。一方面，多极化特征增强，区域竞争加剧；另一方面，全球经济联系更为广泛和紧密，地区间的发展关联和交互影响程度日益加深。在此背景下，主要经济体开始调整区域发展战略，对外着力构建更广泛、更多元、更具包容性、更可持续的国际合作区，对内调整区域发展战略，突破单个区域主导的发展模式，更加注重基于国家战略的整体性、综合性区域规划，着力打造具有全球竞争力的大都市区，更加客观地对待区域发展差距，强调包容性增长、弹性应对能力和可持续发展能力，保持区域内部发展多样性，激发根植于区域内部的经济活力，促进区域协调发展。我国根据新形势和新阶段的发展需要，优化调整区域发展战略，在空间格局上，对外积极推进“一带一路”倡议，鼓励和支持企业走出去，更多分享国际分工和合作利益；对内积极实施长江经济带、京津冀、粤港澳大湾区三大区域战略，更加强调突破自家“一亩三分地”的发展模式，构建资源整合、有序分工、竞合并存、互惠共赢的协同发展机制。

从远景发展趋势来看，全球不仅要面对经济复苏增长和再繁荣的压力，而且还要面对人口规模攀升及结构变化带来的诸多问题与挑战。据世界银行数据库，2014 年中世界人口已经达到约 72.1 亿人，而根据联合国、美国国家情报委员会等权威机构的预测，至 2030 年，世界人口将超过 80 亿人，2050 年将超过 90 亿人。同时，城市化

和老龄化趋势不可逆转，食物、水及能源供应挑战，气候变化及环境挑战等相互影响和叠加，全球将形成相互依存、不可分割的命运共同体，诸多问题需要协同应对。同时，到2030年，世界多极化发展格局将更为明显，主要经济体权力更趋均衡，求同存异、合作共赢的协同发展关系将成为国际间地区合作的主要趋势。

综合分析，以整合资源、优势互补、有序分工，协同应对发展挑战，培育发展优势，保持发展多样性，提升发展活力，增强可持续发展能力等为主要特征的协同发展，成为国际国内区域发展战略的主要方向。长三角地区是我国综合经济实力最强、最具发展活力的地区，同时地处长江经济带和“一带一路”交汇区域，在支撑和引领我国经济发展升级，以及在更高层次上参与国际合作与竞争中具有举足轻重的战略地位。同时，长三角地区也是我国一体化程度最高的地区，地区间经济社会联系紧密，合作发展基础较好，具备了率先探索协同发展新机制的有利条件。加快推动协同发展，是长三角地区顺应国际新态势和国家战略新要求的需要。

（二）区域步入转型升级关键阶段，协同发展的内生需求凸显

当前，长三角地区处于转型发展的十字路口，区域合作也步入新的历史阶段。在国际需求大幅波动下滑，有效投资后劲不足，内需消费不温不火，传统发展动力难以为继，传统支柱产业增长乏力，传统竞争优势弱化，但新产业、新动力和新竞争优势尚处于培育阶段，商务成本持续攀升，人口、资源、环境压力凸显等多重背景下，长三角地区经济增速持续下滑，稳增长、调结构、转方式的矛盾和困难叠加，比以往任何时候都更需要通过协同发展，优势互补、分工协作，汇聚发展合力，提升发展活力，培育新的增长动力与竞争优势，实现共同发展升级。

目前，长三角区域内发展不平衡问题仍较突出，协同发展的环境机制还不完善。例如，在协同发展推动机制上，尚缺少超越省级行政

区的权威、专职、常态化管理机构，区域性的法律法规尚未健全完善，地区间重大政策机制尚未有效衔接，行政壁垒仍是阻碍区域内资源要素自由流动的重要藩篱。长三角主要城市之间尚未形成合理有序的分工协作关系，城市群单中心特征仍比较明显，但核心城市的全球城市功能较弱，区域性中心城市辐射带动功能不强，较多城市规划规模过大、无序蔓延，建设用地开发强度高，但空间利用效率低；区域内产业同构、港口和园区重复建设、资源要素恶性竞争和低效利用等问题仍比较突出。区域生态环境协同保护治理的机制尚不完善，且覆盖面有限，复合型、流域性的环境污染问题仍十分严峻，行政区结合部的跨界污染问题仍时有发生，尚未走出哪里出了问题治理哪里的环境建设困局，全覆盖、规范性、长效化的环境协同保护治理机制有待健全完善。

加快健全完善区域协同发展机制，最大限度减少行政壁垒造成的区域分割，减少地方利益保护带来的恶性竞争、低效发展和环境恶化问题，实现区域繁荣、协调、有序、可持续发展，已经成为长三角地区实现发展升级的紧迫内生需求。

（三）交通和科技信息技术快速发展，协同发展的载体条件趋于成熟

近年来，长三角地区杭州湾跨海大桥、苏通大桥、崇启大桥等沿海、沿江重要交通通道相继建成，断头路不断打通，高等级公路网覆盖度不断提高，高速铁路密集发车，跨省地铁建成运行，多条重要区域性快速现代交通线路正在规划建设之中，加之不停车收费、公交一卡通、通关一体化等软环境机制逐步实质性对接，长三角地区已经初步建成了涵盖公路、铁路、航空、水运、管道运输等多种运输方式的综合交通体系。随着现代交通基础设施的快速发展，长三角地区间的时空距离明显压缩，核心城市对外辐射半径延长，核心城市与周边城市正在形成同城化的生活圈，上海向外 3 小时经济圈已经延伸到长

三角三省一市的外围地区，区域内资源要素流动不断提速，经济社会联系持续深化。发达的现代交通网络体系为促进长三角地区经济社会协同发展奠定了优越的交通载体条件。

近年来，世界科技信息技术变革及技术扩散进程加快，尤其是“互联网＋”、大数据等新一代信息技术的广泛应用与快速升级，带动了传统生产方式、产业组织方式、生产布局、商业模式和消费方式等的发展变革，弱化了地理空间及物理距离对生产和消费的分割影响，使更多的跨地区合作、资源整合、产业链构建等成为现实，对长三角地区产业结构调整及区域功能重塑起到促进，甚至引领作用。近年来，长三角地区企业层面自发的跨地区战略合作、产业链布局重构等呈增多趋势。科技和信息技术的大发展为长三角地区深化协同发展提供了重要的技术支撑和方向引领。

二、长三角协同发展的基础

长三角三省一市以占全国不到4％的土地面积，集聚了全国约16％的常住人口，产出了全国约24％的经济总量，是我国的核心经济区之一；省际及城际间经济社会联系比较紧密，区域合作发展的基础较好。近年来，在严峻复杂的国际环境、不断加剧的区域竞争格局，以及区域自身发展阶段和发展条件转变等多种因素的综合作用下，长三角地区经济增速减缓、地区发展不平衡、资源环境压力加大等矛盾和问题比较突出，区域协同发展的外部推力和内生需求均进一步增强。

（一）区域基本概况

长三角三省一市土地总面积约35.9万平方公里，约占我国陆域总面积的3.7％；2017年年末，常住人口约2.2亿人，约占全国人口的16.1％；人口密度约623人/平方公里，是全国人口密度的4倍多；地区生产总值约19.5万亿元，约占全国经济总量的23.6％；地方一般公共预算收入约 2.3 万亿元，约占全国一般公共预算收入的 13.6%；人均地区生产总值约 8.7 万元，城镇居民、农村居民人均可支配收入分别约 4.7 万元、2.1 万元，均高于全国平均水平，是我国综合经济实力最强的地区之一。

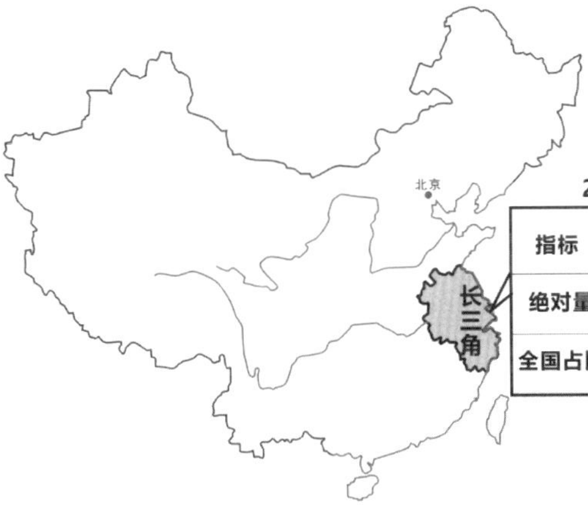

2017年长三角地区面积、人口和经济概况

指标	土地面积 平方公里	常住人口 万人	GDP 亿元	地方财政收入 亿元
绝对量	35.9	22359.4	195321.8	23428.8
全国占比	3.7%	16.1%	23.6%	13.6%

图 1-1　长三角地区面积、人口和经济概况

数据来源：土地面积数据来自长三角各省市及中国 2017 年统计年鉴，2017 年人口和经济数据来自长三角各省市及中国 2017 年国民经济和社会发展统计公报；后文数据若无特殊注明，来源相同。

长三角城市群 26 市土地总面积约 21.1 万平方公里，约占长三角区域面积的 58.8%、我国国土面积的 2.2%；2016 年年末，常住人口约 1.5 亿人，约占同期长三角地区常住总人口的 68.3%、全国总人口的 11%；人均地区生产总值约 9.8 万元，高于同期长三角地区及全国人均水平。2017 年，长三角城市群 26 市共实现地区生产总值约 16.5 万亿元，约占长三角区域经济总量的 84.6%、全国经济总量的 20%；共实现地方财政收入近 2 万亿元，约占长三角地区总量的 84.4%、全国财政总收入的 11.5%；城镇常住居民人均可支配收入平均约 44 985 元，低于长三角三省一市平均水平，高于全国平均水平；农村居民人均可支配收入约 22 693 元，高于长三角三省一市及全国平均水平。

表 1－1　2017 年长三角地区发展概况及全国比较

地区	土地面积（平方公里）	常住人口（万人）	GDP（亿元）	一般公共预算收入（亿元）	人均 GDP（万元）	城镇常住居民人均可支配收入（元）	农村常住居民人均可支配收入（元）
上海	0.63	2 418.33	30 133.86	6 642.26	12.46	62 596	27 825
江苏	10.72	8 029.3	85 900.9	8 171.5	10.72	43 622	19 158
浙江	10.55	5 657	51 768.3	5 803	9.21	51 261	24 956
安徽	14.01	6 254.8	27 518.7	2 812	4.42	31 640	12 758
长三角	35.92	22 359.43	195 321.76	23 428.76	8.74	47 280	21 174
全国	960	139 008	827 122	172 567	5.97	36 396	13 432
与全国比较	占比 3.7%	占比 16.1%	占比 23.6%	占比 13.6%	高 2.77 万元	高 10 884 元	高 7 742 元
长三角城市群 26 市	21.11	15 172.12*	165 194.33	19 762.59	9.8*	44 985	22 693
与长三角地区比较	占比 58.8%	占比 68.3%	占比 84.6%	占比 84.4%	高 1.5 万元	低 295 元	高 1 519 元
与全国比较	占比 2.2%	占比 11%	占比 20%	占比 11.5%	高 4.4 万元	高 8 589 元	高 9 621 元

注：带 * 数据为 2016 年值。

数据来源：长三角城市群土地面积、2016 年常住人口及人均地区生产总值数据来自上海、江苏、浙江和安徽 2017 年统计年鉴；2017 年经济数据来自各市 2017 年经济运行分析、统计月报或统计公报；其他数据来源同图 1。

（二）区域经济发展

地区经济增速较高，但增长态势略有分异，省际间经济增速差距缩小。2017 年，长三角三省一市地区生产总值平均增长 7.6%，总体仍呈小幅下滑走势，但仍高于全国经济增速，继续保持领先全国的增长态势。与上年比较，浙江省经济增速有所提高，上海市持平，江苏和安徽两省略有下滑，三省一市间的经济增速差距缩小。与全国比较，上海市经济增速与全国持平，其他三省均高于全国。

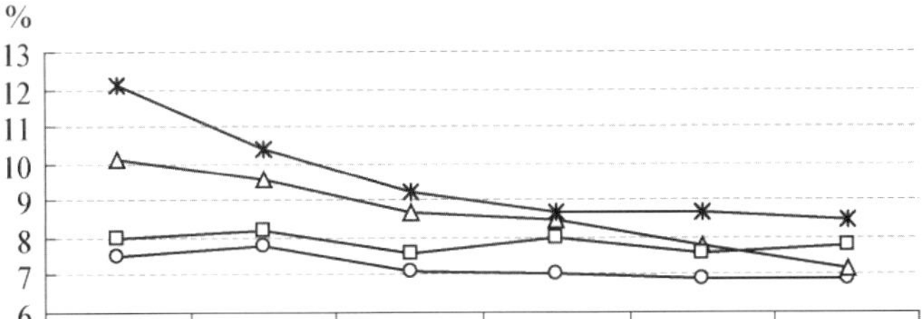

	2012年	2013年	2014年	2015年	2016年	2017年
—○— 上海	7.5	7.8	7.1	7	6.9	6.9
—△— 江苏	10.1	9.6	8.7	8.5	7.8	7.2
—□— 浙江	8	8.2	7.6	8	7.6	7.8
—✳— 安徽	12.1	10.4	9.2	8.7	8.7	8.5

图 1－2　2012—2017 年长三角各省市经济增速比较

地区经济总量稳步攀升，占全国经济总量的比重基本稳定，但省际间经济规模差距拉大。2017 年，长三角三省一市共实现地区生产总值约 19.5 万亿元，约占我国经济总量的 23.6%，近年比重基本稳定。其中，江苏、浙江和上海三省市 2017 年地区生产总值分别突破 8 万亿元、5 万亿元和 3 万亿元。但是，地区内部经济规模差距仍呈拉大趋势，经济总量最高和最低省之间、最高和第二位之间的差距均不同程度扩大。区域内部经济格局渐趋转变，上海和浙江两省市经济在长三角地区总量中的比重下降，江苏、安徽两省比重提升。

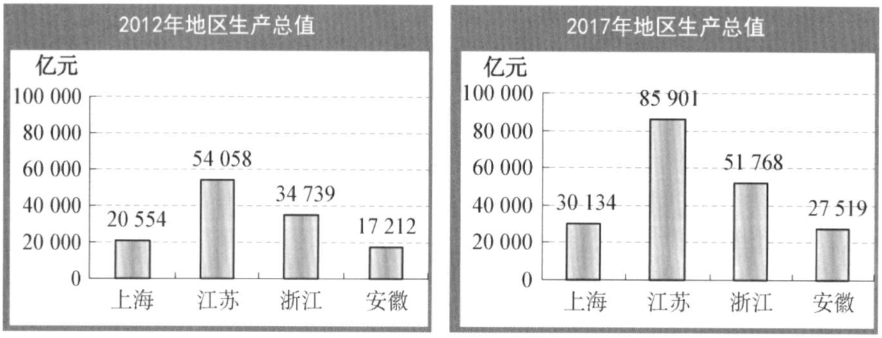

图 1-3 2012 年、2017 年长三角各省市地区生产总值比较

人均经济水平总体较高，但省际梯度差异较明显。上海市人均地区生产总值居长三角各省市首位。2017 年，上海市人均生产总值超过 12 万元，浙江、江苏两省分别达到 9 万元和 10 万元以上，三省市人均生产总值均明显高于全国平均水平，安徽省人均生产总值不足 5 万元，尚低于全国平均水平。

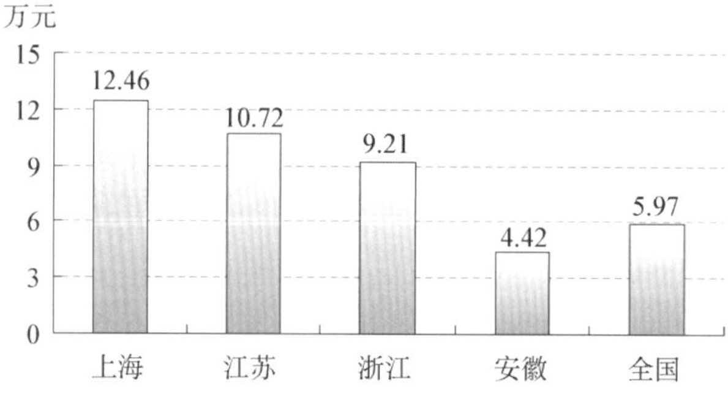

图 1-4 2017 年长三角各省市人均 GDP 及与全国比较

城乡居民人均可支配收入均是上海市最高，上海、江苏和浙江三省市均高于全国平均水平，安徽省低于全国平均水平。2017 年，上海市城镇居民人均可支配收入突破 6 万元，安徽、江苏和浙江三省分别达到 3 万元、4 万元和 5 万元以上，城镇居民收入省际差距较大；上海市农村居民人均可支配收入约 2.7 万元，浙江省近 2.5 万元，江苏省近2万元，安徽省不足1.5万元，农村居民收入省际差距相对较小。长三角三省一市城乡收入比均低于全国平均水平，其中，浙江省2017年城乡收入比为2.05，在长三角各省市中最低。

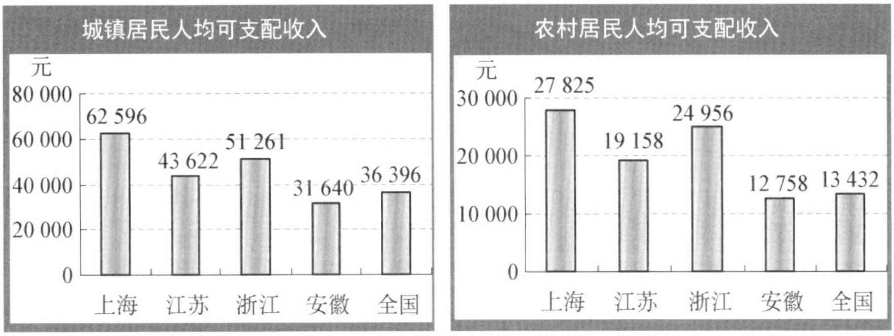

图1-5　2017年长三角各省市城乡居民收入及与全国比较

长三角地区经济增长动力仍处于动态调整阶段，但三大需求拉动力总体向渐趋平衡转变。2017年，长三角三省一市全社会固定资产投资平均增长8.6%，各省市投资增速均高于全国；与上年比较，上海市投资增速有所回升，江苏省与上年持平，浙江和安徽两省较上年降低。三省一市共实现固定资产投资总额约12.1万亿元，约占全国固定资产投资总额的18.8%，比重基本稳定。2017年，长三角三省一市社会消费品零售总额平均增长10.3%，略高于全国；各省市中，上海消费增速低于全国，其他三省均高于全国；但与上年比较，仅上海市消费增速微弱提升，其他三省均有所降低。三省一市共实现社会消费品零售总额约7.9万亿元，约占全国社会消费品零售总额的21.6%，近年比重基本稳定。2017年，长三角地区出口情况明显好转，全面扭转负增长局面，实现较快增长。全年三省一市货物出口额平均增长11.3%，高于全国增速；各省市中，江苏省出口增速高于全国。三省一市共实现出口总额约5.9万亿元，约占全国出口总额的38.6%，比重略有回升。各省市三大需求对地区经济总量的贡献有所差异，上海市出口最高，内需其次，投资最低；江苏、浙江和安徽三省均是投资最高，内需其次，出口最小。

表 1-2　2017 年长三角地区投资、消费和出口概况及全国比较

地区	绝对值(亿元)			增长(%)		
	投资	消费	出口	投资	消费	出口
上海	7 246.6	11 830.27	13 120.31	7.3	8.1	8.4
江苏	53 000.2	31 737.4	24 607.2	7.5	10.6	16.9
浙江	31 126	24 308	19 446	8.6	10.6	10.1
安徽	29 186	11 192.6	2 065.2	11.0	11.9	9.8
长三角	120 558.8	79 068.27	59 238.71	8.6	10.3	11.3
全国	641 238	366 262	153 321	7	10.2	10.8
与全国比较	占比 18.8%	占比 21.6%	占比 38.6%	高 1.6%	高 0.1%	高 0.5%

注：安徽省出口数据来自《2017 年全省经济运行情况》新闻发布稿，其他数据来自各地区 2017 年国民经济和社会发展统计公报。

（三）区域产业结构

近年来，长三角地区产业结构升级较快，各省市地区生产总值构成均呈现第一产业和第二产业比重下降、第三产业比重上升的发展态势。但是，省际间产业结构存在较明显的梯度差异。其中，上海市第三产业比重较第二产业高近 40 个百分点，服务经济主导的"三二一"型产业结构特征明显；浙江、江苏两省第三产业比重略高于第二产业，形成服务业和工业基本并重的"三二一"型产业结构；安徽省第二产业比重高于第三产业，呈"二三一"型产业结构，工业仍是拉动区域经济增长的主要动力。结合人均 GDP 等指标分析，上海市已步入后工业化阶段，浙江、江苏两省处于工业化中后期阶段，安徽省处于工业化中期阶段。三省一市产业发展阶段具有较好的梯度差异性和时序衔接性，有利于产业协同发展。

表 1－3　2017 年长三角地区三次产业增加值总量结构概况及全国比较

地区	绝对值(亿元)			产业结构(%)		
	第一产业	第二产业	第三产业	第一产业	第二产业	第三产业
上海	98.99	9 251.4	20 783.47	0.3	30.7	69.0
江苏	4 076.7	38 654.8	43 169.4	4.7	45.0	50.3
浙江	2 017.4	22 471.5	27 279.3	3.9	43.4	52.7
安徽	2 611.7	13 486.6	11 420.4	9.5	49.0	41.5
长三角	8 804.79	83 864.3	102 652.57	4.5	42.9	52.6
全国	65 468	334 623	427 032	7.9	40.5	51.6

服务业继续保持领跑势头，增速均高于其他产业，是拉动地区经济增长的主要产业，但服务业重点行业增长情况及对地区经济的贡献则有所差异。例如，2017 年，上海市服务业中增长最快的是信息传输、软件和信息技术服务业，但增加值比重最高的仍是金融业，金融业增加值占地区生产总值的比重为 17.7%，房地产业虽然负增长，其增加值占地区生产总值的比重仍达 5.7%；浙江省以数字经济、“互联网＋”为特征的新业态保持快速发展势头；江苏省 2017 年互联网和相关服务业营业收入增长 70%以上。

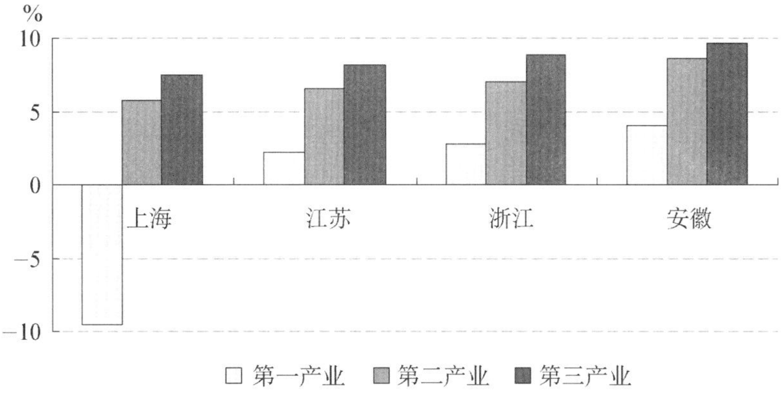

图 1－6　2017 年长三角各省市三次产业增速比较

三、长三角协同发展的愿景行动

党的十九大开启了全面建设社会主义现代化国家的新征程，提出：从2020年到2035年，在全面建成小康社会的基础上，再奋斗15年，基本实现社会主义现代化；从2035年到本世纪中叶，在基本实现现代化的基础上，再奋斗15年，把我国建成富强、民主、文明、和谐、美丽的社会主义现代化强国。

在长三角现代化建设行动中，建设世界级城市群是最重要的愿景和指南。2016年颁布的《长三角城市群发展规划》明确，建设面向全球、辐射亚太、引领全国的世界级城市群。其战略定位是：最具经济活力的资源配置中心、具有全球影响力的科技创新高地、全球重要的现代服务业和先进制造业中心、亚太地区重要国际门户、全国新一轮改革开放排头兵、美丽中国建设示范区。

面向新时代，踏上新征程。到2035年，围绕世界级城市群这一战略总导向，长三角地区要积极采取六大协同行动。

（一）协同打造世界级功能：全球服务力

世界级城市群，不只是规模上的世界级，更多指的是服务功能、服务能力上的世界级。经过改革开放40年发展，长三角城市群经济规模已全面进入世界六大城市群序列，但从功能来看，其影响力仍与其他世界级城市群存在一定差距，其表现就是作为首位城市的上海，在服务功能与服务能力上，与纽约、伦敦、东京等还有不少距离。所以国务院于2017年12月15日批复的《上海城市规划2020—2035》对上海未来发展的定位是，从“四个中心”与社会主义现代化国际大都市，提升为卓越的全球城市和社会主义现代化国际大都市。

这里我们特别强调，上海的全球城市，不是上海一家的全球城市，而是上海大都市圈范畴的全球城市。纽约、伦敦、东京之所以能成为世界级城市群的首位城市，都是基于大纽约、大伦敦、大东京的大都市圈范畴和基础。上海大都市圈的区域空间，从近期看，可覆盖到上海、苏州、无锡、南通、嘉兴、宁波、舟山，通常称为长三角核心区中的核心区，呈现“一体两翼”空间格局；从中期看，可覆盖到上海、南京、苏州、无锡、常州、镇江、南通、扬州、泰州、杭州、宁波、嘉兴、湖州、绍兴、舟山等15个城市，通常称为长三角核心区；从远期看，随着立体快速交通网络和信息网络的高度发达，可覆盖到长三角城市群的26个城市。

相应地，在协同打造世界级服务功能和服务能力上，从近期看，一方面，周边城市要协同提升上海的服务功能集聚度和影响力，鼓励更多的企业、机构在上海设立总部或二总部，以服务需求提升服务功能；另一方面，要推动服务功能空间布局的优化，把一些周边有优势而上海无优势的功能，从上海合理疏解到周边城市，如航运、航空、贸易、创新等，释放“一体两翼”能量，提升全球服务能力。从中期看，要发挥南京、杭州、合肥三个副中心的作用，不断壮大三个副中心的区域性服务功能，更加有力地协同支撑上海面向全球的服务功能。从远期看，立足于区域差距的缩小和一体化进程，促进南京、杭州、合肥及上海的一些区域性中心功能向各自的周边城市扩散，形成三个层次的服务功能布局。

（二）协同建成世界级产业集群：国际竞争力

打造世界级产业集群，是长三角地区肩负的一项国家战略使命，也是引领长江经济带创新驱动发展、建设现代经济体系的重要导向和战略引擎。党的十九大报告将“促进我国产业迈向全球价值链中端，培育若干世界级先进制造业集群”作为贯彻落实新发展理念，建设现代化经济体系的重要目标和任务之一。《长江三角洲城市群规划》提出，加快培育以技术、品牌、质量、服务为核心的竞争新优势，打造若干规模和水平居国际前列的先进制造产业集群。《长江经济带发展规划纲要》提出，以沿江国家级、省级开发区为载体，以大型企业为骨干，打造电子信息、高端装备、汽车、家电、纺织服装等世界级制造业集群。我们认为，除了以上五大先进制造业，长三角地区还可以在航空航天、造船、生物医药等三大行业打造世界级制造业集群。

世界级产业集群应该有三个重要的标志：一是在全球的生产制造或服务总量中拥有较大份额，并具有全球影响力；二是在产业的技术创新，尤其是关键技术研发上拥有自主知识产权，具备引领性的自主创新能力，并具有全球影响力；三是在产业的市场主体力量及标准规则制订上，拥有主导型的大企业及其配套群，并具有全球影响力。达成上述世界级产业集群的三大标志，是一个竞争成长的过程。也只有当集群生产规模具有国际竞争力，集群技术创新具有国际竞争力，以及主导型大企业具有国际竞争力，长三角地区才能真正拥有世界级产业集群。

从现实看，依托于强大的国内需求和对外贸易能力，长三角地区在电子信息、高端装备、汽车、家电、纺织服装、航空航天、造船、生物医药等领域，在产能规模上已经接近世界级产业集群，但在另外两个标志性要件上，即行业领军者企业与国际领军企业有差距，产业技术创新与国际前沿水平有差距。因此，未来长三角打造世界级产业集群，重点要在培育壮大世界级别领军企业和打造世界级产业技术创新能力上加强协同。

领军者企业壮大到世界级，才能引领产业集群达到世界级。要依托已经形成的产业规模优势，促进行业兼并重组，做大做强领军者企业。在长三角协同打造一批世界级产业集群核心承载区，为领军者企业更快更好成长提供更有优势的区位空间和产业基地；建立国家级制造业创新中心，集聚高端创新资源，增强领军者企业的自主创新能力和品牌影响力，大力支持其在前沿技术的基础性研究和开发利用研究上进行战略布局与行动；在领军者企业率先推进数字化车间、智能工厂、绿色制造、服务型制造的试点工作，构建积极有效的政、产、学、研合作机制和平台，推动工业互联网优先发展、率先应用；有力支持领军者企业优化产业链布局，鼓励向具有比较成本优势的长三角及长江经济带纵深地区扩散生产基地，向“一带一路”沿线国家布局生产项目。

要依据各地产业集聚的基础和专业优势，在培育壮大领军者企业上实行区域分工。如在汽车、高端装备、航空航天、造船领域，行业领军者主要集中在上海，因此要进一步推动上述四大领域的领军者企业总部向上海集中，同时推动与四大领域相关的高端创新资源向上海集中，不仅包括关键性技术研发，还包括了相关基础性研发，从建设世界级的国家重点实验室、建设世界一流的专业学科，到建设国家制造业创新中心、企业技术创新全球中心等，都要聚焦上海，从国际资源引进，到国家资源倾斜，再到各地资源支持，要全面协同上海加快提升汽车、高端装备、航空航天、造船四大领域的自主创新能力，积极推动布局在上海的龙头企业向具有全球影响力的全球企业迈进。又如家电领域的领军者企业主要集中在合肥，那么同样，在与家电行业相关的高端创新资源配置上，要聚焦合肥，全面协助合肥加快提升家电行业的自主创新能力，打造若干国际领军企业。

要发挥长三角地区腹地广、成本梯度明显的特点，推动各个世界级产业集群形成梯度布局的产业链空间体系。建设一批空间合理布局的重要配套区，推动布局在上海及长三角核心城市的一些产业项目向其他地区扩散、疏解，扩大参与建设世界级产业集群的区域空间，打造世界级领军企业引领下的多中心专业产业集群，共享协同效应。加快提升各个重要配套区的立体交通能级，推动产业集群的供应链、现代物流链建设，打造多层级的产业链空间体系。依托上海及各个核心城市的高端创新资源和平台，建设一批专业化的制造业创新中心，提升各地配套产业集群的自主创新能力。

（三）协同构建世界级科创体系：全球影响力

在世界级城市群框架下，上海提出了建设具有全球影响力科技创新中心的战略愿景，江苏提出了建设具有全球影响力产业科技创新中心的战略愿景，浙江提出了建设“互联网＋”世界科技创新高地的战略愿景，安徽提出了建设有重要影响力综合性国家科学中心和产业创新中心的战略愿景。

其中，上海的全球影响力科技创新中心，是一项国家战略。《上海加快建设具有全球影响力的科技创新中心的意见》提出的战略目标定位是：综合性开放型科技创新中心；全球创新网络的重要枢纽；重大科学、原创技术、高新技术产业的重要策源地；跻身全球重要的创新城市行列。上海社会科学院课题组从对标全球影响力出发，界定了三个目标：一是在全球前沿科技、关键技术的创新研发上形成全球影响力；二是在全球前沿科技带动产业变革、驱动经济发展上形成全球影响力；三是在全球前沿科技创新资源的集聚、配置上形成全球影响力。这三个影响力的形成，离不开长三角地区的有力支撑。而之所以国家赋予上海承担这一重要战略，也是基于长三角地区可以协同共建共享这一全球影响力的科技创新功能，并引领长三角城市群向全球影响力的世界级创新区进军。

长三角要加快构建世界级的科技创新协同体系。主要包括以下三个体系：

一是科技研发协同创新体系。在公共领域，积极推进三大联盟建设，即前沿科技研究院所的合作创新联盟、大型科技仪器设备的共建共享联盟、科技创新公共服务平台的互联互通联盟。要发挥联盟作用，做实承担联盟运营的新型社会组织。推动一批跨大学和科研院所合作共建的新型研究院所。在产业领域，依托行业领军企业，建立一批跨地区、跨行业的前沿科技创新研究机构，发挥领军企业在基础科学和关键技术研究上的积极作用，发挥领军企业在协调政、产、学、研，协调各地区制造业创新中心建设中的组织协调作用。

二是创新要素市场一体化建设协同体系。当前，技术、资金、人才等创新要素市场仍然带有明显的地方性，因此也导致了比较突出的地方分割问题。要发挥市场在合理配置创新资源中的决定性作用，就必须从区域协同起步，逐步消除导致市场分割和碎片化问题的体制机制障碍，逐步向统一的一体化市场迈进。这是一个渐进的过程。长三角地区要在协同建设一体化要素市场上积极实践，争取更快突破。在基础性的人才、技术、征信等公共要素市场，通过地区协商、制度保障，协同建立统一的制度、标准和接口，共享标准化、高水平的网络大平台，尽快实现数据共享和平台共享，并通过诸如中介组织联盟、网络平台联盟等组织方式，以联盟带动市场一体化建设。在流动性的资金、劳动、技术等商业要素市场，着力消除不利于统一市场建设的地区行政壁垒，政府退出，平台型服务企业延伸拓展，建立一批一体化运营的专业化市场机构，促进创新要素自由流动、有效配置。

三是创新驱动产业转型升级的协同体系。以核心城市为引擎，节点城市为扩散，在创新驱动新经济、创新驱动产业改造升级上，加强城市间协同。核心城市包括了上海、南京、杭州、合肥、苏州、宁波、无锡等科技创新资源比较集中的大城市，其中上海又为长三角城市群创新驱动发展的领军城市。各个核心城市既要面向国际进一步集聚高端创新资源，促进科技成果转化，孕育和壮大新经济，提升产业创新的国际竞争力，又要面向长三角地区广大的中小城市，推动新经济快速向周边城市溢出、扩散，打造新的世界级产业集群，同时还要协同构建制造业创新中心区域体系，增强各个节点城市的自主创新能力。

（四）协同提升世界级港口群：全球性中枢

长三角港口群呈现 T 字型空间架构，以上海、舟山—宁波港为双核，以南通—连云港为北翼，以台州—温州港为南翼，以苏州港、扬州港、南京港等沿江主要港口为轴带。从港口货物吞吐总量、港口分布密集度来看，已经成为世界最大的港口群。但从全球航运影响力来看，与真正的世界级还有一定的差距，主要表现为上海还没有发展成全球航运的资源配置中心、定价中心、转运中心和数据中心，长三角港口群还没有取得全球性的中心枢纽地位。

当前，全球航运呈现“亚洲板块”（以新加坡、香港为代表）、“北美板块”（以纽约为代表）和“西欧板块”（以伦敦、鹿特丹为代表）的三足鼎立之势。随着世界经济贸易的中心进一步向亚洲地区转移，预计未来，新加坡、香港、上海、釜山、东京、横滨、迪拜等地或凭借优越的法制环境及极具竞争力的税收制度和成熟发达的市场经济体系，或是凭借其在优良的硬件设施和强大的货物吞吐能力，在国际航运中心中进一步确立区域领先地位。

长三角地区因建设世界级城市群、世界级产业集群而具备建成世界级港口群的基本条件。最重要的是，依托中国正在积极推进的“一带一路”倡议，依托长江经济带黄金水道和整个流域的对外开放，依托长三角正在打造全球影响力的科技创新中心和产业创新中心，依托国家进入新时代全面走向现代化国家的新征程，长三角建设世界级港口群既是国家战略的重要部署，更是具有强大支撑的战略行动。其战略方位，就是要建成具有全球影响力的航运中心枢纽。这个中枢，不仅表现在总量上，还表现在资源配置、市场影响、立体集疏、技术创新、规则监督等方面。

上海要从国际航运中心向全球航运中心迈进，承担长三角世界级港口群这一全球性中枢中的中心和核心的使命。要建设成为全球航运业的总部集聚中心、资源配置中心、定价与交易中心、数据中心、技术创新中心及海事法律服务中心。依托“一带一路”桥头堡区位和自由贸易区优势，依托高密度、高便捷的对内对外立体交通网络，依托上海的金融、贸易、人才、技术、信息等汇聚优势，引领长三角港口群向具有全球影响力的世界级港口群迈进。

长三角港口群要积极推进功能有序分工，共享组合港优势。加强港口群协同规划指引，以资本为纽带、信息技术为手段，机制为保障，有效整合港口资源，形成有序分工的协同发展格局。加强上海港与宁波—舟山港的分工和合作，以聚散和配送长江流域“海进江”“江出海”物资为核心，积极服务长江经济带发展和“一带一路”建设，对内促进长江黄金水道港航物流一体化，对外加强国际合作和市场培育，实现由国际航运大港向国际航运强港的转变，大幅提升全球航运影响力。加强双核与其他港口的合作，促进港口间的功能按枢纽港、喂给港、支线港等进行错位发展，巩固枢纽港的主导地位，充分发挥支线港和喂给港的辅助作用，实现彼此之间功能有机结合。提升连云港港作为亚欧大陆桥头堡的功能作用地位，提升南通港、温州港等作为上海港、宁波—舟山港的重要辅助港作用，提升苏州港、南京港等江海联运的作用。

进一步提升多式联运的集疏运体系能级。加强重要交通基础设施与主要港口的有效衔接，形成运距短、成本低、效率高、现代化的集疏运体系。围绕上海港和宁波—舟山港两大核心港，提升铁路、高速公路、水路通行能级，大力发展智能交通，加强与航空运输的对接，建设世界级的枢纽型货运集疏运体系。促进各地港口与货物主要生产地、货物主要消费市场的连接，全面建成专用铁路、高等级公路等重要基础设施，完善水铁联运、水陆联运的交通运输网络体系，全面提高港口群各类重要港口的现代化集疏运水平。

（五）协同创建世界级生态共同体：可持续发展

世界级的生态共同体，是长三角建成世界级城市群的重要标志之一。必须坚持在保护中发展、在发展中保护，紧紧抓住治理水污染、大气污染、土壤污染等关键领域，在治理污染、修复生态、建设宜居环境方面走在全国前列，努力把长三角地区建成生态品质优越、人与自然和谐相处的可持续发展区域，区域生态环境质量达到世界前列水平。

要坚持生态为先、绿色发展的理念，协同把长三角地区建成生态品质优越的可持续发展区域。一是要强化省际统筹，建设高标准的长江生态廊道、沿海生态廊道和太湖生态廊道，向岸绿、水清、安全、景观迈进；二是要提升区域生态基底，长三角一盘棋，扩大生态保护区面积，实施生态修复工程，有效保护耕地、林地、水域、湿地等重要生态功能区和自然敞开空间；三是要坚持建设用地减量化，建设紧凑型城区、紧凑型村庄，积极推进城镇更新和村庄整治；四是要普及绿色生产，农业上大幅减少农药、化肥使用量，制造业上大力推进无污染排放和循环经济；五是要有效保护和传承江南水乡、皖南古村、滨海渔庄的历史文脉。

促进生态环境协同治理，是当前和未来一段时期长三角各地必须共同努力、取得实效的重要任务。长三角要成为发达的富裕地区，区域生活环境的品质是其重要的衡量标准。各个地区都要把生态优先、绿色发展落实到产业的转型升级和美丽城市、美丽乡村建设中去。长三角是一个生态共同体，随着人口、物流同城效应日趋明显、产业的地区合作越来越紧密，城市之间的环境影响也越来越大，越来越明显。大城市的一些产业转移到其他地区时，也必然会把部分的污染转移出去，但其他地区存在污染时，通过水流、空气也会延伸到大城市，所以在环境保护和治理上，必须摒弃狭隘的地方主义，树立大局观，加强合作、主动合作。

要推进全方位协同。所有的城市都应进入协同治理体系，严格遵守生态底线，坚决执行国家层面制定的长三角区域发展规划及功能区布局规划，认真落实三省一市四方达成共识的生态环境治理规划和行动计划。在生态环境治理的各个环节推进协同、共防共治，包括共同规划、共同监测、共同处罚、共同建设、共同出资、共同补偿等。

要推进一体化防控。在生态环境治理的关键环节建立健全一体化的机构和防控机制。比如可以考虑设立长三角生态环境治理委员会，建立长三角一体化的环境规划、环境标准和环境监测平台。建立长三角生态环境基金，在环境污染源头治理、流域性生态环境修复工程上推进一体化建设，对区域性生态保护功能区建设建立一体化的经济补偿等。

（六）协同造就世界级富裕区域：民生均等化

只有当人民的生活富裕水平和公共服务达到了世界级，位于世界前列，才能说长三角真正实现了世界级的战略愿景。按照2017年人均GDP计算，长三角地区为8.74万元，比全国高2.77万元，按2017年年底汇率，人均水平已达到1.36万美元，可以说已达到发达国家初等水平。但如果与近邻的日本、韩国、新加坡等比，人均GDP差距仍比较大，如2016年日本为3.89万美元，韩国为2.75万美元，新加坡为5.3万美元。另外在长三角区域内，地区差距仍很明显，如2017年人均GDP，上海为12.46万元，江苏为10.72万元，浙江为9.21万元，安徽为4.42万元。由此可见，要成为世界级城市群，长三角地区还任重而道远。

随着高铁覆盖面的不断扩大、城际轨道交通的全面启动，以及人口跨地区居住、就业越来越常态化，长三角地区进入深度同城化时代。这个时代，民生合作正成为区域合作的重要内容。但这方面的合作，往往推动力比较弱。比如医疗，各地自有一套医疗保险体系，城市之间互不衔接，给跨地区医疗，还有想到其他城市安度晚年的老人都带来了极大的不便，这个议题已经提出多年，但实际进展还不够理想。另外，城市群内的各地百姓，应该共享同一标准的公共服务和社会福利，也就是要努力缩小地区差距，让社会共享在长三角地区内得到率先实践。这项实践意义很大但目前地区差距仍然很大，往前推的速度更慢。比如高等教育机会各地很不均衡，上海的学生因为录取名额多，升学机会也多，其他地区的学生要进入大学必须加倍努力才能获得平等机会。还有诸如收入差距、养老金差距、职业培训差距，等等，在各地各自运行的财政体系下都是一座座需要攻克的堡垒。

长三角地区要率先实践共享发展。共享发展的突破点在于让低收入阶层，如农村人口、外来流动人口等可以共享城市化进程，共享改革发展成果。当然这是一个长期努力的方向，在长三角地区，既要在缩小城乡差别、地区差别上做全国的先行者，也应该在缩小本地户籍人口和外来常住人口之间的差别上做全国的先行者。

在缩小城乡差别和地区差别上，一要进一步促进公共服务资源配置向郊区、向农村地区、向不太发达地区倾斜，加快完成基本公共服务的全覆盖和社会保障的全覆盖；二要积极深化教育、医疗、养老等公共服务机构的跨地区服务，方便中小城市人口到大城市就学、就医、就业，也要方便大城市人口到中小城市养老、休闲；三要努力缩小社会保障水平，建立健全全省统筹制度。

要逐步提升外来常住人口的社会保障水平，充分尊重和体现他们对所在城市的劳动贡献。有条件的中小城市如县级市等，应该积极吸纳外来常住人口加入本地户籍，在本地户籍人口向外净流出的情况下，补充户籍人口，优化人口结构。对于一些大城市、特大城市，也要在推进外来常住人口的市民化方面展开积极的探索实践。

第二章

长三角城市群发展协同战略研究

城市群是在一定的地理空间内，以一个（或几个）特大城市（或超大城市）为核心，以主要交通轴线为纽带，由若干不同规模等级、不同类型性质的城市构成的具有紧密发展联系的城市密集区；是区域城市化和区域经济发展到较高阶段形成的新经济地理单元。从世界经验来看，城市群的形成与发展历程大致可以划分为四个阶段：一是前城市群阶段，区域内各城市孤立分散发展；二是城市群萌芽阶段，区域内城市弱联系，一般为区域政治中心或经济中心城市，通过行政联系或交通干线与极少城市存在较弱的经济社会发展联系；三是城市群雏形阶段，区域内城市间联系比较紧密，随着中心城市发展水平提升及现代交通运输线路拓展，中心城市与更多城市建立了比较紧密的经济社会发展联系，但整个城市群仍为单中心结构，城市间联系以周边城市接受中心城市辐射带动的单向、线性联系为主；四是城市群成熟阶段，区域内城市联系十分紧密，形成互惠共生的有机发展整体，中心城市与其他城市之间、不同规模等级、不同功能性质的城市形成互为依托、交互影响的发展整体，城市群形成多中心、网络化的发展结构。城市群的形成与完善过程，也是区域内城市从孤立无序发展到关联有序发展的过程。协同发展是城市群发展的高级阶段。实现协同发展，意味着城市群既充分保持了区域内单体城市的多样性与独立性，同时城市间又建立了竞合并存、有序分工的职能体系，形成一体化的有机发展整体。

世界级城市群是世界区域经济格局中的重要功能区，是衡量一个国家和地区综合发展水平、竞争力和影响力等的重要指标。党的十九大报告提出实施区域协调发展战略，其中指出“以城市群为主体构建大中小城市和小城镇协调发展的城镇格局，加快农业转移人口市民化”。长三角城市群是我国唯一被列入世界六大城市群之列的城市群，综合发展实力较强，经济活力和开放水平较高，城市间经济社会联系较紧密，同时地处“一带一路”倡议及长江经济带两大国家战略交汇区域，是支撑和引领我国转型升级发展及参与国际竞争的重要引擎。《长江三角洲城市群发展规划》提出，到 2030 年，长三角城市群全面建成具有全球影响力的世界级城市群。但是相对于世界成熟的城市群，目前长三角城市群的发展水平、国际竞争力和影响力尚存在较明显的差距，发展中面临的问题与矛盾仍比较突出。促进区域内资源要素充分流动，构建有序分工的城市职能体系，是世界级城市群的共性做法与主要特征。进入新时代，在新的发展阶段、发展背景和目标要求下，深化协同发展，是长三角城市群突破瓶颈，补齐短板，建成具有较强全球影响力的世界级城市群的战略路径与突破口。

一、长三角城市群协同发展的战略背景分析

长三角城市群是我国综合发展实力最强、经济活跃度及对外开放度高、城市间经济社会联系最紧密的城市群，城市间协同发展的基础较好，随着内外部环境条件的转变，长三角城市群协同发展的战略要求也更为迫切。

（一）现状基础

1. 长三角城市群的区域范围

在不同的空间尺度下，城市群发展的现状基础及目标任务等存在较大差异。明确城市群的地域边界，是合理确定城市群发展定位，优化调整功能区空间格局及配套政策举措的重要依据。虽然城市群的空间范围随着区域经济、交通区位、城镇化水平等改变而动态变化，但一定时期内会相对稳定。关于长三角城市群的区域范围，目前主要有三种观点：

一是自然地理意义上的长三角城市群。以自然要素构成的物理空间为界。主要指位于长江三角洲冲积平原之上，北以通扬运河一线为界，西以宁镇山脉、茅山东麓、天目山北麓等为界，南至杭州湾沿线，东至黄海和东海，包括上海市、江苏省东南部和浙江省北部的城市区域。

二是经济地理意义上的长三角城市群。主要指核心城市及其直接辐射影响的功能区范围，以现代交通网络体系为支撑，存在比较稳定、紧密发展联系的城市区域。还可进一步细分，小尺度范围仅包括核心城市及其1小时经济圈覆盖的城市区域，这些城市与核心城市存在紧密的发展联系，具有快速便捷的同城化交通网络连通，与核心城市有一定比例的通勤人口；大尺度范围包括核心城市及与其建立比较稳定合作机制、经济社会联系比较紧密的城市区域，一般在3小时左右经济圈内；介于两者之间的为中尺度范围。就长三角城市群来看，三个空间尺度大致为：小尺度范围仅包括上海及环沪城市，可对应于《上海市城市总体规划（2016—2040）》（公示草案）提出的“1＋6”上海大都市圈范围，包括上海及在交通通勤、产业分工、文化认同等方面与上海关系紧密的苏州、无锡、南通、宁波、嘉兴、舟山6市；中尺度范围包括上海、苏南和浙北共15个城市，是比较公认的长三角城市群核心区；大尺度范围可对应于长三角城市经济协调会成员城市区,1992年,长江三角洲沪、苏、浙15个城市建立了长江三角洲城市协作部门主任联席会议制度,后升级为长江三角洲城市经济协调会,2003年扩大到16市,2010年增加到22市,2013年扩围至沪、苏、浙、皖30市,这些城市间建立了比较稳定的合作机制,有现代交通载体连通,城际经济社会联系比较紧密。

三是行政意义上的长三角城市群。以行政区范围为界,一般是基于地区合作、规划引导等原因,在政府层面确定的发展边界。从国家发布的重要政策规划来看,随着发展环境和发展阶段变化,长三角城市群地域范围也在动态变化。2010年,国家发展改革委印发《长江三角洲地区区域规划》,其中虽然对长三角城市群范围没有明确界定,但是提出了长三角"核心区城镇化水平超过60%,具备了跻身世界级城市群的基础",即长三角城市群的范围主要是指核心区。2014年,国务院印发《关于依托黄金水道推动长江经济带发展的指导意见》,提出要提升长三角城市群的国际竞争力,充分发挥上海国际大都市的龙头作用,提升南京、杭州、合肥都市区的国际化水平。相对于以往的权威规划或政府文件,该指导意见首次明确将合肥市纳入长三角城市群范围。2016年,国务院常务会议通过《长江三角洲城市群发展规划》,6月初,国家发展改革委、住房和城乡建设部联合印发。该规划首次对长三角城市群的空间规划范围作出明确界定,提出长三角城市群在上海市、江苏省、浙江省、安徽省范围内,规划范围包括:上海市,江苏省的南京、无锡、常州、苏州、南通、盐城、扬州、镇江、泰州9市,浙江省的杭州、宁波、嘉兴、湖州、绍兴、金华、舟山、台州8市,安徽省的合肥、芜湖、马鞍山、铜陵、安庆、滁州、池州、宣城8市,共26市。

综合分析,随着跨江跨海重要交通节点的相继打通,现代交通网络的不断完善,长三角城市群的空间范围也在动态拓展,已经超越了自然地理边界,但尚未达到沪、苏、浙、皖四省市行政区全域范围。相对而言,经济地理意义上的长三角城市群,基于地缘关系、交通通达性、经济社会联系、制度和文化一致性等因素综合考虑,更接近城市群的现状功能区边界。而规划区域是政府建设引导的目标区域,是未来可能达到的发展范围。随着《长江三角洲城市群发展规划》及各地行动计划、方案等的实施,长三角城际快速交通网不断完善,城市间经济社会政策逐步融合接轨,长三角城市群的经济地理范围与规划区范围将日趋接近。因此,笔者主要基于《长江三角洲城市群发展规划》提出的 26 市进行分析。

2. 长三角城市群在我国的地位

长三角城市群是我国综合经济实力最强、人口和经济集聚度最高、城镇最为密集的发达经济区。长三角城市群 26 市以占全国 2%略多的土地面积,集聚了全国 10%以上的常住人口,产出了全国约 20%的经济总量。2016 年年末,长三角城市群 26 市常住人口约 1.5 亿人,地区生产总值突破 14 万亿元;26 市中,25 市经济增速高于全国,22 市人均地区生产总值高于全国,25 市地均生产总值高于全国,20 市地方财政收入增速高于全国,21 市城镇化率高于全国,19 市城镇常住居民人均可支配收入高于全国,23 市农村常住居民人均可支配收入高于全国。根据上海交通大学城市科学研究院的中国城市群发展指数研究结果,长三角城市群综合发展指数居我国各大城市群之首。长三角城市群承南启北、通江达海,经济地理区位得天独厚,同时地处我国长江经济带和"一带一路"两大国家战略交汇区域,是我国唯一被列为世界六大城市群的城市群,我国重点建设的世界级城市群,是支撑引领我国经济发展升级、国际竞争力和影响力提升的重要引擎区域。

3. 长三角城市群发展概况的城际比较

长三角城市群区域内部发展特征的地域差异比较明显,尤其是核心城市与外围城市之间,资源禀赋条件、经济发展阶段和发展水平等差距较大。

行政区面积比较。长三角城市群 26 市行政区土地面积差距显著。其中,盐城、杭州两市面积均大于1.5万平方公里,安庆、南通等6市介于1万—1.5万平方公里,宁波、台州等11市介于0.5万—1万平方公里,无锡、常州等7市低于0.5万平方公里(舟山、铜陵两市仅1 000多平方公里)。26市中最大市的土地面积是最小市的14倍多。

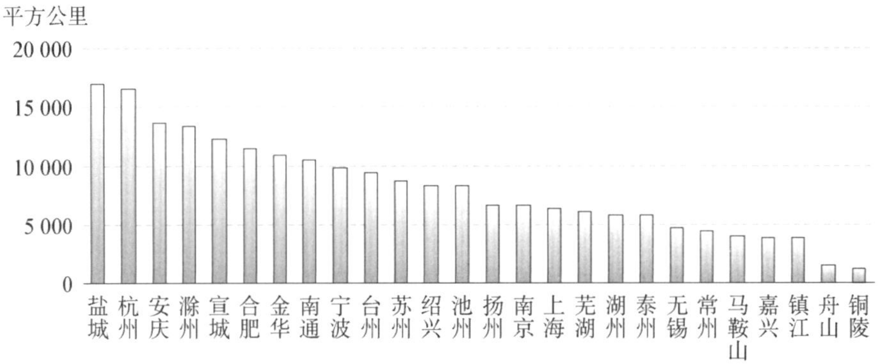

图2-1 长三角城市群26市土地面积比较

人口规模及地区分布比较。从各市行政区常住人口总量规模来看,2016年年末,上海市常住人口为2 419.7万人,舟山市仅115.8万人,相差约20倍。26市常住人口大致可以划分为四个规模等级:2 000万—2 500万人城市1个,1 000万—1 500万人城市1个,500万—1 000万人城市9个,100万—500万人城市15个。其中,上海、苏州等15市常住人口数量大于户籍人口,经济发展活力较高,人口吸引力较强。

2016年年末,长三角城市群26市中常住人口密度最低的池州市仅为174人/平方公里,最高的上海市则达3 816人/平方公里,地区差异明显。其中,上海市每平方公里常住人口3 800人以上,明显高于其他各市;无锡、铜陵等6市常住人口密度位于1 000—1 500人/平方公里之间,镇江、泰州等14市人口密度处于500—1 000人/平方公里之间,盐城、安庆等5市人口密度处于100—500人/平方公里之

表 2-1　长三角城市群 26 市 2016 年年末常住人口规模等级

<table>
<tr><th colspan="2">年末常住人口规模(万人)</th><th>数量(个)</th><th>城　　市</th></tr>
<tr><td colspan="2">2 000—2 500</td><td>1</td><td>上海</td></tr>
<tr><td colspan="2">1 000—1 500</td><td>1</td><td>苏州</td></tr>
<tr><td colspan="2">500—1 000</td><td>9</td><td>杭州、南京、宁波、合肥、南通、盐城、无锡、台州、金华</td></tr>
<tr><td rowspan="2">100—500</td><td>300—500</td><td>9</td><td>绍兴、常州、泰州、嘉兴、安庆、扬州、滁州、芜湖、镇江</td></tr>
<tr><td>100—300</td><td>6</td><td>湖州、宣城、马鞍山、铜陵、池州、舟山</td></tr>
</table>

间。但总体来看，长三角城市群人口密度较高，26 市常住人口密度均高于全国平均水平。

从人口分布格局来看，长三角城市群常住人口主要集聚于几大主要城市。2016 年年末，首位城市上海以占 26 市 3%的土地面积，集聚了区域 16%的常住人口；常住人口规模前 5 位城市上海、苏州、杭州、南京、宁波，以占 26 市 22.8%的土地面积，集聚了 26 市 39.7%的常住人口。与 2000 年第五次人口普查结果比较，长三角城市群几大核心城市人口集聚度提高，上海、合肥、苏州 2016 年常住人口占区域总人口的比重较“五普”时提升较明显，杭州、南京、宁波人口比重小幅提升，近 10 余年，长三角城市群常住人口呈现向核心区几大城市集聚为主的流动特征，外围城市常住人口以净减少为主。

城镇化率比较。长三角城市群整体城镇化水平较高，2016 年年末，常住人口城镇化率约 65.5%，高于全国平均水平。但是区域内城镇化水平差距显著，最高城镇化率超过 80%，最低仅 40%多，相差 40 多个百分点。其中，上海、南京两市常住人口城镇化率超过 80%，达到世界高收入国家城镇化率水平；杭州、无锡等 10 市人口城镇化率超过 65%，达到世界中等偏上国家城镇化率水平；南通、扬州等 9 市城镇化率介于 60%—65%之间，高于全国城镇化率水平；铜陵、池州

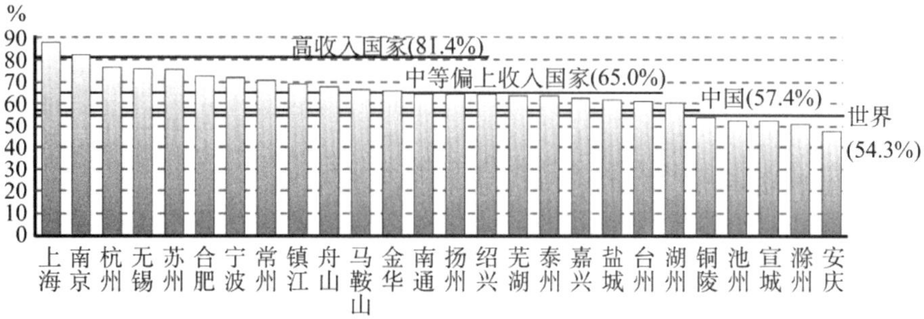

图 2－2　2016 年年末长三角 26 市人口城镇化率及国际国内比较

数据来源：长三角及全国数据来自 2016 年各地国民经济和社会发展统计公报或人口变动抽样调查数据；国际数据来自世界银行数据库。

等 5 市城镇化率均低于世界及我国城镇化率水平。

地区经济发展情况比较。近年来受严峻复杂的内外部环境影响，长三角城市群经济增速纵向比较呈下降态势，但 2016 年总体仍实现了较快增长，25 市经济增速高于全国，但 26 市间经济总量呈现较明显的梯度差异。其中，上海市 2016 年地区生产总值突破 2.7 万亿元，明显领先于其他各市；苏州市突破 1.5 万亿元，居第二位；杭州、南京高于 1 万亿元；无锡、宁波等 5 市介于 0.5 万亿—1 万亿元之间；绍兴、盐城等 15 市介于 0.1 万亿—0.5 万亿元之间；铜陵、池州则不足 1 000 亿元。长三角城市群的区域经济，高度集中于几大主要城市。2016 年，长三角城市群地区生产总值前 5 位的城市，以占 26 市约 20.3％的土地面积，产出了区域 50.1％的地区生产总值、62％的地方财政收入。与 2000 年比较，长三角城市群区域内部经济格局有所转变。其中，上海市 2016 年地区生产总值占 26 市经济总量的 18.7％，较 2000 年下降 6.7 个百分点，苏州市地区生产总值占 26 市经济总量的 10.5％，较 2000 年比重下降 2.3 个百分点；杭州、南京等主要城市在区域经济总量中的比重均不同程度下降，主要城市对区域经济的贡献份额差距缩小，经济结构由单中心向多中心发展演变，地区经济更趋均衡发展。

人均地区生产总值比较。2016 年，长三角城市群 26 市人均地区生产总值最高超过 14 万元，最低仅 3 万多元，地区差距较大(见图 2 - 9)。其中，苏州、无锡等 9 市人均地区生产总值介于 10 万—15 万元之间，扬州、绍兴等 13 市介于 6 万—10 万元之间；池州、宣城等 4 市低于 5 万元。外部比较，2016 年，长三角城市群 26 市中 22 市的人均地区生产总值高于全国平均水平，18 市的人均地区生产总值达 1 万美元以上，高于 2016 年世界人均 GDP 水平。但是，与高收入国家比较，2016 年长三角城市群 26 市中最高人均地区生产总值仅约 2.2 万美元，仅相当于高收入国家人均 GDP(约 4.1 万美元)的一半，差距仍十分显著。

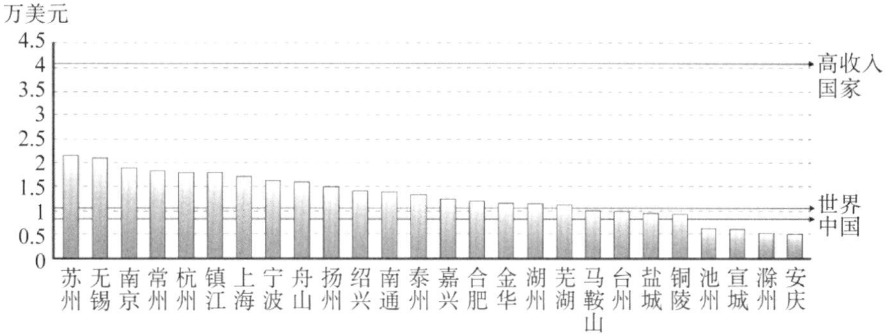

图 2 - 3　2016 年长三角城市群 26 市人均 GDP 及国际国内比较

资料来源：长三角城市群及全国数据根据各地 2016 年国民经济和社会发展统计公报数据，按年平均汇率折算，世界及高收入国家数据来自世界银行数据库。

城乡居民收入比较。长三角城市群 26 市城乡居民收入差距较大，尤其是核心城市与外围城市之间，部分外围城市的城镇居民人均可支配收入尚低于核心城市农村居民人均可支配收入。2016 年城镇常住居民人均可支配收入，上海、苏州等 5 市超过 5 万元，南京、嘉兴等 9 市介于 4 万—5 万元之间，南通、马鞍山等 9 市介于 3 万—4 万元之间，安庆、滁州、池州 3 市介于 2 万—3 万元之间。26 市中，19 万元市城镇居民人均可支配收入高于全国。2016 年农村常住居民人均可支配收入，嘉兴、宁波等9市介于2.5万—3万元之间，常州、台州等5市介于2万—2.5万元之间，南通、扬州等7市介于1.5万—2万元之间，宣城、池州等5市介于1万—1.5万元之间。26市中，23市农村常住居民人均可支配收入高于全国。

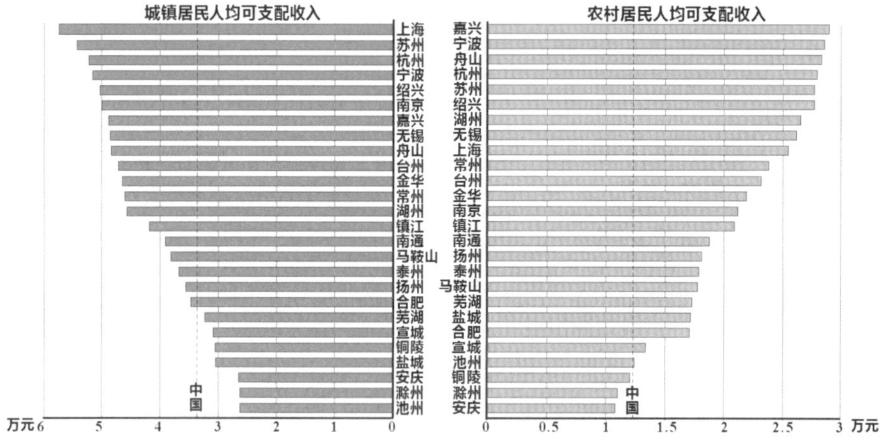

图2-4 2016年长三角城市群26市城乡居民人均可支配收入比较

4. 长三角城市群的城市体系

长三角城市群城市体系以上海为一级核心城市，南京、杭州、苏州、宁波、合肥等为区域性中心城市，以及若干节点城市和一般城市。我国整建制设市，城市行政等级与建设发展权限、资源配置标准、管理体系等紧密相关，因此也对城市群发展产生较大影响。从城市行政体系来看，至2015年年底，长三角城市群26市按行政级别分组，共包括1个直辖市、3个副省级市、22个地级市、40个县级市（见表2-2）。

从城市规模体系来看，根据2014年11月国务院印发的《关于调整城市规模划分标准的通知》，以城区常住人口为统计口径作为城市规模划分标准，将城市划分为五类七档。按照这一标准，长三角城市群涵盖了超大城市、特大城市、大城市、中等城市、小城市等五类七档各种规模的城市，城市规模体系齐全。根据《长江三角洲城市群发展

表 2－2　2015 年长三角城市群 26 市的城市行政级别分组

地区	城市合计	直辖市	副省级市	地级市	县级市
上海市	1	1			
江苏省	9		1	8	19
浙江省	8		2	6	16
安徽省	8			8	5
长三角城市群	26	1	3	22	40

数据来源：《中国城市统计年鉴 2016》。

规划》，长三角城市群拥有 1 座超大城市、1 座特大城市、13 座大城市、9 座中等城市和 42 座小城市，小城镇星罗棋布，城镇分布密度超过 80 个/平方公里，是全国平均水平的 4 倍左右。而《长江三角洲城市群发展规划》提出的城市规模体系是基于行政建制上“市”的概念，还有一些实际已经存在的单体城市，例如行政建制上属于城市辖区，但实际上独立存在的城市，尚未列入规划体系之内。如上海市的一些新城，已达到中等城市规模，建设和发展水平较高，但不在规划列出的城市规模体系之内。换言之，从实际存在的具有独立功能的城市个体来看，长三角城市群内城市数量更多，密度更高，规模结构和层级体系更为复杂。

表 2－3　长三角城市群的城市规模等级体系

规模等级	划分标准 （城区常住人口）	城　　市
超大城市	1 000 万人以上	上海市
特大城市	500 万—1 000 万人	南京市
大城市	Ⅰ型（300 万—500 万人）	杭州市、合肥市、苏州市
	Ⅱ型（100 万—300 万人）	无锡市、宁波市、南通市、常州市、绍兴市、芜湖市、盐城市、扬州市、泰州市、台州市

（续表）

规模等级	划分标准（城区常住人口）	城　　市
中等城市	50万—100万人	镇江市、湖州市、嘉兴市、马鞍山市、安庆市、金华市、舟山市、义乌市、慈溪市
小城市	Ⅰ型（20万—50万人）	铜陵市、滁州市、宣城市、池州市、宜兴市、余姚市、常熟市、昆山市、东阳市、张家港市、江阴市、丹阳市、诸暨市、奉化市、巢湖市、如皋市、东台市、临海市、海门市、嵊州市、温岭市、临安市、泰兴市、兰溪市、桐乡市、太仓市、靖江市、永康市、高邮市、海宁市、启东市、仪征市、兴化市、溧阳市
	Ⅱ型（20万人以下）	天长市、宁国市、桐城市、平湖市、扬中市、句容市、明光市、建德市

资料来源：《长江三角洲城市群发展规划》。

5. 长三角城市群的协作发展机制

自20世纪90年代初浦东开发开放以来，长三角地区合作发展需求不断增强，地方政府先后探索建立了城市经济协调会、经济合作与发展座谈会、主要领导座谈会等联席会议制度，逐渐发展为由决策层、协调层和执行层构成的“三级运作”合作机制。其中，决策层为三省一市主要领导座谈会，每年召开一次，审议、决定和决策关系区域发展重大事项，是最高层次的联合协调机制；协调层是以常务副省（市）长参加的长三角地区合作与发展联席会议（简称“联席会议），主要任务是做好主要领导座谈会筹备工作，落实领导座谈会部署，协调推进区域重大合作事项；执行层在领导座谈会和联席会议指导下，实行重点合作专题协调推进制度，通过召开办公会议和各专题组会议来运作，包括设在省（市）发展改革委的“联席会议办公室”“重点合作专题组”以及“长三角地区城市经济合作组”。目前，长三角三省一市共设立了交通、能源、信息、科技、环保、信用、人社、金融、涉外服务、产业、城市和食品安全等12个重点合作专题。

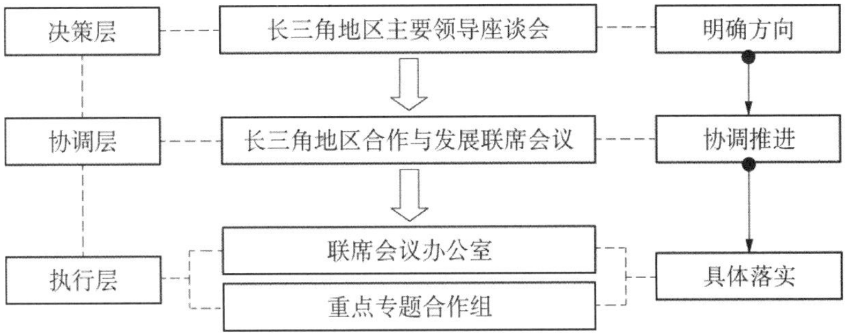

图 2－5　长三角地方政府“三级运作”的区域合作机制

从城市层面来看，长三角城市间的主要协作平台是长三角城市经济协调会，目前包括沪、苏、浙、皖 30 个城市。其中，上海市为常任主席方，每年各成员城市轮值担任执行主席。长三角城市经济协调会市长会议每年召开一次，由市长或分管市长参加，常设联络处设在上海市人民政府合作交流办公室，负责协调会的日常工作。为更好地推动区域协同发展，2012 年，在上海市的倡议下，长三角地区设立了长三角合作与发展共同促进基金，重点支持长三角合作与发展过程中跨区域、有共性的重大课题，以及重要规划、重点方案的研究等。

（二）环境形势

当前，长三角城市群面临的内外部环境条件处于多重变革之中，共同构成了城市群协同发展的推拉合力。①

1. 我国区域发展战略格局转变，长三角城市群的战略地位提升

随着发展阶段和发展环境的转变，我国区域发展战略格局优化调整，长三角城市群地处“一带一路”和长江经济带两大国家战略交汇区域，战略地位尤为重要。2016 年，长三角城市群 26 市以占长江

① 薛艳杰、王振：《长三角城市群协同发展研究》，《社会科学》2016 年第 5 期。

经济带约10.2%的土地面积，集聚了长江经济带25.3%的常住人口，产出了长江经济带44.2%的经济总量，综合发展水平明显领先，是支撑和引领长江经济带发展的重要引擎。以城市群引领区域发展是世界经济地理格局演进的重要趋势，也是我国区域发展战略的重要方向。2013年12月，中央城镇化工作会议明确提出城市群要成为带动区域发展的增长极；2014年《国家新型城镇化规划(2014—2020年)》提出，要以城市群为主体形态，推动大中小城市和小城镇协调发展，提出京津冀、长江三角洲和珠江三角洲城市群，要以建设世界级城市群为目标；《国务院关于依托黄金水道推动长江经济带发展的指导意见》明确提出，将城市群作为带动区域发展的重要引擎；2017年10月，党的十九大报告提出实施区域协调发展战略，其中包括“以城市群为主体构建大中小城市和小城镇协调发展的城镇格局”。将长三角城市群建设成为具有较强竞争力的世界级城市群，已经上升为国家战略。《长江三角洲城市群发展规划》对长三角城市群的总体战略定位是：打造改革新高地、争当开放新尖兵、带头发展新经济、构筑生态环境新支撑、创造联动发展新模式，建设面向全球、辐射亚太、引领全国的世界级城市群；提出要以改革创新推动长三角城市群协调发展，到2030年全面建成具有全球影响力的世界级城市群。深化协同发展，是长三角城市群实现上述战略目标的必然路径。

2. 经济发展压力与挑战升级，长三角城市群亟待协同培育新动力新优势

当前世界经济仍处于深度调整之中，主要经济体复苏乏力，政治经济领域具有重大影响的突发事件呈增多趋势，地缘政治摩擦加剧，逆全球化和贸易保护主义趋势上升，影响未来发展的不确定、不稳定因素明显增多。我国经济步入新常态阶段，增速减缓、结构调整、动能转换多期叠加，发展不平衡不充分的矛盾与问题还比较突出，经济发展面临新挑战和新要求。面对严峻复杂的宏观环境，以及区域发展阶段转变、人口资源环境压力升级，综合成本攀升等多重压力与挑

战，长三角城市群比以往任何时候都更需要通过深化协同发展，在更大空间尺度上实现资源整合、优势互补、分工协作，协同培育新的增长动力与竞争优势。近年来，长三角城市群主要城市都在着力推动区域协同发展，多主体参与、形式多样的跨区域合作、功能区和产业布局重构、价值链重组等呈加快发展趋势，城市群协同发展的动力机制正从行政力量主导向政府和市场机制双轮驱动转变，城市间协同发展的内生需求增强。

3. 交通和科技信息技术快速发展，为城市群协同发展提供了新平台新载体

当今，交通和科技信息技术发展迅猛，不仅缩短了区域间的物理空间距离，也改变了传统的生产和生活方式，对深化区域协同发展起到了重要的引领和促进作用。从长三角城市群来看，随着跨江、跨海等重要交通节点的相继打通，高速公路网的不断完善，城际铁路和高速铁路密集通车，跨省地铁的建设运行，以及不停车收费、通关一体化等的实质性深化，城市间的时空距离不断压缩，资源要素流动加快，核心城市辐射半径不断延长，城市之间的内在联系与交互影响日渐增强，带动了长三角城市群的外延扩张与内涵拓展。而新一代信息技术及其应用的快速发展，使传统的生产方式和消费方式发生变革，促进了区域产业布局重构与产业分工重组，进而将引发城市群空间功能格局的改变，成为加速城市群协同发展的重要动力与载体。

4. 世界经济地理格局重塑，城市群发展呈现新的演变趋势

2009 年世界银行发布《重塑世界经济地理》报告，首次提出用密度(Density)、距离(Distance)和分割(Division)，重新构建城市化、区域发展和区域一体化的政策分析框架。其中，密度主要指单位面积的经济总量，距离是区域间要素跨越空间流动的难易程度，不仅是物理空间距离，更重要的是经济距离；分割是国家或地区间阻碍商品、资本、人员、知识等流动的有形和无形的障碍。提高密度、缩短距离、减少分割，是重塑世界经济地理，实现包容性和可持续发展

的重要方向。[①] 陈肖飞等用3D理论框架对长三角城市群的发展状态和空间格局进行分析，提出当前长三角城市群的经济密度和经济距离已达到较高水平，但经济整合，特别是内部整合还比较薄弱。[②] 加快深化区域协同发展，提高密度、缩短距离、减少分割，也是长三角城市群顺应世界经济地理格局演进新趋势，实现区域升级和可持续发展的重要路径与突破口。

5. 我国城市群独特的发展机理和特征，对协同发展提出新要求

从城市群形成发展的机理来看，发达国家的城市群一般是随着工业化、城市化发展而渐进式形成，城市间的内生发展需求起着主导作用，在此基础上，大都市区规划和政府力量起到了较好的引导与促进作用。我国工业化、城市化起步较晚，城市群尚处于城市弱联系或城市群雏形发展阶段，政府政策规划和行政力量在城市群发展中发挥着重要的引导和推动作用。

从城市建制标准来看，国外一般切块设市，城市内涵和边界比较明晰，层级体系比较简单。我国整建制设市，一个城市包括城市行政区（涵盖城市和乡村的城市区域）和城市建成区（实际意义上的单体城市）两个维度的内涵，两者在土地利用、经济类型与结构、人口总量与结构、社会文化特征、建设发展水平等多个方面存在明显差异。而且，一个城市行政区一般还包括若干个不同规模等级的单体城市。在行政级别上，我国城市包括直辖市、副省级市、一般地级市、县级市等多个级别。此外，还包括不在行政层级统计之列，但实际作为单体城市存在的新城、市辖区所在的独立城市，以及建设和发展规模达到小城市及以上标准的镇等，内涵和层级体系十分复杂。而不同行政层级的城镇，其发展定位、发展权限、资源配置标准、政策支持力度等

① 世界银行：《2009年世界发展报告：重塑世界经济地理》，胡光宇译，北京：清华大学出版社2009年版，第48—123页。

② 陈肖飞、张落成、姚士谋：《基于新经济地理学的长三角城市群空间格局及发展因素》，《地理科学进展》2015年第34卷第2期。

存在较大差异。如何处理城市行政层级与实际规模、功能体系不一致的问题，能否科学规划确定城市体系，能否有效引导城市发展，将对城市群未来发展情况产生较大影响。

从人口规模来看，其他几大世界级城市群，人口规模均是千万级别，而我国城市群人口规模庞大。就长三角城市群来看，仅核心区15个城市，至2016年年底，常住人口规模也已经超过1亿人，26市常住总人口超过1.5亿人，过亿级别人口集聚所产生的人口资源要素流量、生产和生活需求，对城市群协同发展的软硬环境建设均提出规模更大、更加多元和复杂的更高要求。

表2-4　长三角城市群与其他世界级城市群发展规模比较

城市群	土地面积（万平方公里）	常住人口（万人）	人口密度（人/平方公里）
美国东北部城市群	13.8	6 500	471
北美五大湖城市群	24.5	5 900	241
欧洲西北部城市群	14.5	4 600	317
英国中南部城市群	4.5	3 650	811
日本太平洋沿岸城市群	10	7 000	700
长三角城市群15个城市（核心区）	10.3	10 475	1 014
长三角城市群26城市《长江三角洲城市群发展规划》范围	21.1	15 170	719

资料来源：美国东北部城市群、日本太平洋沿岸城市群数据来自宁越敏：《世界城市群的发展趋势》，《地理教育》2013年第4期；北美五大湖城市群、欧洲西北部城市群、英国中南部城市群数据来自屠烜：《长三角城市群与国际城市群的比较及启示》，《上海经济》2015年第4期；长三角城市群数据根据各市2016年统计年鉴、2016年国民经济和社会发展统计公报、人口变动抽样调查等数据整理。

二、长三角城市群协同发展的战略蓝图构想

进入新时代，根据新阶段、新形势和新要求，对长三角城市群协

同发展战略蓝图提出如下框架思路构想：

（一）战略内涵

1. 具有全球影响力的世界级城市群的战略内涵

建设具有全球影响力的世界级城市群，是国家对长三角城市群提出的战略定位与目标要求。就战略内涵分析，具有全球影响力的世界级城市群，一般应具有以下几个主要特征：

一是所属国家的核心经济区，是具有全球影响力的世界经济中心之一。具有全球影响力的世界级城市群，其经济总量规模应居于世界级城市群前列，人均国内生产总值达到世界高收入国家和地区前列水平；是代表国家参与国际分工的重要功能区，在全球某一个或多个前沿性、重点性产业领域，具有明显的竞争优势及影响力，如国际市场占有率及市场影响力、行业标准规则等的主导权话语权、全球资源配置能力、世界前沿科技持有水平及科技创新引领能力等。

专栏1　五大世界级城市群的国际国内地位①

美国东北部城市群，制造业产值占美国的30%，纽约是国际金融中心、贸易中心；波士顿是世界教育文化名城，拥有哈佛大学、麻省理工学院等世界顶级名校。

北美五大湖城市群是北美重要的制造业带，其中芝加哥是全球十大金融中心之一。

欧洲西北部城市群中，巴黎是法国的经济和文化中心，西欧

① 杨俊宴、禚振坤、陈雯：《长三角世界级城市群建设方向初探》，《规划师》2006年第3期；张强、李远航：《“两型”社会建设的国际借鉴》，《财经理论与实践》2009年第1期；王淑娟、丁雅雯：《去年十大国际金融中心揭晓　上海北京入列》，《经济参考报》2017年6月29日第A03版。

重要的金融中心和交通中心，鹿特丹是“欧洲门户”，法兰克福是欧洲重要的工商业、金融和交通中心。

英国中南部城市群是英国产业密集带和经济核心区，集中了英国约80%的经济总量，伦敦是欧洲最大的金融中心，也是世界三大金融中心之一。

日本太平洋沿岸城市群集中了日本2/3的工业企业，2/3的国民收入，80%以上的金融、教育、出版、信息和研究开发机构，是日本的金融、工业、商业和文化中心。

二是具有多中心结构，包括若干个具有较强国际竞争力和影响力的国际城市。具有全球影响力的世界级城市群的一级核心城市是综合竞争力与影响力居世界第一层级的全球城市，其功能范围超越了行政区边界，对周边地区形成明显的辐射带动作用，在某一个或多个领域形成较强的国际竞争力及全球资源配置能力。区域性中心城市是对周边地区具有较强辐射带动作用的二级中心城市，同时也是某一个领域或多个领域知名度与影响力较高的国际城市。

专栏2　五大世界级城市群的核心城市

美国东北部城市群：纽约、波士顿、华盛顿、费城、巴尔的摩；

北美五大湖城市群：芝加哥、底特律、克利夫兰、匹兹堡、多伦多、蒙特利尔；

欧洲西北部城市群：巴黎、阿姆斯特丹、鹿特丹、海牙、安特卫普、布鲁塞尔、科隆；

英国中南部城市群：伦敦、伯明翰、利物浦、曼彻斯特、谢菲尔德；

日本太平洋沿岸城市群：东京、横滨、大阪、京都、名古屋、神户。

纽约、伦敦、东京、巴黎是世界城市体系中第一层级的全球城市。

三是具有高效的统筹协调发展机制，形成有序分工的城市职能体系。具有全球影响力的世界级城市群中，主要城市性质、核心功能、优势产业等具有明显的差异化和多样化特征，但同时城市间又建立了比较高效的协同发展机制，形成有序分工的城市职能体系，城市间存在紧密的发展联系及交互影响，形成“$1+1>2$”的综合功能与整体实力，共同构成综合竞争力与影响力领先的重要功能区。

专栏3　世界级城市群的协调发展机制①

世界级城市群普遍建立了较好的区域协同发展机制，在促进城市群分工协作中起到了积极作用。

美国，市场、政府和非政府组织不同功能作用形成的合力，构成了城市群协调发展的动力机制，有效推动了城市群的发展完善。虽然美国城市群早期发展中市场机制、城市内生发展需求起到主导作用，城市间的协作呈现松散和非正式的特征，但经济联系非常紧密。随着经济社会的发展，政府对城市群的重视和推动力度呈增强趋势，对城市群有序竞争和合作关系的建立

① 屠煊：《长三角城市群与国际城市群的比较及启示》，《上海经济》2015年第4期。

起到了积极的引导推动作用。通过建立大都市区政府，设立地方政府议会，设立单一功能特别区或专门的协调机构等机制，推动城市群重大公共基础设施建设，在社会、环境等领域签订地方政府间合作的专项协议等。例如，北美五大湖城市群，城市不仅跨越州界，而且跨越省界，为更好地解决区域发展中的公共问题，在2003年成立了由51个城市共同成立的区域协调委员会，定期商讨解决跨区域发展中的公共问题，如减少地区污染等。

英国，是最早提出都市圈建设的国家之一。1964年，创建了“太伦敦议会”，专门负责大伦敦城市群的管理与发展问题，20世纪80年代初逐渐废除，20世纪90年代初以来，大伦敦地区引入战略规划指引，以维持整个城市群战略规划的一致和协调。为促进城市间有序竞争和分工合作，2013年专门成立了城市发展委员会，对都市圈的未来发展方向提出建议，制订发展路线图，推动伦敦等大都市与其他城市间的综合发展。委员会主要提出四大目标：一是提高经济产能，提升中长期增长潜力；二是强化对税收及开支的指导，实现地区及国家财政的永续发展；三是加强对日益增多的公共服务需求的管理和规范；四是推动交通领域内低碳产品的使用和消费，降低城市发展对环境的影响。

法国，通过成立地区整顿委员会，颁布《城市（市镇）联合体法》，建立稳定财源和第三方评估等法律、经济、行政结合的手段，推动城市一体化发展。

四是拥有完善的城际综合立体交通网络和世界级的交通枢纽，是世界交通中心、国际资源要素流转的重要枢纽。具有全球影响力的世界级城市群，在对外联系上，是国际国内的重要交通枢纽，拥有世界领先的多元化国际交通基础设施网络体系，世界级的机场群、港口群，以及铁路、公路线网等，并且在国际化的客货运集散中转能力、运输效率和服务水平、资源配置能力等方面，居全球前列。而在城市群内部，则建成了城际铁路、高速公路、轨道交通等多层次的快速交通网络，建立了多种交通方式有序衔接、停车场和公共交通合理衔接，低碳出行与便捷通勤有效结合的城际交通体系。

专栏4　世界级城市群的发达交通体系①

世界级城市群普遍具有发达的对外和内部交通网络体系，尤其是世界级的港口、航空枢纽、便捷的城际交通等，构成开放式、多层次的空间网络体系，成为支撑和引导城市群要素流动、功能发展的重要载体基础。

美国东北部大西洋沿岸城市群，港口是对外交通物流和带动区域发展的重要发展基础。拥有纽约港、费城港、巴尔的摩港和波士顿港等分工合理、功能强大的世界级港口群。在城市群内部交通方面，构建了以高速公路为主、轨道运输为辅的城际交通体系，促进了城市间的发展联系。

日本太平洋沿岸城市群，拥有铁路、公路、航空、海运和轨道交通等多种运输方式组成的发达交通网络。沿东京湾分布着东京、川崎、横滨、横须贺、木更津、千叶六大世界级大港。由于各港口分属不同的行政区，为避免恶性竞争，中央政府统筹规划各港口的职能，形成良性分工发展格局，成为世界最高效的港口群之一。建成以东京和成田两大国际机场为核心的、联系国内外

① 邓涛涛、John D. Nelson：《交通体系内外联动：世界五大城市群的经验》，《中国社会科学报》2012年6月6日，第A06版；李彤、韩宇：《构建环渤海世界级城市群综合交通体系研究探讨》，《城市》2011年第9期。

的航空基地。城市群内部交通则以轨道交通为主。东京都市圈建成世界最密集的轨道交通网络,四通八达的发达轨道交通,支撑带动着东京都市圈的发展。

在城市群内部交通通勤方面,随着人口规模增大及密集度的提升,世界级城市群也未能规避交通拥堵、通勤时间长、成本高等问题。为此,几大世界级城市群通过完善与核心城市的交通走廊,大力发展公共交通,优化交通组织管理等措施,改善区域内交通通勤状况。例如,日本建设了全方位覆盖的最发达的轨道交通网络,便捷的公共交通减少了居民对私家车的依赖,在东京一般徒步 10 分钟就可以找到地铁口,在市中心只需 5 分钟;同时日本也设立了最严厉的私家车管理制度,日本法律规定,个人或单位买车时,必须出具拥有固定车位的证明(自有或长期租借均可),且车位必须在单位或住所 500—2 000 米范围内;此外,还包括高昂的停车费,以半小时甚至 15 分钟计费的高昂停车费,也对私家车起到限行作用。

五是世界高层次人才集聚中心和文化中心。具有全球影响力的世界级城市群,也是人口吸引力强的城市磁场,是人口政策开放度高的世界多民族大熔炉,人口来源结构具有明显的多元化特征,国际人口比重居世界级城市群前列,核心城市是国际人口和国际化高端人才的集聚高地。城市群形成兼容并蓄的文化发展格局,文化开放度和包容度高,国际化、多元化特征明显,在世界文化体系中具有重要影响力,是世界先进文化的重要发源地,世界文化创意产业发展的引领区。

2. 长三角城市群协同发展的战略意义与重点

推动大中小城市协同发展,是长三角城市群建成具有全球影响力世界级城市群的必然路径与突破口。长三角城市群要建成具有全球影响力的世界级城市群，重点要在城市协同发展机制、城市功能、重点产业、空间布局、交通体系、生态环境等主要领域实现协同发展。为此，亟待深入贯彻落实创新、协调、绿色、开放、共享的新发展理念，率先探索既符合世界城市群发展规律，又符合我国国情特征及长三角地区发展实际的城市群协同发展新机制、新模式。通过健全完善协同发展机制，促进资源要素充分流动与共享，实现城市间优势互补、分工协作，突破发展中的主要瓶颈问题，补齐与世界最发达城市群的发展短板，协同培育新的增长动力与竞争优势，合力促进创新驱动和转型升级发展，构建长三角城市间互补、互惠、共生的内生发展联系，促进各城市专业化分工和多样化发展，增强长三角城市群的综合经济实力、国际竞争力与影响力，同时，提升长三角城市群的城镇化水平、社会文化发展水平和生态环境质量，力争建成综合品质全球一流的世界级城市群。

（二）战略目标

长三角城市群协同发展的战略目标是在制度、空间、功能、产业、交通、生态等主要领域建立了全面系统的协同发展机制。城市群空间布局结构全面优化，职能分工合理有序，形成竞合并存、互为依托的有机发展整体，步入成熟城市群发展阶段；城市群整体的经济、社会和文化发展水平显著提升，生态环境质量明显改善，区域可持续发展能力巩固提升，全面建成具有全球影响力的世界级城市群。主要发展目标为：

1. 形成健全完善的协同发展机制

长三角城市群协同发展的管理机制和协调机制健全完善，协同发展的区域性法律法规健全完善，基于城市群整体发展的空间规划、土地利用规划、重大功能区和重点领域的专项规划健全完善，阻碍跨行政区资源要素自由流动的有形和无形壁垒基本破解，区域内资源要素优化配置，城市间开放统一的区域大市场环境全面形成，社会管理、社会保障、医疗卫生、基础教育等社会和公共服务领域的政策无缝对接，资源设施充分共享，交通一体化的基础设施网络体系健全完善，主要城市之间实施同城化的交通政策机制。

2. 综合经济实力达到世界级城市群前列

长三角城市群的经济保持平稳较快增长，地区生产总值占全国的比重达到30%以上，经济总量规模达到世界级城市群首位，人均GDP和地均GDP水平达到世界级城市群前列。产业结构稳步优化升级，以先进制造业和现代服务业为主导、现代农业为基础的产业体系健全完善。

3. 城镇化水平和质量达到世界级城市群前列

长三角城市群的新型城镇化积极稳妥推进，城镇化水平和质量明显提升，跻身世界级城市群前列。长三角城市群常住人口城镇化率达到80%以上，户籍人口城镇化率与常住人口城镇化率基本一致。区域内人口实现合理流动、居住和就业空间统一，形成有效集中与有机疏散相结合的人口分布格局。城乡建设发展水平内涵式提升，全面实现“四化”同步发展，全面实现城乡高水平融合发展。

4. 建成全球一流品质的世界级城市群

长三角城市群发展为全球流量经济枢纽和资源配置中心，在世界经济贸易重要规则、标准制定中具有重要的话语权和主导权；建成具有较强竞争力和影响力的全球科技创新中心，科技人才集聚度、重大专利发明数和成果转化率、科技贡献率等达到世界级城市群前列，成为全球前沿科技和高科技产业的策源地之一；形成具有较高影响力的世界文化中心、文化创意产业发展中心；生态环境保护治理、低碳城市建设和循环经济发展取得显著成效，建成生态环境优良，宜居指数高、可持续发展能力强的绿色城市群。

（三）战略任务

加快推动长三角城市群实现全面深度协同发展，形成有序分工的城市职能体系，多中心、多轴带、多圈层、网络化的空间发展格局，产业能级与核心竞争力达到世界城市群前列，人口和文化结构高度国际化，形成具有较强影响力的世界文化中心，建成具有全球一流品质的低碳、宜居型城市群，形成绿色、可持续的城市群发展格局。

1. 健全完善城市体系

加快构建竞合并存、互惠共生、有序分工的城市职能体系。

上海市作为长三角城市群一级核心城市，发展能级及带动辐射功能进一步提升。着力提升上海市在世界经济发展中的资源配置能力和竞争力，增强对区域内其他城市的辐射带动功能，建成引领带动我国区域发展的重要引擎，"一带一路"上的重要枢纽城市，跻身世界城市体系的第一层级，形成具有较强国际竞争力和影响力的全球城市，全球重要的流量经济枢纽、资源配置中心、科技创新中心和文化中心。

南京市、杭州市、合肥市，不仅分别作为江苏省、浙江省和安徽省的政治、经济和文化中心的地位巩固升级，而且发展为长三角城市群内功能完善的二级核心城市，建成具有较强跨区域集聚和辐射功能的区域性中心城市，分别成为南京都市圈、杭州都市圈、合肥都市圈内具有较强辐射带动功能的中心城市，具有较高国际化水平和较强国际影响力的国际城市，"一带一路"上的重要节点城市。

苏州、宁波、无锡、温州、南通、连云港等发展水平较高，或位于沿江沿海发展轴、长江经济带和"一带一路"交汇区域，具有独特交通区位优势和重要战略意义的城市，建成具有明显比较优势的专业化、特色化节点城市。

经过若干年的建设发展，使长三角城市群各级城市功能健全完善，形成由核心城市、区域性中心城市、节点城市、一般城市、小城镇构成的职能分工合理的城镇体系，形成超大城市、特大城市、大城市、中等城市、小城市和小城镇协调发展的城镇格局。

表 2-5　长三角城市群城市职能体系

职能体系	城市	功能地位
世界性中心城市	上海	长三角城市群的一级核心城市，全球重要的流量经济枢纽、资源配置中心、科技创新中心和文化中心；“一带一路”上的重要枢纽城市，世界城市体系中第一层级的全球城市
区域性中心城市	南京	长三角城市群的二级核心城市，江苏省的政治、经济和文化中心，南京都市圈的中心城市，具有较强跨行政区影响力和国际竞争力的国际城市；“一带一路”上的重要节点城市
	杭州	长三角城市群的二级核心城市，浙江省的政治、经济和文化中心，杭州都市圈的中心城市，具有较强国际影响力的国际城市；“一带一路”上的重要节点城市
	合肥	长三角城市群的二级核心城市，安徽省的政治、经济和文化中心，合肥都市圈的中心城市，具有较高国际知名度的国际化城市；“一带一路”上的重要节点城市
重要节点城市	苏州、宁波、温州、南通、连云港等	长三角城市群的重要节点城市，位于重要交通节点上的枢纽城市、重要的国际化港口城市或具有较强集聚辐射功能的区域经济中心
一般城市	其他中小城市	所在行政区的中心城市，综合性或专业化、特色化的中小城市
小城镇	小城镇	长三角城市群城镇体系中的基础单元，城乡一体化发展中承上启下的功能载体

2. 优化城市空间格局

着力构建长三角城市群多中心、多轴带、多圈层、网络化的空间发展格局。“多中心”，是指以上海市为核心，以南京、杭州、合肥等城市为区域性中心，以重要功能性城市为节点。“多轴带”，是指以沿江、沿海交通线为主发展轴，以沪宁合杭甬交通线为次发展轴，以其他连接主要城市的现代交通基础设施为多样化发展轴。以高速、便捷、立体的综合交通基础设施连通长三角各级城市，形成网络化的空间结构体系。“多圈层”，一方面是指形成以不同区域性中心城市为核心的都市圈，如南京都市圈、杭州都市圈、合肥都市圈等；另一方面是整个长三角城市群分为三个圈层进行发展引导。其中：

第一圈层为核心区，地域范围包括长三角城市群核心区的15个城市。核心区是长三角城市群实现深度协同发展的核心区域，长三角城市群综合发展水平和协同发展程度最高的区域，是长三角世界级城市群的核心功能区，发展能级水平代表着长三角城市群的国际竞争力和影响力。在核心区内部，上海及环沪城市进一步构成了发展成熟的同城化生活圈，环沪地区在上海市的通勤人口占到本地区就业人口的5%及以上；上海市的部分生活文化功能、经济功能转移到环沪城市。

第二圈层为拓展区，地域范围包括核心区以外，《长江三角洲城市群发展规划》提出的26个城市内的其他城市地区。拓展区与中心城市的快捷交通网络体系不断完善，经济社会联系不断增强，是长三角城市群未来区域空间和城市群功能拓展的重要区域。

第三圈层是辐射区，地域范围主要指拓展区以外，受长三角城市群中心城市辐射带动的长三角地区其他城市。此外，也包括位于长三角三省一市以外，但与长三角城市群接壤或邻近，有城际快速交通网络连通长三角城市群，受长三角城市群内区域性或节点性中心城市辐射带动，与长三角城市群部分城市建立了比较紧密经济社会发展联系的其他城市。

3. 促进产业整体转型升级

着力构建世界级产业集群，推动长三角城市群经济全面转型升级，区域内主要城市形成合理有序的产业分工体系和协同发展关系，同时保持经济多样化特征和区域产业特色优势，城市群的产业能级与核心竞争力达到世界城市群前列。

充分发挥主要城市的资源禀赋潜力，全面实现长三角城市群产业转型升级和布局重构，形成优势互补、分工协作的产业发展格局。

协同培育新的增长动力和竞争优势，成为我国最具经济活力和多样性的核心经济区，成为支撑和引领我国经济转型升级发展的重要引擎，在全国经济发展中的贡献率和影响力达到世界级城市群前列。长三角城市群协同建设自由贸易试验区、虹桥商区等重要功能区，协同建设世界经济、金融、贸易、航运中心、全球科技创新中心，主要城市成为国际经济、金融、贸易、航运、科创中心的重要功能区。一、二级核心城市在现代服务业和战略性新兴产业发展中，在关键技术、产品创新、商业模式创新等领域，形成较强的竞争优势和行业影响力，成为世界经济版图中综合实力领先的发达经济区，产业发展能级及核心竞争力达到世界级城市群前列。

4. 完善城际交通网络

加快构建长三角城市群高效便捷的综合立体交通网络，有效带动和支撑城市间深度协同发展。长三角城市群内由高速铁路、高等级公路等为主干的城际快速交通网络实现地级及以上城市全覆盖，其他重要节点城市全覆盖。上海、南京、杭州、合肥等核心城市与周边城市建成以高等级公路、城际铁路、跨省市地铁、城际公共交通等为主的同城化交通体系，多种运输方式实现无缝化衔接，主要城市间交通管理政策标准同一化，适应同城化需求的1—2小时城际交通网络体系和交通软环境机制健全完善。建成与世界级城市群发展需求和功能地位相匹配的世界级机场群，不同功能定位、不同规模能级的机场跨越行政区有序联动、高效对接。长三角城市群的沿江、沿海及其他主要内河港口布局合理，功能优化，形成各具特色的现代化、专业化港口群，不同地区、不同类型的港口之间建立了有序分工协作关系，多种运输方式有效衔接的集疏运体系健全完善。

5. 促进社会文化多元化发展

着力将长三角城市群建成具有较强吸引力的国际高层次人才集聚中心、具有较强影响力的世界文化中心。长三角城市群社会文化发展水平显著提升，建立了海纳百川的制度文化发展环境机制。核心城市成为国际化高层次人才的集聚高地，人口来源和社会文化具有显著的多元化、国际化特征，国际化程度和开放水平居世界级城市群前列。长三角城市群形成东西融合、兼容并蓄的多元文化繁荣发展格局，建成世界先进文化的发源地之一，具有较强国际影响力的世界先进文化发展中心，世界文化创意产业的重要中心。

6. 改善区域生态环境质量

着力建设低碳宜居、可持续发展的世界级城市群。积极构建长三角城市群生态环境协同保护治理的机制政策，健全完善涵盖大气、水、固体废弃物的全方位污染协同治理体系。积极探索新型城镇化发展道路，既实现城镇化水平的显著提升，也能有效保护区域内耕地、林地、水域等重要自然资源，区域环境污染得到有效治理，生态环境得到明显修复改善，区域空间结构明显优化，自然生态空间占区域总面积的比重提高到75%以上。资源节约、环境友好的循环经济取得长足发展，城市实现从外延扩张转向内涵提升的发展模式转变，形成集约、紧凑、低碳型的城市建设发展道路，长三角城市群建成全球一流品质的生态宜居型城市群，形成更绿、更可持续的发展格局。

三、长三角城市群协同发展的主要矛盾问题

要实现上述战略蓝图，长三角城市群亟待破解当前几大不协同发展的矛盾与问题，主要包括：

（一）发展体制不协同问题

目前，长三角地区已经形成决策层、协调层、执行层“三级运作”的合作机制，在城市层面有专门的城市经济协调会，对区域共同发展起到了重要的协调推动作用。但是，目前仍缺少超越省级行政区，将长三角城市群作为一个整体进行顶层设计、全盘统筹的权威机构和推动机制，遇到涉及区域利益冲突的关键问题，仍难跳出地方保护困

局，行政分割仍是阻碍区域协同发展的主要藩篱。同时，政府仍是区域合作的主导力量，企业和社会力量对区域协同发展的推动作用还未得到充分发挥，市场主导的城市分工协作机制尚未健全完善。

（二）城市功能不协同问题

长三角城市群的单中心特征仍比较明显，核心城市功能高度集中，城市结构体系有待优化。虽然近年来上海周边城市建设发展速度较快，甚至部分城市的人均 GDP、环境品质等部分领域更胜一筹，但是，从城市建成区面积、城区人口规模、城市建设和发展的综合能级实力、国际国内影响力等指标来看，与首位城市的差距仍十分明显。从人口分布结构来看，按常住人口计算，2016 年年末，长三角城市群 26 市的城市首位度为 2.28，超过国际公认的一般均衡值，人口仍高度集中于首位城市，并且与 2000 年第五次人口普查时点比较，人口首位度不仅没有下降，反而有所上升。从首位城市人口集聚度来看，2016 年年末，上海市常住人口占长三角城市群 26 市常住总人口的 16.0%，较 2000 年第五次人口普查时的比重提高了两个百分点。近 10 余年来，长三角城市群人口流动趋势仍以向首位城市集聚为主。从经济维度来看，目前，全球最发达的几大世界级城市群，内部都形成了较好的分工协作关系，主要城市有比较明晰、独特的产业定位，城市间形成错位发展格局。例如，美国东北部大西洋沿岸城市群，纽约是世界金融、贸易和文化中心；费城重化工业发达，是美国东海岸主要的炼油中心，钢铁、造船基地，承担近海航运的主要港口；巴尔的摩的有色金属和冶炼工业、国防工业占有重要地位，是美国东海岸的重要海港和工商业中心；波士顿是著名的教育文化名城，市区人口不足 60 万，却拥有 16 所大学，集聚了哈佛大学、麻省理工学院等世界名校，高科技产业发展较好；华盛顿是美国的首都、美国的政治中心，也是世界银行、国际货币基金组织等全球性金融机构总部的集聚地。而目前长三角城市群中主要城市产业发展普遍呈现大而全的综合性特征,不仅发展现状中存在较明显的产业同构、园区重复建设、资源恶性竞争等问题,而且在区域发展战略规划中,未来产业定位趋同特征也比较明显。甚至在城市建设领域也存在千城一面的趋同发展问题,城市发展定位、地方优势和特色不明显。

(三)交通体系不协同问题

相对于世界级城市群发展目标和协同发展需求,目前,长三角城市间的交通基础设施和交通组织管理仍有待完善。例如,城际间的高铁、高等级公路、地铁、公共交通等有效衔接的交通网络体系还未健全完善。区域间断头路仍然较多,路桥费仍然较高,跨省区的公共交通及"一卡通"实质性进展缓慢,港口重复建设、定位相同和无序竞争、地方保护等问题仍比较突出等。以港口交通为例,世界级城市群普遍拥有由数个港口组成的港口群,但相互间形成各具特色、有序竞争、分工合作的发展格局。例如,日本太平洋沿岸城市群,沿东京湾分布着6个港口,其中千叶港主要是原料运输港,横滨港主要是对外贸易港,东京港主要集中于内贸,川崎港专门为企业输送原材料和制成品。美国东北部大西洋沿岸城市群中,纽约港是美国东部最大的商港,重点发展集装箱运输,费城港主要从事近海货运,巴尔的摩港主要作为矿石、煤炭、谷物等的转运港,波士顿是以地方商品转运为主的商港,同时也是渔港,各港口有合理的分工和特色。长三角城市群也拥有通江达海、联系内外的优越港口条件,沿海分布着上海港、宁波港、南通港、连云港等大型海港群,南京港、镇江港、苏州港等沿长江的港口群,但在江海联运、沿江港口、沿海港口发展中还存在重复建设、定位趋同、资源恶性竞争等不协同及不协调的发展问题。

(四)生态保护治理不协同问题

近年来,长三角地区环境联防联治取得积极进展,尤其是在大气污染防治方面。2014年1月初,国务院批准成立了长三角区域大气污染防治协作小组，由上海市牵头，三省一市共同制定了《长三角区域落实大气污染防治行动计划实施细则》，重点推进十大协作和联合行动。但是，目前长三角城市群尚未建立全面、系统、长效的生态环境协同保护和治理机制。根据我国主要城市污染物排放统计结果，从主要城市废气中主要污染物排放情况、废水中主要污染物排放情况、一般工业固体废物产生量等指标来看，上海、南京等长三角核心城市均处于前列，“三废”污染物排放量居于高位，生态环境仍是长三角城市群发展中的重要短板和瓶颈制约。根据华东师范大学2014年发布的《长江三角洲地区城市化过程及其生态环境状况》报告，按照生物丰度、植被覆盖、水网密度、土地退化、环境质量等要素构成的生态环境状况指数，5年间，全区域指数为“优”的面积比例从20.85％增至25.76％，纵向上呈现改善趋势，但区域指数为优的比例也仅占约1/4，且上海、苏州、南京、无锡等已属于“过度发展型”，与世界其他发达城市相比，生态环境质量仍有待改善提高。而在长三角环境污染中，雾霾和水污染等复合型、流域性的环境污染问题仍十分严峻，区域环境保护中的联控联防覆盖面还比较窄，推动力度不足，尚未走出一方治理、一方污染，哪里出了问题治理哪里等困局。黄浦江死猪事件、南通江心沙农场发生的上海垃圾倾倒事件等人为原因造成的环境问题仍时有发生，部分地方政府、一些企事业单位和居民等对区域间环境共同体的意识不强，环境协同保护治理覆盖面不全，机制不完善，跨界污染仍是长三角城市群生态环境中的突出问题。生态环境的协同保护和协同治理修复已成为长三角城市群协同发展中的迫切任务。

四、长三角城市群协同发展的战略路径思考

基于前述战略定位与愿景目标，根据长三角城市群发展的现状特征、面临的环境形势和瓶颈问题，长三角城市群亟待加快深化协同

发展，重点从优化城市职能体系，缩短主要城市间的物理空间距离和经济距离，减少分割，打破阻碍区域内资源要素自由流动的有形和无形障碍，促进城市间资源要素充分共享等方面推动城市间协同发展。主要路径及对策建议如下：

（一）构建城市群协同发展的新机制

加快整合长三角城市群政府、市场和社会的多方力量，构建政府引导、市场主导、社会力量广泛参与的多层次的城市群协同发展机制。

1. 设立更高层级的城市群协同发展领导机构

如在国家层面设立长三角世界级城市群建设领导小组，或成立长三角都市区管理委员会等超越省市级政府的权威机构，确保有足够的领导力和权威性，将长三角城市群作为一个整体，对城市群建设发展进行全局性的指导、组织、推动、协调和管理，形成协同发展的保障机制，有效破除行政分割和碎片化发展问题。领导小组及办公室主要负责组织推动长三角城市群规划实施和修编，区域性政策法规的制定，区域重大问题的决策，重大公共设施建设的推动，城市群发展数据调查统计和权威发布，区域建设资金管理和监督等，推动长三角城市群全局性和可持续发展。同时，根据发展需要，在若干重点领域设立超越省级行政区的专门管理机构或协调委员会，如长三角城市群交通发展委员会、长三角城市群生态环境建设委员会等。

2. 建立市场和社会力量主导的协同发展机制

在经济领域，构建开放统一的区域大市场环境，让市场机制在长三角城市群资源配置、产业链和生态链重构中发挥主导作用。在社会领域，根据城市间人口流动和社会发展的实际需求，进行基础设施、公共服务和相关配套政策的有效衔接和互认互通，推动城市群同城化生活圈的实质性深化和城市功能的有序分工重组。支持区域性的行业社团组织和社会组织发展，使企业、非政府组织、居民等成为长三角城市群协同发展的行为主体。

3. 完善城市群协同发展的资金支持机制

设立长三角城市群协同发展资金，由长三角城市群内的成员城市共同出资，但是出资比例差异化，同时适当吸引社会资本注入，做大协同发展资金的总量规模。根据发展需要，弹性优化资金投向，加强使用监管，重点用于解决长三角城市群协同发展中的重大公共性问题，重大公共基础设施建设等，增强发展资金对世界级城市群建设的引导和促进作用。

4. 增强城市群规划的弹性适应能力

对长三角城市群进行分阶段和差异化的引导推动。按照核心区、拓展区和辐射影响区进行分类引导。"十三五"时期，重点聚焦核心区，即长三角城市群 15 个核心城市，加快完善综合立体交通网络和一体化的政策机制环境，促进资源要素自由流动，深化协同发展，完善城市职能分工体系，促进经济转型升级发展，至 2020 年，将核心区建成具有较强竞争力和影响力的世界级城市群。"十四五"时期，核心区逐渐发展成熟，功能向外围拓展扩散，建设重心转向拓展区，即核心区以外，《长江三角洲城市群发展规划》26 城市内的其他城市区，至 2025 年，拓展区与中心区形成协同发展的紧密整体。"十五五"时期，长三角城市群的建设发展范围继续向外围拓展深化，辐射带动长三角地区 26 城市以外的其他城市，以及长三角地区外的其他省区相邻城市，至 2030 年，长三角城市群经济地理区域扩围，城市群功能明显升级，建成全球一流品质的世界级城市群。健全完善规划评估机制，对《长江三角洲城市群发展规划》实施情况进行定期评估，同时根据环境条件和发展要求变化，对规划相关内容进行合理修编，增强规划的弹性适应能力，更好地指导长三角城市群发展。

(二)促进城市群职能分工体系重构

目前,长三角城市群"一城独大"的特征仍比较明显,为促进区域内城市形成有序的分工体系,亟待推进核心城市功能疏解。上海宜进一步发挥龙头作用,主动做减法,促进长三角城市群的职能分工体系优化重组。

1. 增强核心城市的全球竞争力和影响力

充分把握上海新一轮城市总体制定实施的战略契机,紧紧围绕卓越的全球城市建设目标,进一步聚焦全球资源配置中心、流量经济枢纽、科技创新中心等关系全球竞争力和影响力的核心功能;主动跳出自家"一亩三分地",在长三角城市群大格局中疏解上海的非全球城市核心功能,加强主要功能区空间布局在长三角城市群的优化重组及协同建设培育。

2. 有效疏解中心城区功能

目前,上海市常住人口超过 2 400 万,建设用地开发强度约 45%,人口、资源、环境承载力已接近上限,尤其是中心城区常住人口达 1 000 万,住房、交通、环境等压力凸显,下一步发展中需要突破行政区限制,完善与长三角其他城市的同城化生活圈,将一部分居住、生活配套功能向外疏解。开展长三角主要城市功能定位的专题研究,由上海市牵头,组织三省一市权威专家,根据上海全球城市建设及长三角世界级城市群建设目标,深入研究长三角世界级城市群的城市职能分工体系。研究确定上海需要向外疏解的功能,以及通过协作共建更利于促进区域共同发展的功能。其他城市基于自身发展基础、资源禀赋优势和发展需求,研究确定可能承接的功能,以及实现的机制和途径等,通过充分的互动与深入研究,促进上海中心城区功能向周边城市疏解。

3. 促进城市体系优化重组

有效引导促进长三角城市群城市体系从单中心结构向多中心结

构转变，培育若干个具有较强国际竞争力和影响力的二级核心城市，与核心城市分工协作，共同引领长三角城市群加快建成综合实力领先的世界级城市群。

4. 协同建设重大功能区

将上海“四个中心”、国际科技创新中心、自由贸易区等重要功能区建设，作为长三角城市群的共同目标，通过优势互补、分工协作，协同推动世界级城市群功能地位的形成，实现国际竞争力和影响力的整体提升。

（三）完善城市群综合交通网络与管理机制

加快优化完善长三角城市群的综合立体交通基础设施，以及一体化的交通组织管理，优化城市群的空间格局，缩短城市间的时空距离，促进城市间资源要素有序流动，为城市群协同发展及世界级城市群建设提供支撑和引领。

1. 全面构建现代综合立体交通网络体系

根据世界级城市群的战略目标和发展需求，优化完善长三角城市间的交通基础设施网络。重点以沿江、沿海、沿沪宁合、沪杭甬等为主要发展轴，以主要城市为节点，构建多中心、放射状的现代交通网络体系。加快长三角城市群沿江交通网络建设，实现上海与沿江各城市高速铁路、高等级公路和水运全方位有效对接，构建沿长江经济带的发达都市连绵区，增强长三角城市群在长江经济带建设发展中的支撑引领作用。加快优化完善上海北至新亚欧大陆桥头堡和丝绸之路经济带桥头堡连云港市、南至温州市的综合交通条件，推进高等级铁路建设，加强海陆空多种交通方式对接，构建贯穿整个长三角沿海城市的现代交通轴和经济发展轴，全面带动沿海两翼地区发展，充分发挥沿海优势，增强对内陆地区的辐射带动能力，同时增强长三角城市群在“一带一路”建设中的引领带动作用。

2. 完善中心城市与主要节点城市的快速交通网络体系

尤其是完善主要城市与核心城市上海之间的交通联系，增强中心城市的向心力和辐射力，为形成世界级城市群核心城市的要素控制能力和影响力奠定基础。高速铁路、高等级公路力争全覆盖，深水航道与集疏运体系全面对接。推动长三角临海高等级公路、高等级铁路建设，强化上海在南北两翼沿海城市中的交通枢纽地位，缩短与沿海地区主要城市的经济距离，促进中心城市与城市群内更多城市深化协同发展。

3. 完善同城化交通网络体系

长三角城市群核心区，加快完善以上海为中心的同城化交通网络体系建设。上海与周边江浙相邻城市，进一步推动环沪城市与上海轨道交通对接，构建核心区城市间由地铁、磁悬浮、同城化的公共交通体系等不同交通工具无缝对接的综合立体城际快速交通网络。上海至南京、杭州等区域中心城市，积极探索磁悬浮等快速交通方式。

4. 探索构建城市群内部一体化的交通管理机制

推动长三角城市群内公交一卡通、通关一体化等的全面实质性实施，支持主要城市间开通城市公共交通线路，试点推动区域内主要城市间车辆通行费减免等区域性政策，构建一体化的交通管理政策机制，促进长三角城市群内城市间资源要素充分流动。

（四）构建城市群生态环境协同保护治理机制

加快构建长三角城市群生态环境协同保护和治理的长效机制，提升长三角城市群的生态宜居性，增强可持续发展能力。

1. 探索建立区域性的城市群环境管理机构

在长三角城市群探索建立区域性的环境管理机构，如长三角城市群环境建设和管理委员会，统一负责长三角城市群区域性的环境立法、环境准入标准和污染治理要求等的制定；统一负责区域性的项目环评、环境污染监管和生态治理修复。建立长三角城市群统一的环境监测平台，区域内环境信息全面联网，重要环境信息及时互相通报。对于存量污染性项目，坚持谁污染、谁治理。对区域内新增重大项目，尤其是处于长江及太湖等共有水域上游、主要城市上风向、滨湖或水源保护区等生态敏感区域，引入可能产生跨区域环境影响的项目，必须经过地区环评机构评审通过后才可以立项。项目建成后，由该机构统一进行污染排放治理监管。健全完善跨界污染事件的应急联动机制，尤其是有约束力的长效联合执法机制及有效的责任追究处罚机制。

2. 建立长三角城市群生态发展专项基金

重点支持跨区域的环境污染防控、生态环境治理修复以及生态保护补偿等。探索跨越行政区的长三角城市群生态补偿机制，对位于长三角城市群生态敏感区，因区域性生态保护需要而限制地方经济发展，在区域环境保护中承担生态保护功能、作出积极生态贡献的地区，予以合理的经济补偿。对城市群内低碳城市建设，予以有效的引导扶持。

第三章

长三角科技创新协同战略研究*

目前，我国正面临着推进科技创新的重要历史机遇，“科技是国之利器，国家赖之以强，企业赖之以赢，人民生活赖之以好”，[①]而随着我国逐渐进入“三期叠加”的新常态，以科技创新作为提高社会生产力、提升国际竞争力、增强综合国力、保障国家安全的战略支撑。[②] 在推动科技创新发展的过程中，跨区域的协同创新正越来越成为创新发展的新趋势，依托于长三角地区科技创新的集群优势、产业链整合优势和区域一体化发展先发优势，长三角地区有必要在国内的区域科技创新协同发展中率先突破，形成垂范。

一、长三角区域创新协同的战略背景分析

目前，随着经济全球化和区域一体化进入一个新的时代，长三角地区在迎来“改革开放后创业的第四次浪潮”[③]的同时，科技创新协同

---

* 本章的核心内容发表在《区域协同背景下长三角科技创新协同发展战略思路研究》，《上海经济》2017 年第 4 期中。

① 习近平总书记 2016 年 5 月 30 日在全国科技创新大会、中国科学院第十八次院士大会和中国工程院第十三次院士大会、中国科学技术协会第九次全国代表大会上的讲话。

② 习近平总书记 2013 年在中国科学院考察时的讲话。

③ 一些学者认为 1978—1992 年是中国以个体户、乡镇企业为代表的第一次创 （转下页）

发展也随着区域一体化的深入而进一步深化，特别是中央《长江三角洲城市群发展规划》出台后，长三角地区的科技创新协同作为重要组成部分之一提上议程。

（一）长三角地区科技创新投入逐渐快速增长

近年来，长三角地区在科技创新方面的投入快速增加，由2010年的1 990.2亿元上升到2016年的4 620亿元，增长了1.32倍，远高于同期长三角地区GDP的增长水平（同期GDP增长了66.1%），占全国科技研发投入的比重由23.1%上升到29.1%。其中，上海由477亿元增长到1 030亿元，增长了1.12倍，占GDP的比重由2.83%上升到3.8%；江苏由840亿元增加到1 985亿元，增长了1.36倍，占GDP的比重由2.61%上升到2.55%；浙江由494.23亿元增加到1 130亿元，增长了1.29倍，占GDP的比重从1.82%上升到2.43%；安徽由179亿元提高到475亿元，提高了1.41倍，占GDP的比重从1.46%提高到1.96%的水平（见图3-1）。

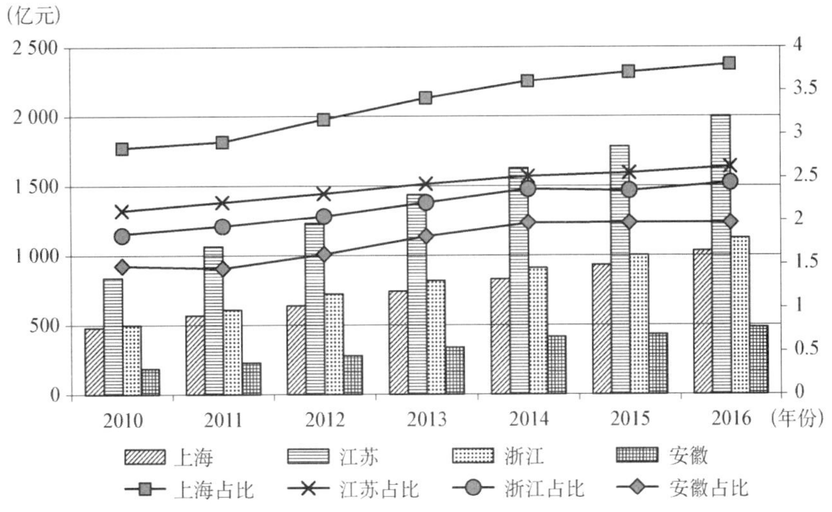

图3-1　长三角三省一市科技研发投入及其占GDP的比重

（接上页）业浪潮，形成了中国改革开放后的第一代企业家；1993—1997年是以“下海”为特征的第二次创业浪潮；1998—2007年是以互联网为主要特征的第三次创业浪潮；2008年以后的第四次创业浪潮是以3G和4G网络的移动互联为主要特征。

长三角地区的主要城市在研发投入上均有明显上升(见表3－1)。

表3－1　长三角主要城市研发投入占GDP的比重　单位:%

年度＼城市	杭州	苏州	常州	南通	嘉兴
2011年	2.85	2.45	2.3	2.05	2.2
2016年	3.1	2.7	2.61	2.61	2.81

在研发投入构成方面,随着创新行为的深入人心,科技投入资金的多元化日趋明显,大部分省市财政投入中科技投入占比上升的同时,企业投入也呈现出快速增长态势。2010—2014年,长三角地区财政资金在科技研发方面的投入从528.21亿元增长到917.97亿元,增长了73.8%,略高于同期GDP的增速,而企业与其他资金投入则从1 462亿元增长到2 859.6亿元,增长了95.6%。

民间资本投入中一个最显著的特征就是风险投资的快速增长,随着国家和各地鼓励创业创新投资的政策如《国务院关于加快构建大众创业万众创新支撑平台的指导意见》《上市公司股息红利差别化个人所得税政策有关问题的通知》等政策陆续出台,加上多层次资本市场建设进一步完善,特别是全国股转公司发布《全国股转系统挂牌公司分层方案》公开征求意见,设置了上市公司分层办法(创新层和基础层)和三套发行标准,极大地刺激了市场投资热情,围绕消费升级、结构优化、体制转型的金融创新驱动再次成为市场投资热点。长三角地区的风险投资业因此进入快速增长期。相对于2015年,长三角地区2016年的天使投资案例虽然由597宗下降到569宗,投资金额仍然由30.15亿元增长到40.21亿元,风险投资由1 182宗增加到1 226宗,投资金额有所下降,由467亿元下降到435.07亿元,私募股权投资由826宗增加到1 092宗,投资金额由1 348亿元增长到1 961.42亿元。

（二）长三角地区科技创新成果快速增长

作为全国创新活跃区域，近年来，长三角地区科技创新成果快速增长，2016 年，长三角地区的专利申请数已经突破 100 万件，[①]占全国专利申请数的 35%左右。专利授权数达到 57.72 万件，占全国的 35.2%。其中上海的专利授权量达到 64 230 件，比 2010 年增长了 33%，江苏达到了 23.1 万件，比 2010 年增长了 67.4%，浙江达到 22.1 万件，是 2010 年的将近 1 倍，安徽增长最快，达到 60 982 件，是 2010 年的 3.81 倍。

长三角专利增长中的一个显著特点就是发明专利的快速增长，长三角地区的发明专利数从 2010 年的 2.16 万件增加到 2015 年的

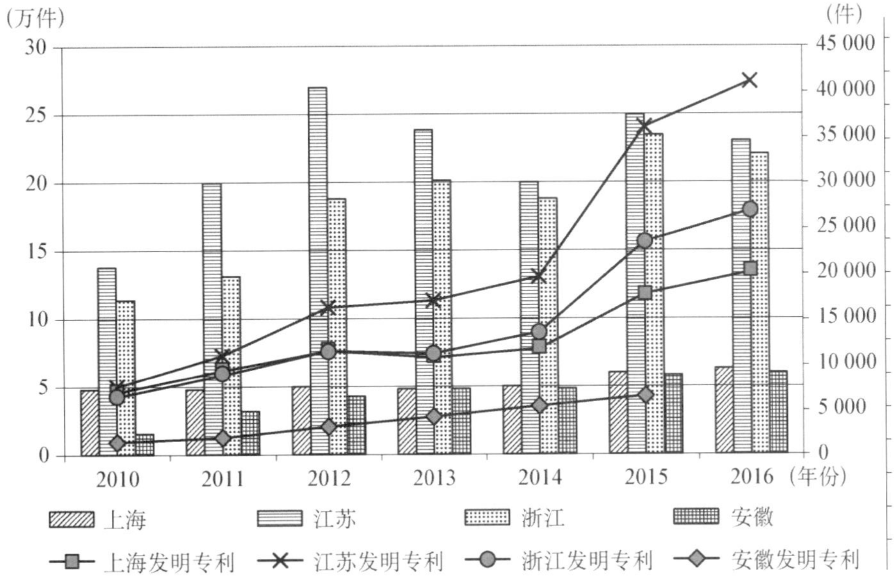

图 3-2 长三角三省一市专利授权数和发明专利授权数

① 由于江苏省未公布专利申请数，所以目前江苏数据是按照 2014 年的专利申请进行估算，当年江苏申请专利数为 42.2 万件，授予专利数为 20 万件，而 2015 年江苏省授予专利数达到 25 万件，由此估计其申请的专利数应在 45 万件以上，2016 年授予数 23.1 万件，估计申请数也在 40 万件以上。

8.34 万件，增长 2.86 倍，占国内发明专利的比重达到 32.6%。其中上海从 6 867 件增长到 17 601 件，江苏从 7 210 件增长到 3.6 万件，浙江从 6 409 件增长到 2.33 万件，安徽从1 111件增长到 6 500 件。

长三角各主要城市的专利数都有较大增加，特别是部分城市增长迅速。如南京专利授权数从 2010 年的 9 150 件增加到 2015 年的 28 104 件，增长 2.1 倍。常州从 9 091 件增长到 21 585 件，增长了 1.37 倍，每万人拥有的发明专利数达到 18.78 件。宁波市从 25 971 件增加到 46 088 件，增长了 77%。

表 3－2　长三角主要城市专利授权数及发明专利授权数

单位：件

年份＼城市	南京	杭州	合肥	苏州	无锡
2010	9 150	26 484	10 712	46 109	26 448
2016	28 782	33 548①	18 496	51 000	27 937①
发明专利	8 697	8 647	4 799	12 000	5 583

年份＼城市	常州	南通	宁波	嘉兴
2010	9 093	22 644	25 971	9 283
2016	17 790	24 337	40 792	17 456①
发明专利	2 865	2 725	5 669	1 654

注：①是 2014 年数据。

（三）长三角区域科技创新与产业协同发展趋势日趋密切

一方面，由于政府在推动创新发展过程中加大对产、学、研结合的支持力度的同时，由于产业投资基金大量进入技术研发领域，科技创新与产业协同发展趋势密切。这首先体现在企业研发机构迅速增加，企业的研究实力迅速增强。截至 2015 年年底，全国共有国家认定企业技术中心 1 187 家，其中 294 个分布在长三角地区的江浙沪两省一市,①占全国国家级企业技术中心的24.8%。其中国家技术转移东部中心于2015年落户上海。江苏省企业研发力量雄厚,有各类工程技术研究中心2 989个,其中95家是经国家认定的技术中心。安徽则依托其域内的5个国家大科学工程、1个国家实验室、21个国家重点(工程)实验室、106个省级(含重点)实验室、51个部属(含院属)实验室和557家省级以上工程(技术)研究中心推动企业与研发的结合。其次是长三角区域内的高新技术企业数量快速增加,截至2016年,长三角三省一市已经拥有国家级高新技术企业32 275家,其中上海市拥有国家级高新技术企业6 938家,江苏有按国家新标准认定的高新技术企业1.2万家,浙江高新技术企业已经达到9 474家,安徽有国家级高新技术企业3 863家。此外,长三角地区的高新技术产品增长较快,国际竞争力(出口)增长迅速。

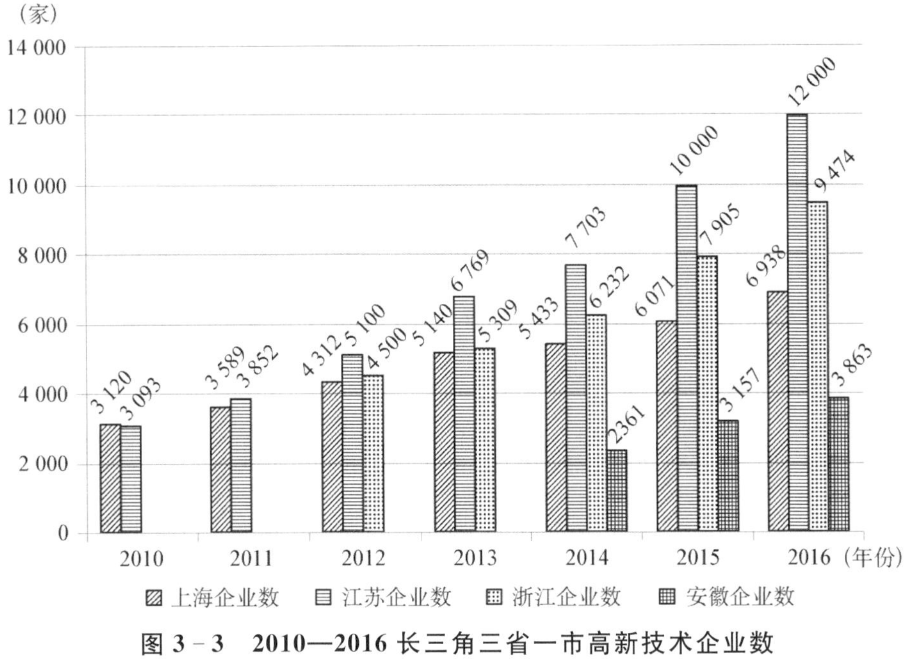

图3-3 2010—2016长三角三省一市高新技术企业数

① 其中截至2015年年底,上海有国家级企业技术中心62个,比2010年增加了22个。此外,江苏拥有95家国家级企业技术中心,浙江拥有90个国家级企业技术中心(不含分中心),安徽拥有57个国家级企业技术中心。

（四）长三角科技创新协同发展正待深化

事实上，长三角区域科技创新协同发展最早可以追溯到改革开放之初的“星期六工程师”。2003年，长三角两省一市（江、浙、沪）签订了《沪苏浙共同推进长三角创新体系建设协议书》，并建立了“长三角创新体系建设的联席会议”制度。随后，长三角各省市在资源共享、联合攻关、技术转移等领域逐渐展开制度性合作，这方面的合作包括如2004年长三角区域启动的重大科技项目攻关和16个城市签订共建大型科学仪器设施协作共用平台的协议等。2006年，科技部正式启动了《长三角“十一五”科技发展规划》，加快形成长三角区域内的创新整合优势，许多企业与高校、科研机构开展了一系列跨区域合作。2008年，上海、浙江、江苏、安徽三省一市联合发布了《长三角科技合作三年行动计划（2008—2010）》（以下简称《计划》）。《计划》明确提出了“十一五”后期长三角区域科技合作的“四大基本任务”“五大科技行动”和“14个优先主题”。2014年10月，长三角区域科技部门签署成立了“长三角科技发展战略研究联盟”，就对接上海自贸区建设，推动创新，发挥上海的辐射带动作用展开相关问题研究。经过多年的发展，在两省一市的共同努力及安徽省的大力支持和协同配合下，长三角区域创新氛围日益浓郁，区域科技合作意识不断强化，区域创新体系建设初见成效，科技综合实力、区域创新能力位居全国前列。

此外，依托园区建设，推动区域间的产业联动、转移和承接，长三角区域间的创新载体，即园区共建发展迅速，如上海在江苏、浙江、安徽等地建立了多个合作园区和开发区，江苏、浙江省内的园区共建也快速发展，截至2014年年底，江苏省内已有20多个共建园区，带动资金转移高达400亿—500亿元，[①]浙江也强化了浙北和浙南的产业

① 数据来源：沈开艳编：《上海蓝皮书：上海经济发展报告（2015）》，北京：社会科学文献出版社2015年版。

梯度转移。此外，长三角地区还成立了长三角地区科技中介战略联盟，在科技咨询、评估、技术交易、创业孵化、风险投资和科技人才培养与交流等方面提供中介服务等。

但是，目前的这些技术创新协作还基本上是零碎的、个别的现象，制度性、系统性的全面创新协作还没有全面落实，因此，需要在技术创新的层级上予以提升。

二、长三角区域科技创新协同的战略蓝图

基于长三角地区现有的创新合作基础，同时也基于长三角地区创新资源的现状和未来发展目标，我们认为，长三角地区在未来的区域科技创新协同的战略目标是构建具有全球影响力的世界级科技创新体系，要实现以下战略目标：

（一）长三角具有全球影响力的世界级科技创新体系战略内涵（2030 年）

长三角地区要在党和国家的领导下，紧紧围绕着国家科技进步的目标，以长三角世界级城市群建设为基础，基于更高层次参与国际科技合作和全球技术竞争的目标，通过协同科技创新，全面提升区域内自主创新和技术创新的能力，在功能布局上逐渐形成和完善"一核四中心多支柱全覆盖"引导的大众创业、万众创新的新格局。在科技研发协同上，以大项目联合攻关为契机，逐渐构建和完善常态化的联合科技创新研发协同机制，实现国家和省级的重点实验室、企业研发中心等的合作研发。在科技成果转化和市场协同上，逐步建立长三角地区统一的科技成果转化市场，将科技成果转化率提高到 40%以上的国际水平。在科技产业创新协同上，逐渐形成围绕产业链、价值链打造的完整的产业创新链，将长三角打造成为科技引领产业发展的动力源。在科技创新人才协同方面，共同打造人才自由流动的市

场,打造人才共同引进、培养与提升,人才自由流动的体制机制,并解决和完善人才跨地区流动中的社会保障、就医、就学等问题。在科技创新文化协同建设方面,形成基于长三角区域文化特征的科技创新文化体系,并由此推动区域内科技进步对经济社会发展的支撑和引领能力,努力实现以科技创新带动长三角地区的经济发展模式转变和转型升级,并形成对周边地区乃至全国的带动、辐射、引领和示范作用,使长三角地区成为我国科技创新的桥头堡、自主创新的排头兵、增长新动能的策源地。

(二)长三角具有全球影响力的世界级科技创新体系战略目标之一:形成和完善"一核四中心多支柱全覆盖"的格局

1.“一核”:简称具有全球影响力的张江国家科学中心

国务院批准的《上海系统推进全面创新改革试验加快建设具有全球影响力的科技创新中心方案》明确提出了要建设上海张江综合性国家科学中心的思路,并将其定位为“国家创新体系的基础平台”,其目的是提升我国基础研究水平,强化源头创新能力,攻克一批关键核心技术,增强国际科技竞争话语权。因此,张江是长三角区域科技创新的源泉与核心。要紧紧围绕着张江重大科技基础设施群、国际影响力的大学和科研机构、学科交叉前沿及体制机制等方面的建设,形成对上海和长三角地区科技创新的引导和辐射作用。

2.“四中心”:上海、苏南、杭州和皖江

围绕着国家长三角城市群的功能定位以及国家对长三角三省一市创新发展的总体要求,在科技创新的功能定位上,需要围绕产业链、价值链和创新链发展的不同环节,对各区域进行不同的功能定位,其中上海作为长三角城市群的中心城市,应定位为“具有全球影响力的科技创新中心”,江苏(苏南)定位为“具有国际影响力的产业科技创新中心”,浙江定位为“具有国际影响力的‘互联网+’创新创业中心”,皖江经济带定位为“具有国际影响力的产业科技创新转移承接中心”。对上述地区作出的定位，是基于以下方面的原因：

（1）上海：“具有全球影响力的科技创新中心”是党和国家赋予上海的光荣使命

2015 年 5 月，中共上海市委、市政府正式发布了《关于加快建设具有全球影响力的科技创新中心的意见》（即 22 条），明确提出了要将“上海建设成为世界创新人才、科技要素和高新科技企业集聚度高，创新创造创意成果多，科技创新基础设施和服务体系完善的综合性开放型科技创新中心，成为全球创新网络的重要枢纽和国际性重大科学发展、原创技术和高新科技产业的重要策源地之一，跻身全球重要的创新城市行列”的奋斗目标。2016 年 3 月 30 日，国务院印发《上海系统推进全面创新改革试验加快建设具有全球影响力的科技创新中心方案》，并提出上海开展先行先试的 10 个改革主攻方向，是对上海科创中心建设的认可和进一步背书，上海的区域推进全面创新改革试验的相关工作将进入全面实施阶段。上海科创中心的功能定位是国家重大基础研发项目、关键核心技术和重大工程项目的研发，重大基础产业建设等方面，因此在长三角科技创新中具有龙头和导向作用。

（2）江苏省：“具有国际影响力的产业科技创新中心”是江苏产业转型和升级的内在要求

2015 年，江苏借助苏南国家自主创新示范区建设的契机，将苏南的创新发展定位为“创新驱动发展引领区、深化科技体制改革试验区、区域创新一体化先行区”，并提出“力争建成具有国际竞争力的创新型经济发展高地”和“把苏南建设成为具有国际影响力的产业科技创新中心和‘创业天堂’”的目标，大力推动自主创新发展。围绕示范区建设，江苏省在苏南推出了“创业中国”苏南创新创业示范工程，从创新创业主体培育、众创空间建设、创新型产业孵育、科技金融、创新创业服务和创新创业文化培育等六个方面提出具体的支持措施，并从组织、资金、财税制度等方面给予有力保障。根据江苏的定位，江苏主要立足于重要科技创新成果的产业化和规模化，是创新链向价值链、产品链转化中的关键一环。

(3) 杭州："具有国际影响力的'互联网+'创新创业中心"为长三角区域的科技创新提供重要的平台配套支持

浙江省早在2003年就推出了立足自身优势，推动浙江创新发展的"八八战略"，随后又推出创新驱动发展战略，围绕杭州国家级自主创新示范区建设推动创新创业发展，浙江通过积极构建依托互联网平台的众创空间等新型创业服务平台整合资源，加强政策集成，营造出良好创业创新生态环境，激发全社会创业创新活力为主线，大力培育新技术、新产品和新服务，努力形成大众创业、万众创新的局面。目前，浙江将杭州定位为具有全球影响力的"互联网+"创新创业中心，重点发展电子商务、物联网、互联网等具有国际国内领先优势的产业。为此，浙江先后出台了《关于杭州推进国家自主创新示范区建设的若干意见》《杭州"创新创业新天堂"行动实施方案》《关于发展众创空间推进大众创业万众创新的实施意见》等一系列文件，并将出台《杭州国家自主创新示范区发展规划纲要(2015—2020)》，从而在企业技术创新体系、技术市场体系、创新政策体系、创业服务体系、行政管理体系等方面进行全面配套措施的完善。浙江的定位是利用其在互联网应用和平台建设方面取得的领先优势，为长三角区域内的技术创新提供有力的现代信息技术的支撑与保障。

(4) 皖江经济带："具有国际影响力的产业科技创新转移承接中心"，为长三角区域内的科技创新提供广阔的创新腹地

2009年，国家就将安徽的长江流域9市59县规划为国家级的皖江城市带承接产业转移示范区，从产业上全面对接长三角地区，并提出了"一轴双核两翼"的产业空间布局，其目的就是要让安徽快速融入长三角的发展当中，加快中部地区(安徽)与东部沿海地区(江、浙、沪)的产业转移对接，形成更加合理、有效的区域产业分工。2016年

6 月，安徽的合肥、芜湖和蚌埠进一步成为国家自主创新示范区，承接江、浙、沪产业转移的能力进一步增强。

3. 多支柱

多支柱包括两方面的支柱：一是将国家级重点实验室和企业研发中心打造成为长三角科技创新和产业化发展的重要支柱；二是围绕科技创新集聚重点地区，形成若干创新节点。

在上海，除张江国家科学中心建设以外，还将围绕杨浦的高新技术园区和徐汇闵行漕河泾周边园区建设以及张江 22 分园为支点，重点打造“一城（张江科技城）两翼（杨浦和徐汇、闵行地区的高校）四线（廊）多点”的科技创新新格局，其中“四线（廊）”是依托一城两翼及张江高科下属“22 分园”形成以轨道交通线、高速公路主干道为链接的科技创新长廊（线）。“多点”是指大众创业、万众创新的科技创新集聚区。

江苏围绕苏南具有国际影响力的产业科技创新中心建设，逐渐形成基于南京的重大科技研发项目，积极推动苏、锡、常的重大科技成果产业化转换升级，同时，抓住京沪铁路沿海线的建设，推动南通徐州等地科技创新的发展，形成苏南与苏中、苏北的科技创新互动。

浙江围绕杭州互联网平台建设为契机，向西以嘉兴、湖州为支点，向东南以宁波、绍兴为支点，形成对浙南及金华、衢州等地的科技创新辐射。

安徽以合肥、芜湖和蚌埠为核心推动科技创新发展外，各地市要结合自身科技创新特点，打造支撑本地区科技创新的支柱，并融入长三角区域创新网络当中，形成具有一定区域科技创新影响力和引力示范作用的科技创新区域。

4. 全覆盖

要在“双创”的大背景下，形成大众创业、万众创新的新环境，让创新的意识、创业的勇气成为长三角未来发展的新动能。

（三）长三角具有全球影响力的世界级科技创新体系战略目标之二：形成具有全球影响力的科技研发中心

长三角地区要紧紧围绕重大项目的研发，在以下几个方面进行实质性突破：

一是在重大基础科学研究领域，每年共同开展5项左右的联合攻关和相关问题研究。

二是在重大科技基础设施建设方面，截至2014年年底，国家在基础研发领域的258个重点实验室中，长三角三省一市拥有62个，地球科学、生物科学、工程科学、信息科学、医学科学、化学科学、材料科学和数理8个学科领域齐全。至2030年，要实现所有国家级和省级实验室、企业研发中心之间的常态化交流与合作，并联合组建10个左右的国家级重点实验室、国家实验室或企业研发中心，每年共同推动实现3—5项多学科交叉前沿领域的重大原创性突破，为科技、产业持续发展提供源头创新支撑。

三是在重点科学技术研发领域，联合建设30个左右的高水平、资源共享的基础科学和前沿技术研究基地，加大支持力度，加快科研设施、设备的更新和现代化。

四是推动基础研发领域的交流合作与共享，做好已建科技服务平台的后续建设，重点加强长三角城市群大型科学仪器设备协作共用网二期建设，做好已经开始建设的长三角区域科技文献共享平台、实验动物共享平台和技术转移交易平台的后续建设，适时启动长三角城市群新建平台。最终实现长三角地区大学、研究院所之间相互开放国家级和省级重点实验室、中试基地、技术标准检测机构、科技信息机构、科技经济基础等科技基础设施的共享（牵涉到国家机密的设施除外），加强人才交流和信息互通，加强长三角区域内不同地区科研院所、大学之间的合作与交流。

（四）长三角具有全球影响力的世界级科技创新体系战略目标之三：打造具有全球影响力的科技市场和产业化中心体系

一是提升长三角地区的科技成果转化效率。至2030年，将长三角地区总科技成果转化率提升到40%以上（目前在15%左右），基本达到发达国家的转化水平，其中上海提升到50%左右，成为具有全球影响力的科技成果转化中心。

二是共建企业国家实验室和工程中心。在加强目前长三角区域内18个重点实验室（上海有8个，江苏有5个，安徽有4个，浙江有1个）和73个国家工程中心（江苏省29个，上海市21个，浙江省14个，安徽省9个①）的协同与合作的基础上，至2030年，联合建设10个企业国家重点实验室和15个国家工程中心（含分中心）。

三是长三角科技成果联合交易市场基本建成。至2030年，在将长三角地区技术交易市场技术交易额提高到1万亿元，力争占全国的比重提升到30%左右（2015年，长三角地区技术成果交易总额仅1 700多亿元，占18%左右），并打造长三角科技成果联合交易市场。

（五）长三角具有全球影响力的世界级科技创新体系战略目标之四：培育出一大批具有全球影响力的杰出企业和企业家

一是高新技术企业，特别是跨地区经营的高新技术企业数量快速增加。至2030年，长三角地区累计拥有国家级高新技术企业达到8万家（2015年为27 133家，其中上海6 071家，江苏1万家，浙江7 905家，安徽3 157家），在三省一市高新技术企业认定标准逐步统一的情况下，跨省经营的高新技术企业占全部企业数量的比例达到50%以上，高新技术产业占全部产业增加值的比重超过80%。

① 数据来源：科技部网站。

二是成长出一大批具有区域乃至国际影响力的科技创新企业家。其中进入《财富》中国最具影响力50位商界领袖榜的数量达到15名(2016年只有10名),《中国企业家》公布的国内最具影响力的25位企业家达到10名(目前只有6名)。

三是培育出一大批在科技创新细分行业中具有领先水平的"专精特新"企业。其中培育出在科技创新细分行业中具有全球影响力并参与全球行业标准制定的企业1 000家。①

四是培育出一大批具有区域乃至国际影响力的科技创新品牌。其中进入亚洲品牌500强的企业达到100家以上(目前仅47家),具有全球影响力的科技创新"独角兽"企业100强的企业达到35家左右(目前仅17家)。

(六)长三角具有全球影响力的世界级科技创新体系战略目标之五:形成具有全球影响力的科技创新人才中心

一是在科技人才的引进方面,可以考虑建立对于重大联合攻关项目人才采取联合引进制度。

二是在交流与合作方面,逐渐建立和形成长三角区域间人才双向流动制度,鼓励研发人员进行跨省跨市和跨地区之间的交流与合作,可以考虑每个地区根据自身特点制定一定比例的研发人员流动合作计划(如每年1%的流动)。

三是在人才培训与技能提升机制方面,长三角地区根据自身科技研发人员发展和产业发展需要,进行对口的人员培训和技能提升,每年长三角经济和科技发达地区为其他地区培训科技人才占当地科技人才的10%。

四是在人才环境建设方面,打造完善的长三角区域人才自由流动的环境,特别是要围绕长三角地区的社保互通建设,在解决科技创新人才的就医、子女就学等问题上建立一套完善的体制机制。

① 上海提出到2020年在这方面的企业要达到100家的奋斗目标。

三、长三角科技创新协同发展面临的战略问题

虽然长三角区域内在科技创新协同发展方面取得了一定的成绩，但要实现我们提出的2020年科技创新协同发展目标还存在一定的瓶颈和问题，主要体现在以下五个方面：

（一）行政色彩相对浓厚，协调机制不完善

虽然长三角三省一市之间建立了合作交流机制，但是合作交流的计划经济色彩依然存在，市场化机制发育尚待完善，跨行政区的统一市场仍未形成，行政区划经济的管理体制在某种程度上仍然具有明显的地方特征，区域创新体系不能着眼于区域整体科技资源的系统规划和整合，这导致彼此间协同的行政区划壁垒仍然存在，由于跨区域的创新要素流动直接影响到地方政府之间的利益关系，长三角区域各地出于各自科技、经济发展的利益需要，没有形成协同一致与分工合作的机制，区域科技合作的制度安排很不够，在科技规划的相互衔接、计划的相互开放、联合开展重大科技创新、共建创新载体等方面缺少相应的配套措施，条块分割、资源分散的状况尚未得到根本改善。[①] 加上诸多城市间行政隶属关系复杂，科技创新要素的流动过程中存在明显的行政壁垒和地方保护主义，人才、技术等创新要素的跨区域流动存在障碍。特别是各地区对高新技术企业、高新技术成果的认定均存在不同的标准，这在很大程度上导致了创新成本的上升和资源的浪费，也严重阻碍了科技创新生产要素的自由流动和合理配置，降低了科技创新的效率。

---

① 皮宗平：《长三角两省一市科技合作的现状及对策建议》，《特区经济》2009年第4期。

（二）科技资源布局分散且差异性较大

长三角各类创新资源布局分散、自成体系、缺乏区域联动和互动，尚未形成“相互开放、知识共享、联合公关”的协同网络，2007年6月，科技部牵头联合教育部环保部、知识产权局的“增强长三角自主创新能力”专题调研发现，由于行政区划的限制和产业结构的雷同，科技创新资源在长三角地区不能自由流动，难以实现现代化配置。如在科研院所的大型仪器、科技信息共享方面，虽然长三角三省一市签订了大型仪器设备共享协议，从表面上看似乎已经不存在障碍，但是在实际操作中却很难真正放开。目前，各省市在科技项目、科技规划、科技标准等方面都存在不一样的情况，差异性较大。

此外，由于受地方短期利益和干部政绩观的影响，各地片面强调以自我为中心的指导思想，创新体系小而全，功能定位趋同，不同城市之间创新体系在功能与定位等方面缺乏互补性，彼此同质竞争，拼资源、拼政策、拼成本和拼服务，各自的优势与特色得不到发挥。这不仅支撑和强化了长三角城市之间产业同质竞争的局面，也造成了地方科技投入重复与不足并存的局面，无法将有限的财力、科技、人才等资源聚焦于支持本地优势产业创新，无法有效吸收和利用外部创新资源来协作开展重大工程的创新攻关，制约了有限创新资源的服务效度，[①]难以集中有限的科技资源，捏紧跨区域的“拳头”去攻克重大科研难关。

（三）科技创新中介缺乏且能力有限

目前，在科技成果转化市场上存在的一个普遍现象就是缺乏科技中介服务机构，包含科技创新服务的行业组织、企业或个人等，这些市场力量缺失造成科技创新要素的空间分布和分散难以实现区域

---

① 李树启：《基于区域合作的长三角城市创新体系》，《科学发展》2013年第6期。

价值间的无缝对接，不同行政区域之间形成诸多市场壁垒，阻碍科技创新要素资源的跨区域流动。另一方面，即使存在的科技创新服务中介也存在能力问题。虽然长三角地区经过 20 多年的发展，初步形成了包括科技咨询、技术市场和人才市场等在内的科技中介服务架构，但由于科技中介机构相当一部分是从政府部门分离出来的，在运行方式上仍然遗留着许多行政机关的烙印，如机制不活、人浮于事、等客上门、对政府的依赖性强、服务内容单一等问题，其主要业务也仅仅限于原有的行政管理范围，并且属地化明显，跨区域的科技中介服务机构发育不好，规模小、能力弱、服务质量和水平低下，既缺乏长三角统一的技术市场和网络，且市场不规范，技术经纪人的合法权益得不到保障。

（四）尚未建成市场化的利益分配和风险分担机制

科技创新协同本身就是一项复杂的过程，这就需要协同的各方建立共建、共担、共享、共进的利益分配和风险分担机制。但是由于各种行政壁垒的存在，阻碍了彼此之间的交流与协作，地方政府研发投入具有排他性，不愿意其他区域共同分享由研发投入带来的技术外溢，区域科技合作缺乏引领创新的动力机制和政策环境。如为了增强本地的科技含量，长三角各省市政府不考虑本地区的经济承载能力，大力兴建高科技园区，在一定程度上造成了人力、智力和土地资源的极大浪费。而上海充分发挥长三角龙头的功能，已与江苏、浙江、安徽等地建立了多个合作园区和开发区分区，但在园区共建过程中，仍然存在较为明显的产业差异性，对于上海来说，高端产业不愿意放手，而其他地方又由于其自身的产业政策也希望引进较为先进的产业部门，不愿意接受低端产业的局面，这样就导致了双方之间的协作陷入两难困境。

此外，由于科技创新协同的法律、政策、制度等层面长效机制存在障碍，长三角各省市群的科技创新合作较多地体现在企业和民间层面上，政府的作用尚未到位。即使是各省市领导和部门之间都有一些学习考察活动，进行交流互访、商讨合作事宜，但主要是学习借鉴对方的经验做法，谋求本地经济的发展，实质性的经济协作主要还是反映在企业和民间层面上，带有自发性，合作的难度大，成功率低。而长三角虽然已经建立一些了大型仪器共享平台，推进了长三角各省市群的科技资源共享，但科技资源共享服务平台建设还远远没有完成，各省市间科学数据库、专家库等创新的要素资源仍然未开放共享。

（五）长三角区域内有全国乃至全球影响力的科技创新企业、企业家和科技品牌与其经济总量不相称

《麻省理工科技评论》评选出 50 家最具创新力的公司，在入选 2016 年“50 大创新公司”的明星中，长三角只有一家（阿里巴巴第 24 位），其余中国的企业有百度（第 2 位）、华为（第 10 位）、腾讯（第 20 位）、滴滴出行（第 21 位）。长三角在有产业号召力和市场影响力的科技创新企业和企业家方面与北京和广东也有些差距，如 2016 年《财富》中国最具影响力 50 位商界领袖榜中，前 20 位中长三角只有 2 人，占 10%，前 50 位中也只有 10 人，占 20%。从品牌上来看，2015 年，整个长三角地区进入亚洲 500 强的品牌数量是 47 家，仅占当年 227 家企业的 1/5 强。这与长三角经济总量占全国 1/4 的地位存在较大差距。

表 3－3　2016 年《财富》最具影响力 50 位商界领袖地区分布

地区	广东	北京	上海	山东	江苏	浙江	天津	河北	辽宁	河南	四川	海南	内蒙	厦门
前 20 名分布	5	8		1		2			1		1	1		
前 50 名分布	13	18	4	2	1	3		1	1	1	1	1	1	1

注：排名第 15 的鸿海精密工业股份有限公司首席执行官郭台铭和排名第 31 的美高梅中国主席、信德集团董事总经理何超琼没有统计在内。

四、推动长三角科技创新协同发展的战略路径

走科技创新合作、科学发展之路，既是未来长三角地区自身发展的迫切需要，也是提升地区经济竞争力和抗风险能力的战略需要。因此，以共需共担、互赢互利为原则，“以政府为引导、以市场为基础、以企业为主体”，打破行政阻隔，增强区域内整体科技创新协同优势、实现整体发展利益最大化为目的，拓宽合作领域，完善合作机制，实现长三角地区的科技创新协同尽快从事务性合作向政策性对接转变，从局部性合作向整体性谋划转变，从阶段性合作向长期制度安排转变，从而在更大范围内整合资源，在更高层次上实现优势互补。

（一）有抓有放，重点突破

1. 抓科技创新规划协同

协调布局是长三角地区科技创新协同的基础，因此，要从科技创新发展规划入手推动彼此间的科技创新协同。包括在功能布局上加强协同与规划，逐渐形成具有全球影响力的科技创新中心、产业科技创新中心和创业梯度转移承接创新中心的战略格局。重点规划跨重要区域的调控目标、需要统一布局的区域性重大基础设施、重要资源开发、经济社会发展功能区划、政策措施的统一性等。在科技产业发展上，要共同编制行业科技合作发展规划，加快构建三地行业技术转移网络，促进区域间专门技术转移交易和科技成果转化，大力发展具有竞争优势的特色产业，做大做强区域特色经济，使长三角成为新技术、新产品、新业态的策源地，从全球生产网络节点向创新网络节点转型。

2. 抓重大科技创新项目协同

长三角地区的科技创新要考虑以一批重大科技创新工程和创新产业项目为引导，通过在基础科技领域的创新，在关键核心技术领域

的重大突破带动全局创新。为此,长三角地区要充分发挥区域内国家创新中心和科研中心的作用,在及时跟踪世界科技创新动态的过程中,精心组织、联合申报科技部重大攻关科技项目,并争取列入国家重点支持计划。同时,根据联合的科技创新规划,集中力量,联合支持一些重大科学研究和技术开发项目,争取在较短的时间内有所突破,占据高新技术的前沿领域,并把发展高新技术产业与改造提升现有产业结合起来,整合三省一市的重点开发区,推进技术创新链和产业链的融合。

3. 抓民生科技和生态环保科技

民生问题和生态问题是未来中国发展的两大重点问题,因此可以考虑从民生方面入手,加大政府对民生科技工作的财政投入,大力拓展国内外民生科技的交流与合作,吸引区域外资金,甚至国外资金参与长三角城市群民生科技发展事业。加强民生科技基础能力建设,主要包括加强民生科技领域的人才培养,联合建设科技创新载体和共建相关基础设施条件等方面。实施重点专项行动计划,如节能减排联合行动计划、人口与健康科技联合行动计划、公共安全科技联合行动计划等。

同时,围绕区域共同关注的环境保护问题,开展科技联合攻关。共建长三角地区生态文明,推进绿色发展、循环发展,依靠节约环保带动,使资源节约型、环境友好型社会建设取得重大进展。重点在加强区域环境联防、联控、联治和共同构建区域生态安全屏障上下功夫。

4. 抓城市群建设的科技创新

借力于长三角的城市化进程,建设长江经济带和长三角城市群,加快科技创新中心布局建设。长三角城市化进程的进一步推进,有助于进一步形成产业集聚,加快非专利技术的扩散速度,大大降低创新试验的成本,形成良好的创新氛围。集聚程度的提高,会带来企业竞争加剧,迫使企业不断创新。城市化的实质是要素资源在空间的集聚,会促进多元知识和文化的交流,带动人才集中,形成区域创新的动力源泉。基于产城融合,智慧城市建设带动的科技创新理念,有必要以科技创新为核心来构建长三角城市群间的功能协调及带动长三角科技创新发展的体制机制,共同建设有世界级和区域性成体系的科技创新中心。

5. 产业转型升级中的科技创新协同

借力于长三角区域的产业分工体系,推进国际化和多元化发展,加速要素配置流动,加快科技创新中心体系建设。发达国家的历史经验表明,创新多发生在国际化程度较高的城市和区域。国际化和多元化有利于国外文化和技术的引入,能够从供给和需求两个方面影响创新的形成,促进要素流动,产生创新成果,在区域内根据各地的禀赋优势,形成和优化产业分工体系。如以金融服务创新为切入点,加强金融对科技创新的扶持,如创设产业投资基金、试行资产证券化、创新浮动利率债券等。

(二) 构建长三角地区科技创新协同发展的"五重体制"

为了更好地促进长三角区域间创新协同,有必要在组织构架上自上而下地逐渐形成各类合作交流体制,包括:

1. 建立推动政府间科技创新协同发展的固定体制

借助长三角城市群建设和发展的契机,在已有的政府间合作交流办公室的基础上,就科技创新协调的内容在政府间合作方面形成突破。这方面的协同创新机制包括:

一是机构及职能部门的协同。各省市合作建立起一套功能性的组织机构,尽快形成国家层面的协调推进机制,统筹协调长江经济带的规划、政策和发展中的一些重大问题。科技部牵头,会同沪苏浙三省建立"长三角科技创新合作联席会议制度",以从省部级层面协调长三角地区科技创新合作关系。在省市级层面上则可参考长三角区域合作已形成的"三级运作,统分结合"协调模式。在此基础上,可以考虑选择一些典型地区，建立“国家科技创新综合试验示范区”开展科技创新协同的试点，以形成经验并推广复制。

二是政策协同。在参照国家和各省市科技规划和科技政策的基础上，率先在鼓励创新的政策方面实现区域协同，形成长三角区域内科技创新跨区域集成式发展的格局，可以考虑三省一市联合制定如长三角区域科技合作的跨省市项目管理的相关办法、长三角区域内科技资源相互开放与共享的相关管理办法、推动跨区域的产、学、研合作管理办法、区域内科技协同创新的中长期发展规划和行动方案等。

三是知识产权保护的跨区域协同。联合加强知识产权保护，建立长三角地区知识产权保护协作网络，建立政府间知识产权保护的约定例会制度，由三省一市的知识产权管理机构定期交换案例、动态、立法、工作计划、工作经验等信息，协调大案、要案的查处工作，完善知识产权侵权案件通报、移送制度，开展联合查处和协同办案。完善区域内保护知识产权的执法协作关系，设立长三角区域知识产权保护案例处理中心。

2. 构建政、产、学、研各类科技创新主体间的跨区域协同体制

形成以企业为主体，高校、科研院所为依托，市场导向、政府推动、社会参与的广泛的区域创新合作机制。借力于长三角城市群区域科技创新中心建设，合理定位城市群区域科技创新中心的功能与布局，重点发挥城市群五大区域科技创新中心体系，包括实验室、企业技术中心、工程研究中心、工程技术研究中心、外资研发机构等的作用。构建科技资源服务系统、科技创新服务系统、科技管理服务系统等三大系统，提供包括建立国家级和省部级重点实验室、国家级和省部级工程技术研究中心、企业重点实验室、工程化服务平台等四大类重大创新平台在内的服务，构建公共科技基础条件平台、行业创新平台和区域创新平台等三大研发科技服务平台体系。

要发挥大学和科研院所创新源与知识库的作用，积极发挥大学

和科研院所和社会公益研究的科研机构在基础研究、前沿技术研究领域的重要作用。同时，要巩固企业的主体地位，增强企业技术创新能力。进一步创造条件、优化环境、深化改革，切实增强企业技术创新的动力和活力，使企业真正成为技术创新的主体，在技术创新中发挥主体作用。一要发挥经济、科技政策的导向作用，加快完善统一、开放、竞争、有序的市场经济环境，通过财税、金融等政策，引导企业增加研发投入，推动企业，特别是大企业建立研发机构，使企业成为研发投入的主体。二要改革科技计划支持方式，支持企业跨地区联合承担国家研发任务，区域内的科技合作计划要更多地反映企业重大科技需求，吸纳跨省市企业间参与。三要完善技术转移机制，促进企业的技术集成与应用。

3. 构建长三角科技创新载体之间的协同

要从“不求所有但求所用”的视角出发，积极发挥高新技术园区作为科技创新载体的重要作用，加强区域内高科技园区的协调和互动，具体包括：一是要引导大企业、大项目进园兴业壮大园区经济实力。二是要走专业化园区的路子，增强园区经济的核心竞争力，加快培育主导产业，形成各具特色、良性竞争、竞相发展的园区经济。三是创新体制机制，增强园区经济活力，充分利用国家级高新区的体制机制和政策优势，整合园区资源，走“一区多园、一园多基地”的路子。突出抓好企业技术中心为主要形式的企业技术创新体系，以产、学、研联合为纽带的科技成果转化体系，以区域技术中心为主要载体的技术支持体系，以中小企业为主要对象的技术创新中介服务体系，以经济政策和法律手段为主要形式的政府技术创新调控体系等五个体系建设，进一步加快体制和机制创新的步伐，形成新的优势。

4. 建立长三角区域科技创新转化和交易市场间的协同机制

在市场经济条件下，市场对社会经济资源的优化配置发挥着重要的决定性作用。长三角区域产业分工与合作模式的推进与优化，离不开区域内统一开放、竞争有序的市场体系的建立。对政府而言，所能做的就是构建统一的市场竞争规则，实行统一的非歧视性原则、市场准入原则、公平贸易原则，消除资金、人才、技术、资产重组、人口和产品流动的跨地区障碍，从而推动长三角区域从行政区经济发展模式向面向世界的开放的经济区发展模式转变。

同时，政府要积极转变职能，积极理顺政企关系，通过构建统一的市场竞争规则，实行统一的非歧视性原则、市场准入原则、公平贸易原则，消除资金、人才、技术、资产重组、人口和产品流动的跨地区障碍，从而推动长三角区域从行政区经济发展模式向面向世界的开放的经济区发展模式转变。

5. 积极建立长三角区域内科技创新中介间协同机制

要通过积极弱化政府职能，推动科技服务中介机构的市场化运作，并加强行业自律建设。政府要积极推动科技服务中介机构的市场化和公司化运作方面发展，完善政策和法规环境。要积极搭建公共信息平台，促进行业协会发展，通过协会、联盟加强对科技中介机构的引导和管理。同时，要实施一些必不可少的科技服务行业准入制度，强化行业自律，强化对科技服务机构的资格认证、认可监督、纠纷处理、违规处罚以及执业人员经营行为监管等方面的管理。此外，还要规范和完善科技机构的内部运行机制，建立科技服务体系的诚信度、合规度。

（三）构架三省一市科技创新协同发展的“五套机制”

一是信息共享机制。在推动科技创新协同发展的过程中，各地政府应按照“统一标准、合作建设、资源共享、推动应用”的思路，建立三地执法信息共享平台，争取在全国率先建成。目前，可以首先建设统一的政务信息共享发布平台，实现政务信息的联通与共享。探索建立区域性统一市场准入标准，使三地科技合作的框架能够更加清晰，合作机制更加深化。联合进行重大整治专项活动；建立三地保护知识产权的协调机制，形成促进创新发展和保护地方品牌的发展环境。

二是共决互信机制。包括建立共同的专家决策委员会，主要负责对长三角地区区域间科技创新协同重大问题的研究，相关政策出台前的共同研发、出台过程中的共决和出台效果的共评等。可以考虑以区域性信用体系建设为抓手，探索跨区域的协同服务机制，研究制定统一的数据标准，制定区域性科技基础条件共建共享的运行机制、管理办法等。

三是风险共担和利益互惠机制。可以考虑从以下几个方面开展创新：共同成立科技创新产业投资基金，对长三角区域规划中的重大科技攻关项目、重大科技产业化项目进行联合投资，实现风险共担、利益均沾的长效机制。在园区共建方面，可以考虑开展股份合作模式、援建模式、托管模式、产业招商模式以及"异地生产、统一经营模式"，共建产业园等，共同分享产业园区带来的投资收益。

四是制度共信和共守机制。长三角区域科技创新中存在的重要问题就是缺乏立法保障和相关法律体系支撑，区域合作和协调发展在很大程度上取决于各省市领导者对区域合作和一体化理念的偏好程度，区域协调发展的政策方面和重大战略指向缺乏连续性。因此，需要从制度建设入手，形成制度性的长效机制。同时，合作各方需要按照制度的安排，切实将相关科技创新协同中的制度性成果落到实处，形成依规行政、依法协同共同进步的新局面。

第四章

长三角产业发展协同战略研究

长三角区域自然禀赋优良，经济基础雄厚，是我国发展基础最好、整体竞争力最强的地区之一。推动长三角区域产业协同发展，是优化国家区域发展格局，形成新的增长动力的客观要求，也是优化区域资源配置效率的必然选择，有助于解决区域内不同地区间面临的矛盾和问题。

一、长三角产业发展协同的战略背景

（一）国际背景

从国际层面看，伴随着国际产业分工格局的调整与演变，跨国公司主导的产品内分工体系渐趋形成，发达国家日益集中在附加值高的高端环节，发展中国家则从事高竞争性的低端制造环节。

20 世纪 80 年代以来，以信息技术、生物技术、新材料技术为主导的高技术产业迅猛发展，以发达国家为主导的国际分工格局不断调整与变革，国际分工体系逐渐从垂直型分工向混合型分工演变，呈现为从产业间分工到产业内分工，再到产品内分工的变化特征，初步形成了多种模式并存发展的多层次新型国际分工体系。在由跨国公司主导的产品内国际分工体系中，发达国家日益集中在高端环节，而将高竞争性的低端制造环节转移到发展中国家。这一分工结果往往使得发达国家企业在收益分配中处于主导地位而获益颇丰，发展中国家企业由于所处的从属地位而收益微薄。改革开放以来，长三角地区对外开放不断扩大，吸收外资水平及质量的提升，参与全球价值链的广度和深度也不断提高，取得了显著的发展成就。未来，长三角地区必须从单纯参与全球价值链向建立自己的区域及全球价值链转变，以提升长三角地区在全球价值链上的竞争力，推动区域产业协同发展。

专栏1　产业协同的内涵

对于产业协同的内涵，学者门从不同视角进行了研究。胡大立[①]在研究企业集群时，基于产业关联的分析对产业协同的内涵进行了界定，认为一个集群满足产业关联性条件，只是说明集群具有产生潜在竞争优势的可能性，而要把潜在的竞争优势转化为现实的竞争优势，还必须满足另一个基本条件，即产业协同性；所谓产业协同，是指集群内的企业在生产、营销、采购、管理、技术等方面相互配合、相互协作，形成高度的一致性或和谐性。徐力行和毕淑青[②]认为产业协同是指开放条件下各产业子系统自发相互约束耦合，表现出在时间、空间或功能上有序结合的过程，认为产业协同关系包括产品从投入到产出、“从上到下”的纵向关系和细分产业间的横向关系。李君燕[③]认为产业协同

① 胡大立：《产业关联、产业协同与集群竞争优势的关联机理》，《管理学报》2006年第3期。

② 徐力行、毕淑青：《关于产业创新协同战略框架的构想》，《山西财经大学学报》2007年第4期。

③ 李君燕：《京津冀地区产业协同发展策略研究》，天津师范大学硕士论文，2015年。

发展是指产业要素在区域内的有效整合，整个区域内产业实现合理的优化布局，各地区根据自身的产业特色，明确产业定位，构建完整的产业链，产业链各个环节彼此间相互联系、分工合作、良性互动，共享信息和技术等方面的资源，提升整个区域的产业层次和质量，创建现代的产业协作体系。相同之处在于，上述文献均在某种程度上强调产业协同与产业关联的联系；不同之处在于，胡大立、徐力行和毕淑青从产业视角切入，而李君燕则从区域视角切入来界定产业协同的内涵。

聚焦到长三角地区，产业协同至少涉及两个方面的内容：协同的区域与协同的产业。一是协同的区域，必须是跨地区的协同，例如省级地区、市级地区，甚至县级区域的协同，不是企业集群或单一地区内的协同，这与李君燕的界定基本是一致的。二是协同的产业，与现有研究主要强调基于产业关联的协同有所不同，笔者认为应当从全球产业分工体系的演变对产业协同内涵予以把握，主要有产业间协同（比较而言，现有研究对产业协同内涵的界定与产品内协同具有较大的一致性）。概而言之，可以把产业协同区分为狭义和广义的内涵：从狭义的内涵看，主要指产品内协同；从广义的内涵看，则包括了产业间协同和产业内协同。

（二）国内背景

从国家层面看，立足于“新常态”，中国对既有发展战略进行升级，在国际（尤其是周边）和国内两个层面上实现区域协同发展，将“一带一路”、京津冀协同发展与长江经济带并列为国家三大战略。

改革开放以来，中国的区域发展经历了由点到面，进而点、面结合的几个不同历史时期。李克强总理在2015年政府工作报告中提出，要拓展区域发展新空间，统筹实施“四大板块”和“三大支撑带”战略组合。这是首次将西部大开发、东北振兴、中部崛起和东部率先发展概括为“四大板块”，把“一带一路”、长江经济带和京津冀协同发展明确为“三大支撑带”。在“新常态”背景下，旧时“自扫门前雪”式的“条块式”发展模式已经难以为继，中国必须对既有发展战略进行重大调整与升级。吧“一带一路”、京津冀协同发展与长江经济带并列为国家三大战略，旨在国际（尤其是周边）和国内两个层面上实现区域协同发展。2015年以来，三大战略顶层设计规划次第出台，开始全面破题，以交通基建为先行，实际操作层面的推进也开始提速，政策效应已经初步显现。比较地看，“一带一路”主要是适应中国在世界格局中的变化，强调对外开放新格局，是我国对外开放的4.0版本，长江经济带更注重中国东中西部合作关系，而京津冀协同发展是为了解决三地发展的不平衡。三大战略的联动实施，有望盘活中国全境与周边，乃至“一带一路”沿线国家经济协同发展的“一盘棋”，形成相互衔接、互为支撑、东中西联动的区域发展新格局。

（三）区域背景

从区域层面看，根据《长江三角洲城市群发展规划》，长三角城市群要联手打造具有全球影响力的世界级城市群，加快形成国际竞争新优势，更好服务于“一带一路”建设和长江经济带发展战略。

长三角城市群是我国经济最具活力、开放程度最高、创新能力最强、吸纳外来人口最多的区域之一，是“一带一路”与长江经济带的重要交汇地带，在国家现代化建设大局和全方位开放格局中具有举足轻重的战略地位。但就目前而言，长三角城市群发展质量不高，国际竞争力不强。制造业附加值不高，高技术和服务经济发展相对滞后，高品质的城市创业宜居和商务商业环境亟需营造。城市间分工协作不够，低水平同质化竞争严重，城市群一体化发展的体制机制有待进一步完善。从提升区域整体竞争力出发,长三角城市群要发挥各地比较优势,协调处理好上海与其他城市、沿海沿江城市与腹地城市、中心城市与中小城市的关系,明确城市功能定位,强化错位发展,协同推进城乡发展一体化和农业现代化,形成优势互补、各具特色的协同发展格局。推动长三角地区产业协同发展,是优化国家区域产业发展布局的必然要求,有利于提高区域要素资源配置的效率,提升主导产业核心竞争力。

二、长三角产业发展协同的战略蓝图

(一)总体定位

长三角是国家战略的叠加地,长江经济带、丝绸之路经济带及21世纪海上丝绸之路、长三角一体化、江苏沿海地区发展、苏南国家自主创新示范区、舟山群岛新区等,在长三角地区次第展开,不断地获取新的动力源。长三角地区产业协同发展要前瞻性踏准国家在打造产业与资本强国过程中的战略演变脉搏,从战略高度优化提升长三角地区产业分工体系,发挥市场配置资源的决定性作用,发挥政府规划和政策的引导作用,促进产业转移和生产要素跨区域合理流动和优化配置,推动产业间协同、产业内协同与产品内协同多层次、立体化发展,建设面向全球、引领全国的双向开放的现代产业分工体系,协同打造体现国际竞争力的世界级产业集群。

围绕总体定位,长三角地区要在以下发展定位上形成突破:

现代产业分工体系的先行区。根据长三角各成员地区第十三个五年规划纲要,上海要按照高端化、智能化、绿色化、服务化要求,促进产业融合发展,不断完善以现代服务业为主、战略性新兴产业引领、先进制造业支撑的新型产业体系,不断提升服务经济,特别是实体经济发展的质量和水平;江苏坚持调高、调轻、调优、调强、调绿的导向，深入实施转型升级工程，推进产业高端化、高技术化和服务化发展，加快健全以高新技术产业为主导、服务经济为主体、先进制造业为支撑、现代农业为基础的现代产业体系，推动先进制造业和现代服务业成为主干部分；浙江要大力推动产业创新，联动提升现代农业、先进制造业和现代服务业发展水平，重点培育万亿级大产业，优化现代产业体系；安徽要着力加强供给侧结构性改革，大力实施调转促“4105”行动计划和《中国制造2025安徽篇》，基本形成以战略性新兴产业为先导、先进制造业为主导、现代服务业为支撑的现代产业新体系。

在多层次新型国际分工体系下，产业间分工、产业内分工和产品内分工层级推进、互动共存。要立足长三角成员地区间自然资源的禀赋差异，发挥各地区在不同产业发展的比较优势，扬长避短，通过地区间贸易互通有无，推动产业间协同发展（见专栏2）。例如制造业，上海在专用设备制造业、农副食品加工业等行业比较优势较大，江苏在计算机、通信和其他电子设备制造业、电气机械和器材制造业等行业比较优势较大，浙江在纺织服装、服饰业，医药制造业等行业比较优势较为突出，安徽在食品制造业、橡胶和塑料制品业等行业具有比较优势。推动长三角产业间协同发展，就是要强化成员地区已有的比较优势，提升产业协同水平。

专栏2　长三角地区产业间协同发展

20世纪80年代，由于体制改革的滞后，长三角地区一体化的市场机制尚未形成，行政区经济的力量较为强大，大型新建企业不是按专业化协作的原则，而是按各地区、各部门自成体系的要求建设，使企业朝着更加分散的大而全、小而全的方向发展。1985年，上海与长三角其他地区之间的产业结构相似指数高达

0.819 3,地区间竞争较为激烈,在很大程度上抑制了产业间协同发展。

在浦东开发开放的推动下,上海巩固和加强了在长三角地区的核心地位,长三角地区产业间协同发展有所推进。1990 年 4 月 18 日,国务院总理李鹏在上海大众汽车有限公司成立 5 周年庆祝大会上宣布,党中央、国务院同意上海加快浦东地区开发,在浦东实行经济技术开发区和某些经济特区的政策。浦东开发启动之后,有实力的跨国公司、中外金融机构纷纷踏上这片改革开放的热土,外商投资逐年增加。一个外向型、多功能、现代化的新城区开始奇迹般地崛起。浦东的开发开放推动了要素市场的高速发展,加快了企业改革、体制转换、政府职能转变的步伐,摆脱了旧体制对上海经济发展的约束,通过集聚和辐射,服务和带动全国经济,特别是长三角和长江流域经济的发展,上海经济发展再度崛起。2000 年,上海与长三角其他地区之间的产业结构相似指数下降为 0.769 2,比 1985 年下降幅度为 6.1%。

中国正式加入世界贸易组织(WTO)以来,长三角地区联动发展的外部环境发生了重大变化,产业间协同发展进一步强化。中国加入 WTO 对区域经济带来了深远的影响,全球分工体系会直接打破"小而全"的地区产业组织体系,地方政府管理区域经济的职能更加趋于规范。在长三角地区,上海开始放弃与其他地区对低端制造业的争夺,集中精力发展先进制造业和生产性服务业,并为长三角世界级制造业基地提供支撑;其他地区则在充分考虑自身在长三角地区中的位置、自身的资源禀赋以及产业发展基础上进行产业定位,承接上海的制造业转移。2013 年,上海与长三角其他地区之间的产业结构相似指数进一步下降为 0.727 5,比 1985 年下降幅度为 11.2%。

要从长三角地区产业发展的实际出发，考虑产品差别、规模经济及消费者偏好差别等诸多方面的因素，推动长三角地区在细分产业层面的产业内协同发展(见专栏3)。例如汽车制造业，长三角不同成员地区可以在汽车整车制造、改装汽车制造、低速载货汽车制造等细分行业层面有所分工。再如计算机、通信和其他电子设备制造业，包括了计算机制造、通信设备制造、广播电视设备制造、雷达及配套设备制造、视听设备制造、电子器件制造、电子元件制造及其他电子设备制造等诸多细分行业，长三角不同成员地区可以在相应的细分行业层面加强分工与协作，推动产业内协同发展。

专栏3　长三角地区产业内协同发展

20世纪90年代以来，随着长三角地区经济发展水平的逐渐提高、对外开放程度的不断深化以及科技发展的日新月异，产业内协同发展越来越受到关注与重视。与产业间协同发展不同，产业内协同发展表现为一个地区既出口同时又进口某种同类型制成品；当从更加细分的产业考察时，进口与出口往往又分属于不同的细分产业。产业内协同发展的理论模型多具有两个显著的特征：差异产品的生产具有规模报酬递增的性质；市场结构是不完全竞争的。这也比较符合长三角地区的发展实践。

要对长三角地区产业内协同发展态势作出科学地判断，必须要利用合适的测度方法，在两级行业分类下，对产业协同发展进行组群分解与测算。以此，我们在已有的研究中寻找产业内协同发展的蛛丝马迹。陈建军①把行业分类推进到更细分化的产业分类层面，测算了纺织、化工、黑色家电、白色家电和机械产

① 陈建军：《长江三角洲地区的产业同构及产业定位》，《中国工业经济》2004年第2期。

业的相似系数，发现浙江和上海、浙江和江苏的产业同构问题实际上并不是很严重，并认为如果进一步细化产品分类，相信相似系数还会进一步降低。邱风等①证实了这一判断，发现随着产业的进一步细分，长三角区域的产业结构相似系数又有所下降。他们对产业结构相似系数的计算公式进行了改动，发现从三次产业到细分产业Ⅰ、细分产业Ⅱ、细分产业Ⅲ，再到产品结构，2002年长三角产业结构相似系数（均值）由0.97到0.89、0.85、0.65，再到0.43，产业结构相似系数下降趋势非常明显（图4-1）。他们还计算了1995—2002年长三角区域产品层次上的结构差异系数，发现长三角区域在产品层次上的结构差异越来越大，从1995年的0.746上升到2002年的0.876，从一个侧面印证了长三角区域产业结构趋异的基本判断。这些研究在某种程度上表明长三角地区产业内协同发展取得了或多或少的进展。

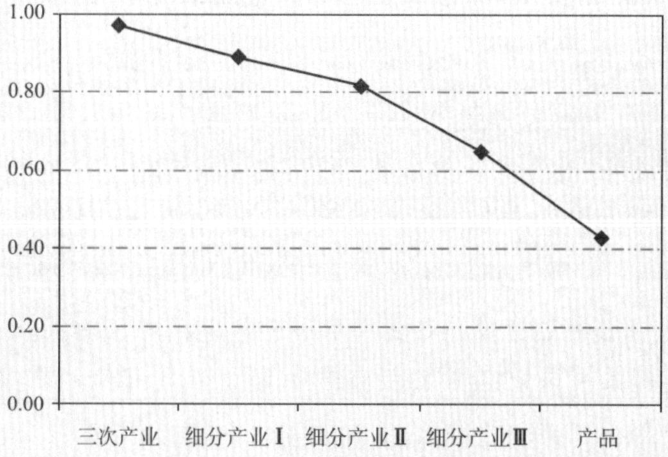

图4-1 长三角地区不同层次产业结构相似系数

资料来源：邱风、张国平、郑恒：《对长三角地区产业结构问题的再认识》，《中国工业经济》2005年第4期。

① 邱风、张国平、郑恒：《对长三角地区产业结构问题的再认识》，《中国工业经济》2005年第4期。

长三角地区要从更加强调产业链或价值链的空间上的离散化和网络化分布，以及在此基础上产生的分工效应，进而提升长三角地区整体的产业竞争力，推动产品内协同发展（见专栏4）。要加快推进产业跨界融合，重点发展高附加值产业、高增值环节和总部经济，加快培育以技术、品牌、质量、服务为核心的竞争新优势，打造若干规模和水平居国际前列的先进制造产业集群，形成服务经济主导、智能制造支撑的现代产业体系。

专栏4　长三角地区产品内协同发展

随着全球化发展的不断深入，国际经济贸易领域出现了许多新的重大变化，全球性生产和中间产品贸易成为国际经济领域最受瞩目的经济现象之一，产品内分工受到了越来越多的关注，其产生和演进对国际经济合作、国民经济发展、企业运营等诸多方面产生了极为深远的影响。产品内分工是一种特殊的经济国际化演进过程或展开结构，其核心内涵是特定产品生产过程不同工序或区段，通过空间分散化展开成跨区或跨国性的生产链条或体系，从而使越来越多国家或地区企业参与特定产品生产过程不同环节或区段的生产或供应活动。①

产品内协同发展有两种类型，即企业内产品内协同发展和企业间产品内协同发展。从长三角区域的实践看，同一产品的生产或许会表现为二者的结合。在跨国公司主导的企业内产品内协同发展中，外商投资企业比较看重上海的国际影响力，将上海作为其全球战略和协同体系的核心，纷纷将地区总部落户上海，将加工制造布局在长三角其他地区。截至2014年10月底，

① 卢锋：《产品内分工》，《经济学》（季刊）2004年第4期。

外商在上海累计设立跨国公司地区总部484家(其中亚太区总部24家),投资性公司295家,研发中心379家。本土企业主导的企业内产品内分工同样获得了较为普遍的发展。一项对宁波市532家企业的调查结果显示,34.2%的宁波市企业已在上海或长三角其他地区设立分支机构,并有49.9%的企业对在上海或长三角其他地区设立分支机构有所考虑。从已设立的分支机构类型看,设立销售部门的占63.8%,设立生产部门的占12.7%,设立研究开发部门的占15.7%,设立其他管理部门的占7.8%;从欲设立分支机构的类型看,64.4%的宁波企业认为,在接轨大上海或长三角其他地区过程中首先考虑设立销售部门,9.8%的企业欲设立生产部门,16.0%的企业欲设立研究开发部门,9.8%的企业欲设立其他管理部门。[①] 以外包、战略联盟等松散型合作的企业间产品内分工,可以在更大的区域范围内搜寻合作伙伴。在上海桑塔纳轿车共同体名录中,176家成员单位中大多数是苏、浙企业,而那些徘徊在共同体名录之外、不定期、非正式为上海配套的苏、浙企业数,则超过共同体正式成员数的2倍。[②] 2004年10月,浙江省企调队对在杭州、宁波、嘉兴、湖州、绍兴、舟山和台州7个市的450家工业企业所进行的一项调查也表明,长三角工业企业之间的上下游联系渐趋紧密,半数左右企业的原材料供应和生产线配置在长三角地区内实现。调查中当被问及"生产用原料或半成品的主要来源地"时,32.7%的企业回答来自本部所在地,19.2%的企业回答来自

① 周国红、楼锡锦:《长三角区域经济一体化的基本态势与战略思考——基于宁波市532家企业的问卷调查与分析》,《经济地理》2007年第1期。

② 楚天骄:《长江三角洲区域产业分工与合作模式研究》,《中国浦东干部学院学报》2011年第4期。

长三角其他地区，即来自长三角地区的达到 51.9%。同时，28.4%的企业生产所需的生产线和生产工具来自企业本部所在地，18.5%的企业来自长三角其他地区，两者合计也达 46.9%。①

中国产业升级转移的引领区。伴随着高速公路网络、跨江跨海大桥及快速轨道交通的建设，长三角地区真正迈入“交通快捷时代”，区域发展的“同城效应”日渐显现。长三角地区不同成员地区间产业发展基础不一，产业发展层次存在着由上海、江苏、浙江到安徽的梯度差异。坚持市场主导、政府推动、利益共享，引导相关优势产业和加工制造业环节在长三角地区有序转移，进一步优化完善产业链。开展技术合作、战略联盟、外包等非产权合作，拓宽地区间开放互动发展新路径。推动产业升级转移是推动长三角地区产业协同发展的重要内容、关键支撑。随着产业升级转移的推进，长三角地区三省一市之间，企业会形成更多的总分结构、母子结构、上下游结构，由此带来了三地横向间的税收分享、排放指标转移等一系列问题。必须破除“分灶吃饭”的“各打算盘”，创新财政税收体制。从实践来看，探索跨区域的利益共享机制，共同筹建“园中园”“共建园”等异地工业园，有利于合理有序地推进区域内产业升级转移，也对推进长江经济带产业升级转移具有借鉴价值。

专栏 5　长三角地区共建园区的利益机制

通过税收分成共享收益。目前，这是长三角地区大部分共

① 浙江省企调队课题目：《长三角半数企业原材料来自区内》，《上海物流》2005 年第 2 期。

建园区普遍采用的利益共享方式，但共建园区双方关于税收分成比例问题尚有待探索与完善。盐(城)—沪(上海)共建即是采取这样的操作办法。同时，还应从政策层面研究制定GDP指标分解的具体办法，打破现行GDP统计上的属地原则，对合作共建园区特事特办。

共建园区承接加工制造环节。通过承诺，转移企业把管理营销部门留在发达地区，共建园区只承接加工制造部门。采用这种利益共享机制，则加工制造部门产生的生产环节增值税在共建园区缴纳，而其他税收在发达地区缴纳。如上海莘庄工业区与滁州经济技术开发区签订协议，对于莘庄工业区内外迁的或对外投资的工业企业，即按这一办法操作。

上海建设全球科技创新中心的重要承载区。长三角区域协同创新是地区之间科技合作的最高级形态，是国家创新体系的有机组成部分。深化与推进长三角产业协同发展，离不开区域协同创新的科技支撑。长三角地区不断深化的科技合作交流成为长三角协同创新的现实基础。上海建设具有全球影响力的科技创新中心，需要依托长三角这个广大的腹地，需要依靠长三角各城市一起来构筑科技创新集群，否则，上海要建设具有全球影响力的科技创新中心就失去了区域支撑。长三角地区推进协同创新，必须共同搭建区域性科技公共服务平台，推进区域科技创新资源整合；必须立足三省一市区域整体利益和长远发展，编制科技合作规划计划；必须面向三省一市经济社会发展的共性需求和共同问题，联合开展科技攻关；必须通过联合加大宣传力度、联合开展调查研究和决策咨询、统一相关科技资质、促进科技创新政策协调等方式，着力营造合作氛围，不断优化区域整体创新环境。上海要成为长三角区域创新体系的强大引擎，支撑起整个长三角区域创新体系的建设；要从驱动整个长三角区域科技进步和经济发展的角度，引领长三角科技发展方向，主动谋求与其他省市的联动、协同发展，以避免恶性竞争及重复建设；要在增强自身自主创新能力的基础上，更好地为长三角区域提供各类科技服务①。

全球价值链分工体系的战略支点。在全球价值链主导的国际生产和贸易体系中，发达国家居于全球价值链的高端，长三角地区处于低附加值的代工环节。在这一分工体系中，跨国公司是全球价值链与全球生产服务体系的掌控者，拥有强大的全球资源整合和市场支配能力。长三角地区本土企业往往局限于生产功能的投资与建设，以大规模、低成本、低价格取胜。这在较大程度上限制了长三角地区对外开放质量和效益的进一步提升，限制了参与全球价值链分工的积极作用，难以提高长三角地区在国际上的话语权和影响力。长三角地区有实力的本土企业要立足区域内乃至国内巨大的市场需求，构建国内价值链，在本土获得品牌、销售渠道及有研发创新的主导权与竞争力，并不断提升全球资源整合能力，充分利用外部的科技、知识、人才等高端创新资源，逐步融入全球价值链分工体系，实现国内价值链与全球价值链的高效对接与互动。通过本土跨国公司的培育及对其主导的全球价值链的治理，提升长三角地区乃至中国在全球价值链分工体系中的国际定价权和话语权。

（二）发展目标

1. 中期目标

到 2020 年，长三角地区要形成服务经济为主导、智能制造为支撑的现代产业体系，优势制造领域竞争力进一步增强，形成一批具有较强国际竞争力的跨国公司和产业集群。区域产业布局更为合理，

---

① 张仁开：《上海建设全球科技创新中心与长三角区域科技一体化》，《江南论坛》2014 年第 10 期。

产业分工体系明显优化;区域协同创新能力显著增强,科技进步贡献率全面提升;抓住第二波"全球化红利",立足庞大的内需市场,延长全球价值链在国内的环节,国内价值链构建取得显著进展,将竞争模式从"环节对链条"逐步转变为"链条对链条"。

(1) 区域产业布局明显优化

长三角成员地区在推进自身产业升级发展中,通过搭建产业对接发展平台,完善利益共享机制,推动区域内产业合理、有序梯度转移,推动区域产业升级协同发展。探索建立相对完善的跨地区产业规划对接实施机制,改变"规划规划,纸上画画、墙上挂挂"的重规划编制、轻规划实施的现象,优化区域内不同次级区域之间产业发展雷同、产业分工体系不合理格局。例如,江苏省 13 个省辖市全部将新一代信息技术和软件业列为新兴产业,12 个省辖市将新材料产业、新能源产业、医药及生物技术产业列为新兴产业。协调与统一区域内产业发展政策,引导人才、资金、贸易等经济发展要素流动走向上的不平衡。通过产业转移及集聚发展,沪宁合杭甬发展带、沿江发展带、沿海发展带及沪杭金发展带四条发展带聚合发展取得明显进展。

(2) 区域协同创新体系基本形成

政府管理和服务创新取得重要进展,市场配置创新资源的决定性作用明显增强,以企业为主体的产、学、研、用相结合的区域协同创新体系基本形成,在重要科技领域和重大产业领域涌现一批具有国际领先水平并拥有自主知识产权和核心技术的科技成果和产业化项目,科技进步贡献率全面提升,区域协同创新能力显著增强,成为我国名副其实的最具活力的创新性区域,成为我国自主创新的主力军和排头兵,对上海建设具有全球影响力的科技创新中心支撑进一步强化,引领和支撑国家创新驱动发展的核心作用进一步凸显。

(3) 国内价值链构建取得显著进展

抓住上海要建科技创新中心的良好契机,做好构建价值链高端顶层设计,搭建资源整合和要素聚集新平台,构建与完善区域价值链和国内价值链，逐步提升在全球价值链上的地位，为加快现代化产业及企业升级提供重要支撑。基本消除阻碍生产要素自由流动的行政壁垒和体制机制障碍，通过关联企业的兼并重组、跨地区强强联合，整合形成若干具有规模经济优势的跨地区企业集团，实现要素之间的跨地区流动和组合，促进地区间逐步融合，实现跨地区产业链与价值链的优化与重塑。

2. 远期目标

到2030年，实现国内价值链与全球价值链的良性互动与高效对接，扭转单纯地参与全球价值链的被动困局，转向自己主导的全球价值链和全球生产服务网络，更加充分地利用外部的科技、知识、人才等高端创新资源，以实现全球资源深度整合和优势要素聚集，在全球范围内最有效地配置和利用世界各地的资源，大幅度改善与提升长三角地区在全球价值链和产业分工体系中的国际定价权和话语权，国际影响力显著增强，成为体现我国产业国际竞争实力的前沿阵地。

三、长三角产业发展协同的战略问题

推动长三角地区产业协同发展，要聚焦产业规划协同、产业政策协同、产业升级协同和产业创新协同等战略问题，有所作为。

（一）产业规划协同

产业发展各自为政、竞争无序是长三角地区产业协同发展的主要障碍之一，必须打破条块分割、各自为政、只顾自己发展的做法。由于长期受行政区划的影响，长三角地区没有形成统一的规划，跨区域产业链（价值链）难以构成。如果长三角地区各自打造自己的产业链，这就会造成三省一市大量资源的浪费，导致“四地共输”的局面，不利于资源的有效配置。构建产业链（价值链）是带动区域经济联动发展的重要动力，长三角地区应根据自身比较优势确定各自在区域链中的具体定位。

作为一种协调机制，产业规划在区域产业协同发展中的地位和作用毋庸置疑。通过产业规划协同，长三角成员地区可立足自身资源禀赋优势和产业发展基础，进一步明确自身发展的主导产业，或在区域产业链（价值链）所处的环节，从而提升区域产业竞争力。没有产业规划协同，那些涵盖面局限于成员地区的产业发展规划，其跨区域联动效应难以得到很好地发挥。产业规划协同包括两个方面的类型：一是加快启动长三角区域一体化发展规划，在此基础上，各地区产业发展规划必须与长三角区域发展规划对接与协同；二是长三角地区必须加强各种产业发展规划的对接与协同。通过两方面产业规划的协同，加强长三角成员地区产业发展的对接，实现长三角地区"产业规划一张图"。

（二）产业政策协同

在长三角地区，成员地区政府之间的竞争会使得区域内政策的土地政策、税收政策、人才政策等诸多方面的政策不统一，从而导致区域内人才、资金、贸易等经济发展要素流动走向上的不平衡，而区域内政策的平衡和统一对长三角地区产业发展发展特别重要。历史地看，长三角地区一体化发展可以划分为区域合作、产业转移、市场一体化、政策一体化、完全一体化五个发展阶段。当前，长三角区域一体化正处于第三阶段向第四阶段过渡时期，必须加强和推进产业发展政策的对接与统一，推动区域一体化深度发展。地方政府之间的竞争会使得区域内政策的不统一，导致人才、资金、贸易等经济发展要素流动走向上的不平衡，而政策的平衡和统一对长三角发展尤为重要。①

---

① 石良平、汤蕴懿：《上海自贸区建设与长三角区域经济一体化发展战略》，载《"第十三届综合配套的改革沪津深三城论坛"论文集》，2017 年。

（三）产业升级协同

长三角地区产业协同发展必须要推进产业结构升级，着力提升经济发展的质量和效益。产业发展具有其自身的生命周期，会经历初创（导入期）、成长、成熟和衰退（或蜕变）四个阶段，只有适时实现升级或者转移，产业才能遏制住命运的咽喉，实现蜕变，重获新生。长三角地区三省一市产业处于不同的发展阶段，有着各自的生命周期，通过产业升级与产业转移、集聚、连接和融合，才能为产业协同发展形成活力。从工业中三类产业的分布看，上海在第三类产业的发展上具有非常突出的比较产业优势，2013 年，上海工业中第三类产业的比重高达 53.1%，高出长三角其他地区 16.2 个百分点。在长三角地区，高梯度成员地区需要淘汰的落后产业，或许是低梯度成员地区需要进一步推进与发展的产业。长三角地区要借鉴京、津、冀地区推动产业转移的做法与经验，推动区域内产业合理有序梯度转移（见专栏 6、专栏 7）。

专栏 6　长三角区域内产业梯度转移存在的障碍

在长三角地区，产业合理有序梯度转移至少面临以下两个方面的问题：

一是产业转移供给与需求有效对接尚待加强。在当前中国沿海产业向内地转移中，发达地区产业转移形势更为迫切。例如，由于土地、环境、能源、劳动力成本等方面的压力，上海的生产、商务成本逐年增长，资源加工型、劳动密集型产业甚至部分资本、技术密集型产业从上海转移出去是必然选择。2011 年 10 月出台的《上海市对口支援与合作交流“十二五”规划》明确指出要“支持本市各区(县)、各类园区和企业(集团)采取多种形式,在江苏、浙江、安徽等地区探索共建产业园区”。供给与需求没有实现有效对接主要表现在两个方面:一方面,在上海产业结构调整过程中而淘汰需要转移出去的产业,也不符合潜在转入地招商引资目录(同样被列为淘汰落后的产能项目),从而无法达成供给与需求的有效对接;另一方面,更重要的是,上海与长三角其他地区产业转移信息沟通不畅。例如,上海拥有需要转移出去的产业项目,也符合潜在产业转入地招商引资目录,但这一信息并没有被潜在转入地获悉,从而导致产业转移项目难以实现。

二是跨省市园区共建利益共享机制存在空白。长三角共建园区发展动力源自共建双方利益共享,共建障碍则是利益共享机制缺位。由于共建园区多为跨区域共建,不在一个行政区划范围内,必然会产生 GDP 统计、税收上缴等问题。跨区域共建园区利益共享并非规范性运作,缺乏成文规定。特别是,由于每一个共建园区均有其自身的特别性,因而即使有了利益共享成文规定,也未必适合全部共建园区。因此,对于每一个具体的共建园区而言,共建双方在利益分成、税收分享、土地等诸多方面需要进行探索与磨合,在利益共享机制尚未成熟之前这种合作基础尚待夯实。在共建园区的发展过程中,由于发生亏损的可能以及不同风险的承担、合作中的退出机制不健全等因素,园区合作同样缺乏规范性。从长三角地区共建园区主要产业上来看,交叉和重复性较大,同质化程度偏高,地域优势无法体现。园区缺乏明确的产业协作和功能定位,共建停留在初阶层面,对于制造业转移,互相之间共同竞争格局仍然明显。

专栏7　京津冀协同发展产业转移对接企业税收收入分享方案

2015年6月，财政部、国家税务总局制定出台了《京津冀协同发展产业转移对接企业税收收入分享办法》(财预〔2015〕92号)，对分享方案作出了如下规定：

(一) 分享税种。纳入地区间分享范围的税种包括增值税、企业所得税、营业税三税地方分成部分(以下简称"三税")。

(二) 企业范围。由迁出地区政府主导、符合迁入地区产业布局条件且迁出前3年内年均缴纳"三税"大于或等于2 000万元的企业，纳入分享范围。具体企业名单，由迁入地区、迁出地区省级政府分别统计、共同确认。属于市场行为的自由迁移企业，不纳入分享范围。

(三) 分享方式。以迁出地区分享"三税"达到企业迁移前3年缴纳的"三税"总和为上限，达到分享上限后，迁出地区不再分享。具体办法是：

1. 迁出企业完成工商和税务登记变更并达产后3年内缴纳的"三税"，由迁入地区和迁出地区按50%∶50%比例分享。

2. 若3年仍未达到分享上限，分享期限再延长两年，此后迁出地区不再分享，由中央财政一次性给予迁出地区适当补助。

(四) 产业创新协同

区域创新是区域经济发展的核心所在，区域创新能力成为一个地区或者一个国家竞争优势的决定因素。区域创新能力是区域发展的重中之重，区域创新能加强产业集聚效应，加速科技成果转化，提高区域资源配置率。产业创新和一般意义上的企业技术创新一样，都是一系列耦合过程的完整体现，都要经历诸如基础性知识的研究、开发、实验、试制、生产、制造、销售等，是知识创新、技术转化、技术市场化产业化的综合成果。在当今科技发展日趋复杂化、创新投入加剧增大的背景下，积极构建跨城市、跨地区的产业带和产业链是有效、合理、高质地实现区域产业分工与合作的极佳途径。[①] 由于受地方短期利益和干部政绩观的影响，各地片面强调以自我为中心的指导思想，创新体系小而全，功能定位趋同，不同城市之间创新体系在功能与定位等方面缺乏互补性，彼此同质竞争，拼资源、拼政策、拼成本和拼服务，各自的优势与特色得不到发挥。这不仅支撑和强化了长三角城市之间产业同质竞争的局面，也造成了地方科技投入重复与不足并存的局面，无法将有限的财力、科技、人才等资源聚焦于支持本地优势产业创新，无法有效吸收和利用外部创新资源来协作开展重大工程的创新攻关，制约了有限创新资源的服务效度。[②] 所以，长三角区域创新在不同程度上各成体系，虽创新资源丰富，但创新资源流动不够，导致一体化程度不高，各省市的创新活动没有形成协同合力，[③]难以集中有限的科技资源，捏紧跨区域的“拳头”去攻克重大科研难关。长三角地区必须深入实施创新驱动战略，加快构建新型产业体系，优化区域产业发展布局。必须坚持以提高经济发展的质量和效益为中心，强化区域创新体系建设，加强科技紧密合作，增强自主创新对产业结构优化升级的引领和支撑作用，加快构建高端化、服务化、集约化的新型产业体系，更好地适应我国经济发展新常态。

四、长三角产业协同发展的战略路径

长三角区域各地区之间寻找合作点、共促点，协同发展是大势所

---

① 田野、马庆国：《沿海三大经济圈产业结构现状与协同发展初探》，《科学学研究》2008 年第 5 期。

② 李树启：《基于区域合作的长三角城市创新体系》，《科学发展》2013 年第 6 期。

③ 张丽佳、侯红明、李宏荣：《长三角、珠三角、环渤海区域创新能力与政策比较研究》，《科技管理研究》2013 年第 18 期。

趋，关键是选准产业协同的结合点、产业对接的方式和途径。在长三角区域，不同地区的资源条件和产业基础有所不同，必须统筹长三角地区产业布局，发展和形成基于产业链的跨城的专业化分工和产业化协作体系。必须加强长三角不同地区间的沟通、协调与引导，坚持资源整合与开放共享，加强产业横向错位融合、纵向分工协作，以充分发挥市场配置资源的决定性作用，实现资源要素跨城无障碍流动，提升配置效率。

（一）对接基础设施，构筑现代综合交通运输体系

基础设施具有先行性和基础性，完善的基础设施对推动社会经济活动，推进产业布局的演变起着明显的推动作用。交通同城化是区域同城化的基础和前提。长三角地区快速通勤圈的形成，得益于轨道交通、高速公路、大桥等交通基础设施的建成开通。长三角地区公路、水运、航空等运输方式比较发达，具备构筑现代综合交通运输体系的条件和基础。要统筹各种运输方式的发展，合理有效配置资源，加强和改进各种运输方式之间的协调发展和衔接。要注重将公路系统与港口、铁路场站、公路货运场站、机场和公共交通停靠站等各种交通设施的相互衔接或整合，完善运输网络，提高跨城交通的能力与效率。要进一步强化高速公路、轨道交通等长三角区域路网的对接，连同城际轨道、衔接城市轨道，形成一体化的综合交通运输体系，减少和清除跨城交通对接的死角。

（二）发挥梯度辐射效应，积极推进区域内产业转移

在长三角区域，由于自然资源和社会资源的差异，不同省级地区乃至城市间在发展过程中存在着经济水平的差异，从而在较大程度上引发经济发展水平从一个地区向另一个地区过度的空间变化过程，呈现经济发展“梯度”特征。从产业发展的角度看，长三角区域内不同地区之间存在明显的梯度差异。上海已完成工业化进程，从工

业化中后期阶段跨入后工业化时期，江苏的工业化进程正在从工业化中后期阶段向工业化后期阶段演变，浙江总体上处于工业化中后期阶段（但2000年以来，工业化进程亦有所推进），安徽的工业化进程正在从工业中期阶段向工业化中后期阶段演进。长三角区域要积极探索推进产业对接的途径、创造合作推进机制和合作平台，有序推进跨地区产业转移。加强长三角城市的对接，梳理和把握长三角转出城市具有转移意向的产业项目，与转入城市的比较优势和现有产业基础相结合，明确承接产业转移的类型和重点领域，做到有的放矢。例如，上海对外产业转移的类型可以分为三类：一是规模扩张型产业转移，主要出现在规模经济性强、产业关联度较大的资本技术密集型重化工业中，如装备制造业、船舶与海洋工程装备产业、汽车产业、化工产业和钢铁工业；二是功能整合型产业转移，主要出现在上海具有技术、管理和品牌等发展优势，同时具有产品链分工特征的产业中，如电子信息产业、生物医药产业和食品、纺织等轻工产业；三是战略扩张型产业转移，主要指上海战略性新兴产业通过产业转移探索新的产业发展模式，是把产业转移作为上海新的主导产业发展的重要形式，是一种增量型产业转移，主要涉及新兴产业和战略性产业①。

（三）规范利益共享机制，积极推进跨区域共建产业园

在长三角区域，现行的园区共建模式主要有园区与企业、园区与政府、园区之间、政府与企业、政府与政府合作等五种。跨区域合建产业园对于发达地区与落后地区形成优势互补、分工协作的产业功能分工布局有着深远的影响，可以推进泛长三角产业的总体分工态势，明确各地的功能定位，有利于形成优势互补、利益共赢的发展模

---

① 李伟：《上海产业结构调整及产业转移趋势》，载王振主编：《泛长三角地区经济发展报告（2010—2011）》，上海：上海人民出版社2011年版。

式。[①] 共建产业园区的合作基础在于两个园区之间必须存在较为明显的产业差异，体现出互补性，否则很难产生良好的共建效果。例如，某个上海与南通的园区合作，出现了上海高端产业不愿意放手，而南通因其自身产业较为先进从而不愿意接受低端产业的局面。探索和推进园区共建的股份合作模式、援建模式、托管模式、产业招商模式以及“异地生产、统一经营模式”，共建产业园，是有效推进区域内产业转移的重要途径和载体。积极推进共建产业园区体制、机制和技术创新，建立符合产业园区建设实际的考评体系和管理机制。制定和实施跨地区的税收分成和经济指标统计办法，对企业跨行政区域的横向经济联合、投资或产业转移等经济活动，不同城市可以按一定比例共同分享产值和利益收入。探索建立排污权交易制度，建立生态补偿机制，以补偿对长三角环境保护作出贡献而牺牲发展利益的城市。

（四）注重高端突破，引领“中国制造”向“中国创造”转变

在全球产品内分工网络中，中国通过低端要素嵌入价值链中端的方式，带来了经济的快速发展。从全球价值链看，上下端需要巨额的投资，中国相对来说高级生产要素价格较高，位于价值链上下端的发达国家的在位企业选择的策略性行为，使中国很多行业的企业陷入只能生产价值链中端的“陷阱”中。[②] 就长三角区域而言，必须改变在全球产业内分工网络中的不利地位，实现从价值链附加值的中端环节向附加值高的上下端环节攀升。在全球化竞争格局中，以长三角地区制造业为代表的中国制造业要想实现向价值链高端的攀升，从产业互动的关系来看，就必须大力发展现代服务，推动现代服务业与先进制造业协调发展。

---

① 宗传宏：《泛长三角空间布局的新趋向》，《长三角观察》2011 年第 9 期。

② 郑东雅：《价值链上的“馅饼”与“陷阱”：策略性产业政策》，载刘志彪主编：《价值链上的中国：长三角选择性开放新战略》，中国人民大学出版社 2012 年版。

优化区域科技创新资源配置，构筑区域科技创新集群。制造业转型发展与升级离不开科技创新的推导。对长三角区域经济发展而言，关键之一在于破解"研发投入少、创新水平低"的格局。长三角不同地区的科技要素与资源存在不同，必须突破行政区经济发展模式，推动区域联动创新、协同创新，减少科技创新的重复投资，共同构筑区域科技创新。就上海而言，要建设具有全球影响力的科技创新中心，也必须要与长三角区域其他地区联动发展方能实现。在上海转型发展中，服务业的地位不断提高，制造业的份额日益萎缩，这是趋势；具有全球影响力的科技创新中心建设离不开制造业的发展，这是规律。因此，上海要实现具有全球影响力的科技创新中心的目标，必须优化区域创新资源的配置，推动现代服务业和先进制造业跨地区协调发展。跨国公司在创新型研究上的高投入，使得其获取了技术优势，从而获得了市场的垄断地位和竞争优势，攫取了垄断优势的高额回报。长三角区域本土企业突破跨国公司在技术、品牌与市场上的纵向控制，摆脱创新乏力、升级受阻、价值链低端锁定的发展困境。通过创新能力的提高，实现长三角区域制造业发展在全球价值链条的攀升，提高控制力与话语权。

依托国内市场，构造全球营销网络。在全球产业分工体系，特别是产品内分工网络中，跨国公司是全球价值链分工的微观主体与主导力量。发达国家的跨国公司因其在资本、技术及营销渠道方面的控制权而获得了高额的回报。相对于研发而言，建立全球销售渠道更容易模仿，而且中国拥有巨大的市场，相对于其他国家干中学积累的经验更多，进入价值链下端的可能性更大。一旦进入价值链的下端，不仅占有国内市场，并且开始占有国外市场；一旦有市场的保证，就会有更多的企业进入价值链的上端。① 因此，长三角区域各成员地

① 郑东雅：《价值链上的"馅饼"与"陷阱"：策略性产业政策》，载刘志彪主编：《价值链上的中国：长三角选择性开放新战略》，中国人民大学出版社 2012 年版。

区应深化合作理念，鼓励企业依据各地区的营销资源禀赋在区域内建立营销渠道与网络，从而在全球产品内分工网络中实现价值链的攀升，提高在全球价值链分工体系中的地位，实现经济的转型发展与升级。

第五章

长三角生态环境治理协同战略研究[①]

长三角区域是中国经济最活跃、超大型城市最集聚、产业形态最集中的区域，作为世界第六大城市群的长三角地区以约占全国2.2%的国土面积，承载了11.0%的人口，工业产值达18.5%(2014年)。大规模高强度的社会经济活动在推动地区经济繁荣的同时，带来生态退化、环境恶化与资源约束。尽管近年来随着生态文明建设、城市科学发展，生态环境状况已开始明显好转。但水体污染严重，雾霾挥之不去。生态环境的整体性特征在客观上要求打破行政边界，经济与环境的相互作用要求区域产业转移与承接的长三角整体规划。立足长三角区域环境修复、经济转型、社会治理等多元主体的诉求，探寻增进共同利益的协同治理路径，对于长三角区域实现经济发展与环境改善双赢具有重要而紧迫的现实意义。

---

① 本章是国家社科基金项目“长江经济带环境损益分配格局、形成因子及环境公平目标平衡机制研究”(17BJY215)、国家社科重大项目“长江经济带发展中的生态安全与环境健康风险管理及防控体系研究”的阶段性成果。

一、长三角生态环境协同共治战略背景

（一）生态环境成为长三角区域转型发展的瓶颈

长三角地区经过30余年粗放高速发展，在经济总量持续增长的同时，面临着资源约束趋紧、环境污染严重和生态系统退化的严峻形势。这不仅对区域居民生活质量造成严重的影响，并且忽略生态环境成本的粗放经济发展模式和企业生产理念成为该地区经济转型、产业升级的掣肘。

（二）“绿色发展”要求区域实施经济发展与环境改善协同共治

“绿色发展”作为党的十八届五中全会提出的五大理念之一，为长三角地区改变经济增长模式，实现产业升级与生态环境协同发展指明了发展方向。“两会”政府报告中明确“十三五”期间“推动形成绿色生产生活方式”“下决心走出一条经济发展与环境改善双赢之路”。长三角加强区域间在资源集约利用、生态环境修复、产业升级引导、社会市场治理等多方面协同合作，推进区域绿色转型发展既是长三角作为经济发达地区坚决落实贯彻国家发展理念，也是实现区域实现可持续发展的必由之路。

（三）生态环境完整性要求区域协同共治

生态环境的系统性和整体性特征是生态系统的根本性特征。大气、水、土壤、海洋等生态要素之间高度相连、互相作用。因此局部环境污染与生态失衡往往迅速蔓延成为全地区和全系统的生态环境问题，如水环境污染、雾霾居高不下、臭氧等光化合污染兴起，土壤污染富集、辐射量加剧，并且随着区域城市群推进，地区之间的联系更加广泛与深入，以行政区划为界、依靠辖区政府、各自为政的管控型环

境治理模式难以为继续。因此打破行政边界和管理部门之间的藩篱，实施跨区域、跨部门协同治理与发展成为必然选择。

二、长三角生态环境现状分析

（一）水环境污染普遍、雾霾和臭氧复合型污染显著

长三角地区是我国东部沿海经济最发达的地区之一，也是我国能源消耗量最大、污染物排放密集、复合污染最严重的区域之一。近些年，尽管加大整治力度，环境有所好转，但生态环境压力仍然居高不下。

1. 水环境普遍污染，城区段下游段严重

长三角地区区域河网普遍污染，尤其是城市区域的河段污染严重。2015年，太湖流域河流水质达到Ⅲ类水标准的断面比例仅为14.7%，主要超标项目为生化需氧量、氨氮、化学需氧量、总磷以及溶解氧。近年来，长江干流水质略有恶化，钱塘江流域、淮河干流和流域等主要支流水质基本保持稳定。流经城市地区的河流水质基本维持在Ⅲ—劣Ⅴ类水平。局部地区饮用水水质较差，处于下游的上海市饮用水水质达标率仅为68.6%；太湖等湖泊水库富营养化特征明显。

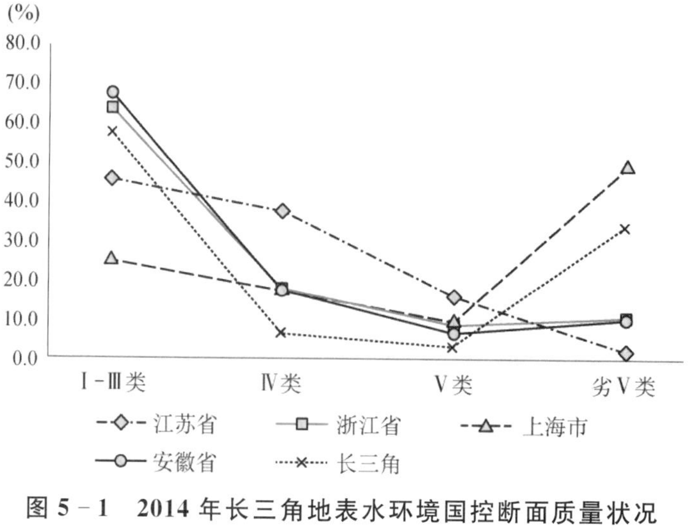

图5-1 2014年长三角地表水环境国控断面质量状况

地表水国控断面显示，2014 年，长三角地表水符合Ⅲ类的断面占比 57.4%，处于Ⅳ类占比 6.1%，处于Ⅴ类的断面占比 2.7%，劣于Ⅴ类的断面占比 38.8%。超过全国 9.2%的平均值。与江苏和浙江相比，上海市地表水劣于Ⅴ类断面最多，占 49.3%。

2. 大气环境质量略有改善，PM2.5、臭氧等复合型污染突出

长三角空气质量整体有所改善，空气质量指数（AQI）从 2012 年 65.8%上升至 2014 年的 75.4%，其中浙江省 AQI 最高、改善程度最大，如图 5－2 所示。尽管受益于“十一五”与“十二五”规划中加强重点城市大气污染防治力度的要求，加快现有燃煤电厂脱硫设施建设，推进钢铁、有色等行业二氧化硫综合治理等脱硫控制，二氧化硫等区域常规大气污染因子有所改善，但二氧化硫、二氧化氮和可吸入颗粒物 PM10、细颗粒物 PM2.5 仍然处于高值水平，秋冬季节灰霾污染事件频现。大气污染呈现区域性和复合型特征，以臭氧和酸雨为特征的复合型污染呈加剧趋势，呈现局地污染和区域污染相叠加、多种污染物相耦合态势。

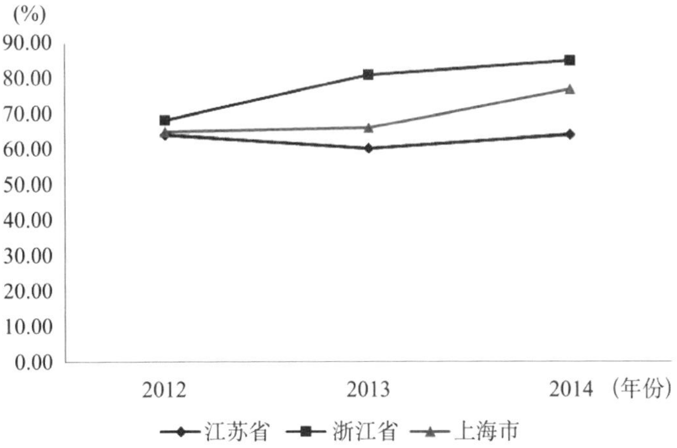

图 5－2　长三角空气质量指数变化趋势

资料来源：各省市环境公报；安徽省 2014 年 11 月 14 日部署空气自动监测站与国家联网及 AQI 指数发布和重污染天气监测预警及空气质量评价工作，因此 2012—2014 年无安徽省 AQI 数据。

3. 生态景观等退化,近年有所改善

长三角位于长江下游,阳光、降雨等自然资源丰沛,河道纵横、渔产丰富。但随着经济粗放高速发展,长三角整体生态系统功能退化,生态空间被大量蚕食,河流、湿地、湖泊锐减,区域碳收支平衡能力日益下降。湿地破坏严重,外来有害生物威胁加剧,太湖、巢湖等主要湖泊富营养化问题严峻,近岸海域水体呈中度富营养化状态,土壤复合污染加剧。

2013 年,长三角地区森林覆盖率为 28.28%,比上年增长 8.63%,江苏省、浙江省、安徽省和上海市林覆盖率分别为 15.8%、59.07%、27.53%和 10.74%。其中江苏省增长速度最快,相比上年增长 33.7%。长三角地区城镇公共绿地面积比上年增长 3.23%。长三角地区共 172 个自然保护区,仅占全国所有自然保护区数量的 6.38%,面积共计 134.7 万公顷,仅占 0.92%。[①]

近年来,随着生态修复进程的加速,生态系统有所改善,按照曹武星等人[②]的研究,按照生物丰度、植被覆盖、水网密度、土地退化、环境质量等要素构成的生态环境状况指数,近 5 年间全区域指数为"优"的面积比例从 20.85%增至 25.76%。但与世界其他发达城市相比,长三角生态环境质量急需提高。

(二) 点源排放持续下降,面源流动源污染突出

1. 废水及污染物排放量持续下降,生活污水比重升高

2013 年,长三角地区工业废水和生活污水排放量分别占全国的 23.86%和 20.63%。从 2005 年到 2013 年,长三角工业废水排放量持续下降,而生活污水排放量持续上升。

长三角 2013 年生活污水 COD 和氨氮排放量分别占全国排放量的 17.36%和 18.57%,工业废水中 COD 和氨氮排放量分别占全国

① 数据来源:国家统计局 2013 环境统计数据。

② 曹武星等:《快速城市化地区交通主干道对景观格局变化的影响》,《地球信息科学学报》2014 年第 6 期。

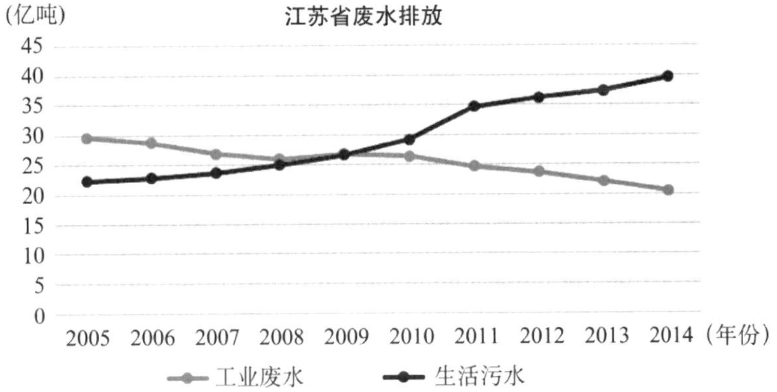
江苏省废水排放
(亿吨)
45
40
35
30
25
20
15
10
5
0
2005 2006 2007 2008 2009 2010 2011 2012 2013 2014 (年份)
工业废水
生活污水

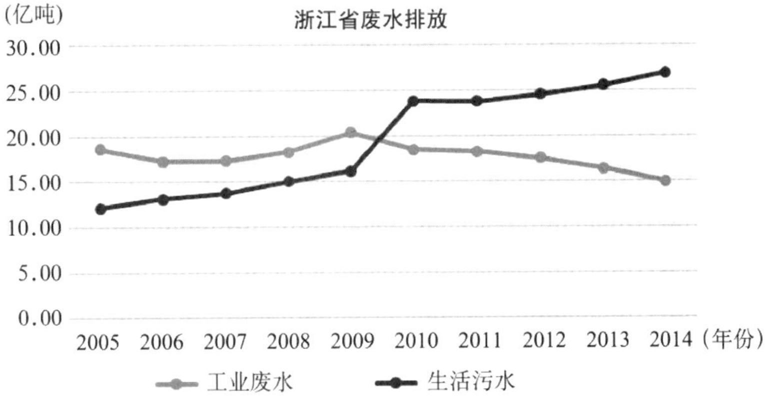
浙江省废水排放
(亿吨)
30.00
25.00
20.00
15.00
10.00
5.00
0.00
2005 2006 2007 2008 2009 2010 2011 2012 2013 2014 (年份)
工业废水
生活污水

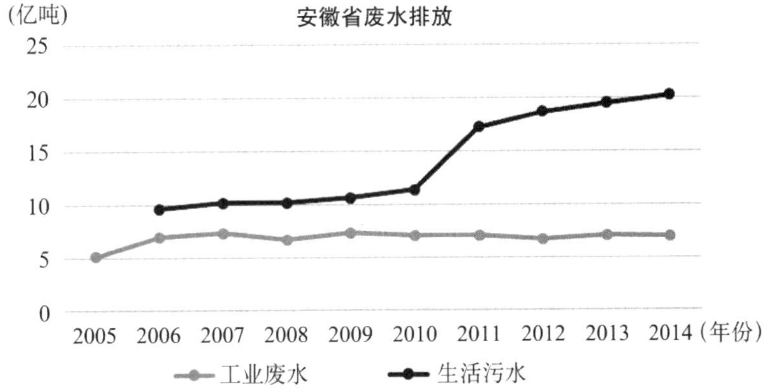
安徽省废水排放
(亿吨)
25
20
15
10
5
0
2005 2006 2007 2008 2009 2010 2011 2012 2013 2014 (年份)
工业废水
生活污水

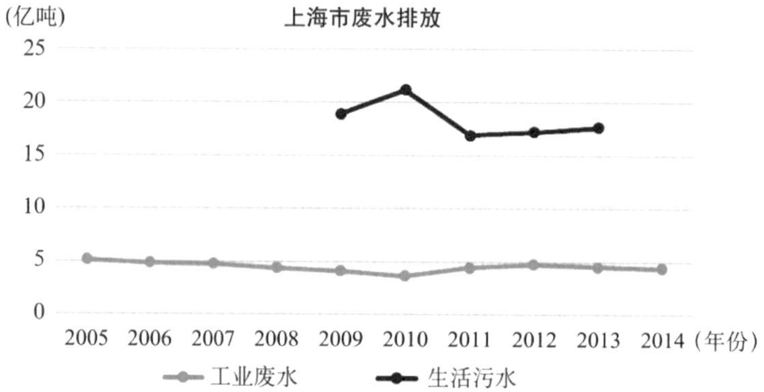

图 5-3 2005—2013 年长三角区域工业废水和生活污水排放趋势

排放量的 15.52%和 14.25%。其中,江苏省四种污染物排放占比最高,依次为浙江省、安徽省和上海市,尤其是工业废水中氨氮排放量。2013 年,江苏省排放量占长三角总排放量的 36.5%,上海市这一比例仅为 11.33%。

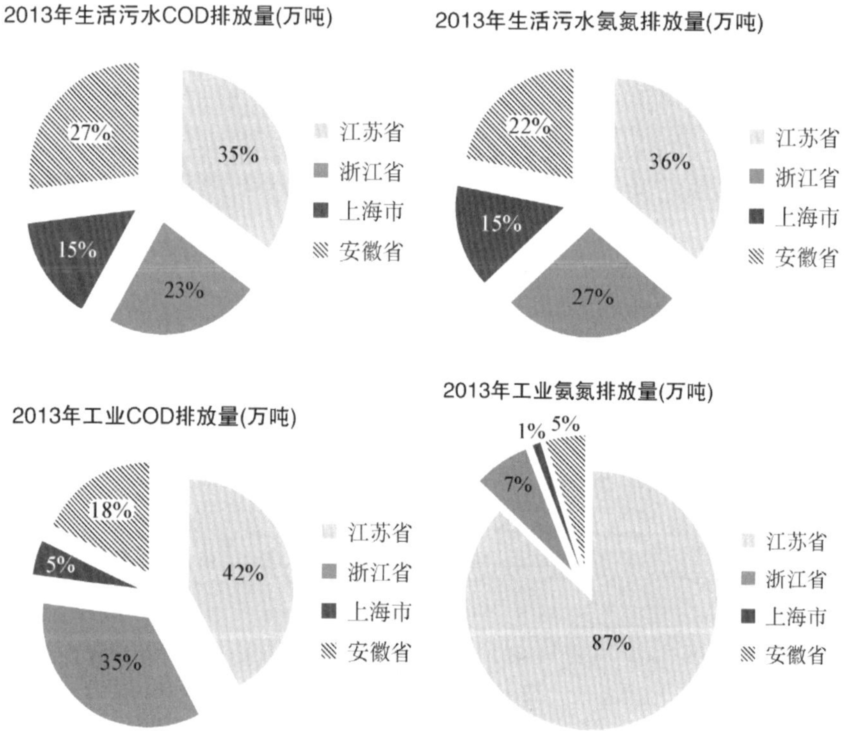

图 5-4 2005—2013 年长三角区域水污染物排放比例

2009—2013年，主要污染物COD和氨氮排放量总量逐渐递减，其中工业废水中的污染物总量下降速率快于生活污水。2009—2013年，工业COD和工业氨氮排放量总量共下降23.68%和24%，年平均下降率分别为6.53%和6.63%。上海市生活污水氨氮排放量下降率较大，年平均下降率为9.73%；江苏工业废水COD下降率较显著，为4.48%；浙江省生活污水污染物排放量上升，工业COD与氨氮排放量年平均下降率分别为7.76%和7.77%；安徽省工业COD与氨氮排放量下降幅度较大，年平均下降率分别为9.34%和14.49%。

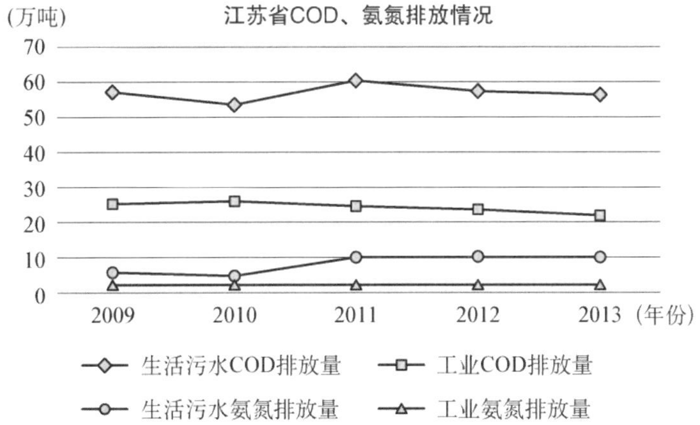

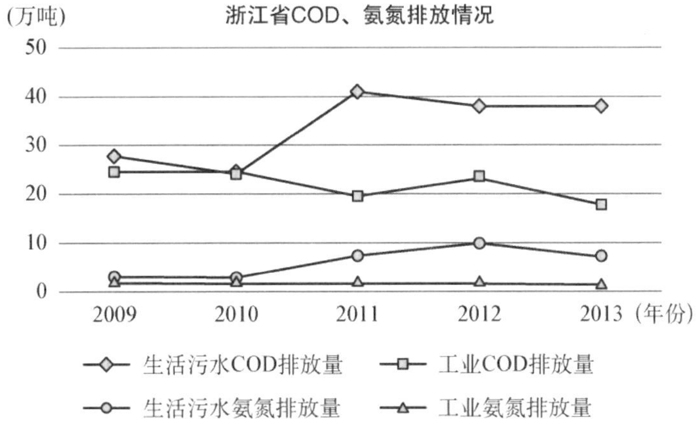

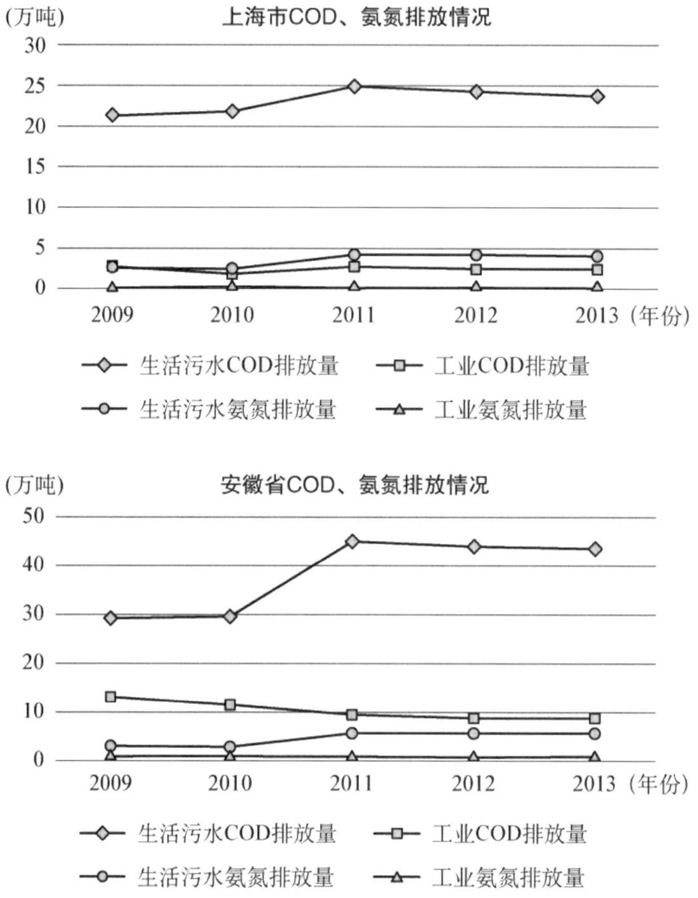

图 5-5 2009—2013 年长三角各地区 COD、氨氮排放量变化趋势

2. 二氧化硫等大气污染物排放下降显著，但烟尘等居高

2013 年，长三角地区工业二氧化硫排放量占全国排放量的 11.51%，工业烟尘排放量占全国排放量的 10.32%。二氧化硫排放量持续下降，其中上海市下降速率最快。

上海市工业烟尘排放量 2005—2010 年以 10.3%的比率下降，在 2011 年以后又呈现上升趋势。江苏省和浙江省的工业烟尘排放量都呈现出“W”型变化趋势，安徽省工业烟尘排放量持续下降。

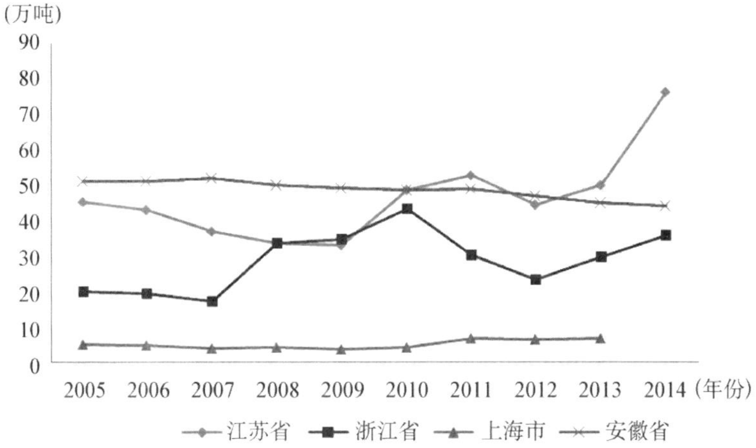

图 5－6　长三角区域工业 SO2 排放量趋势

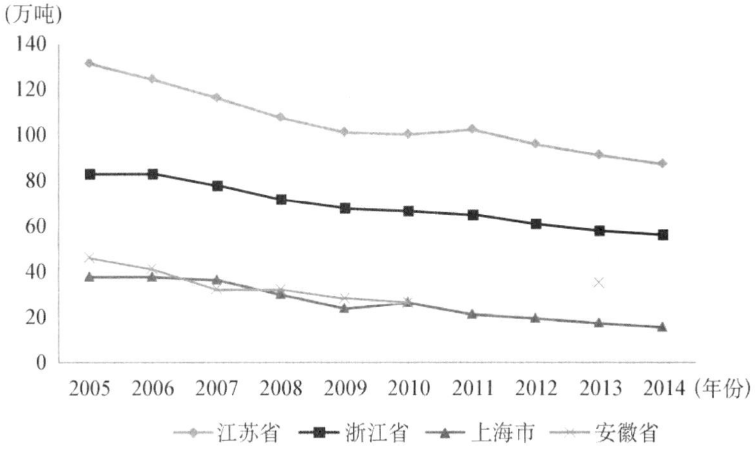

图 5－7　长三角区域工业烟尘排放趋势

3. 固体废物总体增加、处理率较高

2005—2014 年，长三角工业固废持续增长，从 2005 年的 14 431 万吨到 2014 年的 29 147 万吨，年增长率为 7.3%。2014 年，长三角地区工业固废排放量基本稳定，并小幅下降，占全国工业固废比重 8.89%。其中江苏省、浙江省和安徽省的工业固体废物排放量 2009 年不断增加，上海市在 2011 年以后不断下降，2011—2014 年，上海市固废排放量年平均下降比率为 6.3%。2005—2014 年，上海市平均工业固废利用率最高，为 97.68%，江苏省为 94.92%，浙江省为

90.53%，安徽省为 87.64%。

2013 年，长三角地区生活垃圾清运量为 3 156.9 万吨，占全国比重的 20.4%。近年来呈不断增长的态势。生活垃圾无害化处理率浙江省最高，为 99.4%，安徽省为 98.8%，江苏省为 97.4%，上海市为 90.6%。

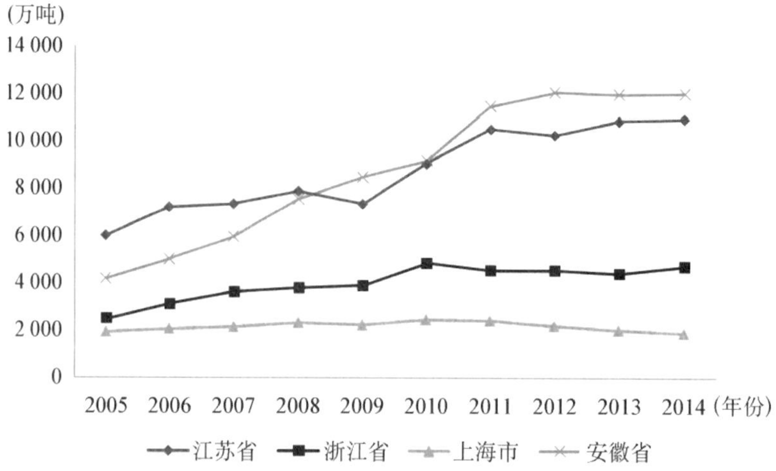

图 5-8　长三角工业固废量趋势

4. *农业面源污染成为区域主要污染*

相比工业与建成区污染物的排放，农村地区产生的污染物呈现分散状态，既不利于监测，更难以集中治理。因此农业种植中过度的农药和化肥、丢弃或焚烧的秸秆、畜禽养殖的粪便、水产养殖的尾水和农村生活污水都是主要的污染源。其排放的 COD、氮、磷都是水体、湖泊富营养化的主要来源。同时集约化耕种、高密度水产养殖等对农村生态系统的破坏严重。

2014 年，长三角地区共使用化肥 764.8 万吨，相比 2013 年下降 0.47%。其中，江苏与安徽两省加总占比超过 80%。上海同比减少幅度最大。畜禽养殖 2014 年共 209.2 万头，相比 2013 年减少 2.1%。其中三省一市分别为 34.5 万头、15.8 万头、153 万头、5.9 万头。[①] 上

① 数据来源：长三角各省市统计年鉴。

表5-1 2014年长三角农村养殖情况

	江苏	比上年增长	浙江	比上年增长	安徽	比上年增长	上海	比上年增长	长三角	比上年增长
化肥（万吨）	323.6	−0.99%	89.6	−3.1%	341.4	−0.88%	10.2	−5.9%	764.8	−0.47%
生猪出栏（万头）	3 073.6	0.78%	1 724.5	9.9%	3 089.2	3.81%	243.1	0.53%	8 130.4	−0.34%
家禽出栏（万羽）	—	—	17 378.97	−20.7%	24 322.1	−1.6%	2 166	−22%	—	—
水产品（万吨）	518.8	1.81%	574.2	4.08%	223.7	3.67%	33	12.4%	1 349.7	3.34%
农村常住人口（万人）	2 769	−2.9%	1 935	−2.27%	3 093	−1.65%	252	0.4%	8 049	−2.16%

数据来源：中国统计年鉴。

海市近年畜禽养殖持续下降，2015年，生猪和畜禽出栏，分别比上年下降15.9%和10.3%。[①]

2014年，长三角城市化率为63.37%，农村人口8 049万，同比减少2.16%。其中江苏省与浙江省农村人口减少幅度较大，上海小幅增加。以往分散在各村落的乡镇企业，尽管随着产业集聚进程，逐步向工业区聚焦，但仍有不少技术不高、污染重的企业分散在村落，工业污水随意倾倒，这成为农村水体、大气和土壤污染的重大隐患。

5. 车船等流通源污染比重增加

随着长三角区域一体化加速、交通设施的互联互通，人口、商品的加速流通，车船等流动源的排污比重日增。长三角车辆有登记的2 440万辆，船舶73艘，上海、浙江与江苏等地国道上年平均日交通量均超过2万辆，年均交通拥挤度上升。黄标车的持续使用、货车的超载运行、船舶的排水等都是大气污染、固体废物、水污染的主要污染源。交通拥堵等也增加了怠速时的污染物排放，危化品的违规运输又加剧了这类排放源对环境的风险。

（三）长三角区域生态治理政府间协作情况

随着区域经济合作的不断加强，长三角区域的生态治理政府间协作也在不断探索中。早在2002年2月，浙江省的嘉兴市与江苏省的苏州市通过召开政府联席会议，建立起边界水污染防治制度和水环境信息通报机制。2008年年底，江苏、浙江、上海两省一市的环境保护部门在苏州市签署《长江三角洲地区环境保护工作合作协议(2008—2010年)》，希望发挥区域联动效益，共同提升长三角区域生态环境质量。2009年4月29日，长江三角洲地区环境保护合作第一次联席会议在上海召开。“三省市将在创新区域环境经济政策、健全区域环境监管联动机制、加强区域大气污染控制三方面加强合作。”

① 数据来源：2015年上海市国民经济和社会发展统计公报，上海统计。

随后，长三角区域生态治理政府间协作不断增强。2009年7月，上海市、江苏省和浙江省共同签订跨界环境应急联动方案。2010年9月，浙江省和安徽省共同签订浙皖跨界联动方案。2012年10月，长三角区域的三省一市共同签订跨界联动协议，并通过《长三角地区环境应急救援物资信息调查工作方案》。2012年5月，在浙江省龙泉市举行了2012年长三角地区环保合作联席会议，会上签订了《2012年长三角大气污染联防联控合作框架》协议。2013年5月3日，上海市、江苏省、浙江省以及安徽省在马鞍山市共同签订了跨界环境污染事件应急联动工作方案。长三角区域生态治理方面的政府协作虽然开展多年，协作也在不断加强。从原来的两省一市到现今的三省一市，开创了长三角区域生态治理政府间协作的新局面。2013年9月，国务院印发的《大气污染防治行动计划》就对区域协作提出了明确要求。2014年1月，沪、苏、浙、皖三省一市在上海召开了高规格的长三角区域大气污染防治协作会议，专题研究讨论了《长三角区域落实大气污染防治行动计划实施细则》，在治理雾霾上形成了一些积极共识和协同行动。

2014年区域联防联控协作机制建立以来，建立了空气污染预测报告平台、科研平台、数据共享平台，在区域环境空气质量的改善、主要污染物减排和协作机制的深化完善方面有一定成效。以大气污染联防联控为重点深化环保合作，加快环境保护一体化发展不断深化与完善协作机制建立了大气污染防治专项协作机制，成立了长三角区域大气污染防治协作小组，出台了《长三角区域落实大气污染防治行动计划实施细则》。长三角区域大气污染防治协作机制建立以来，二氧化硫、二氧化氮和PM2.5的浓度均有不同程度的降低，而臭氧污染改善效果并不明显。在水污染等其他环境治理方面，目前，区域主管部门也表示将推进水环境联动治理机制。

综上所述，长三角整体生态环境退化明显，主要环境问题是水环境普遍超标、雾霾在极端气候条件下超标严重、臭氧等光化合污染加剧，并且污染从局地型向复合型、区域型特征转化；工业、建成区生活污水等点源控制绩效较明显，但农村生产生活面源控制难度大，车船等流动源污染不容忽视；区域间协同共治持续推进，大气污染防治协作机制初建，成效可见。

三、长三角生态环境治理协同战略愿景

（一）战略定位

生态环境保护协作开展的战略定位是长三角生态环境协作保护制度规则、保护机制体系最根本、最宏观的出发点。长三角生态环境保护协作的战略定位必须要转变传统的价值理念，要强调长三角生态利益的五位一体战略定位、要强调长三角生态环境保护一体化的战略定位。

长三角要将区域的经济发展作为生态环境的一部分，而不是作为优先于生态环境的独立利益，要求生态环境保护协作机制的设立作为经济、社会规划的重点，依据生态环境保护需要优先设立相关机制，增强长三角生态环境保护协作机制的前瞻性和可操作性；要求长三角不同省市将环保规划作为经济社会发展的基础性、约束性、指导性规划，其他专项规划在编制过程中要主动与环保规划、生态功能区划相衔接；要求将跨区域的规划环评、建设项目环评作为本地区经济项目的第一审批环节，同时建立各类专项规划立项的备案制度，规划和建设项目未通过跨区域的环评不得实施；要求将不同地区的环保投入作为公共财政的支出重点，确保财政对环保支出的增幅高于经济增长速度，注重运用市场机制，引导社会资金优先投入长三角环保产业和长三角环境基础设施建设；要求将主要环保指标作为长三角区域发展绩效和干部考核任用的重要内容和刚性指标，最终在长三角形成生态环境保护一体化的生态文明示范性区域。

（二）发展目标

至 2030 年，长三角在生态环境保护方面建立了完善的协同发展关系，生态空间布局结构全面优化，城市生态定位合理有序，长三角区域生态环境明显改善，成为具有较强国际竞争力和影响力的世界级跨区域生态环境建设的典范。主要发展目标是：

1. 管理目标：长三角生态环境保护整体统一管理

长三角生态环境保护应该遵循整体统一管理的目标，有必要在长三角这一级别设置跨区域的生态环境保护管理机构。其根本原因在于长三角生态环境系统自身所具有的统一性和流动性，对于生态环境的保护与其他职能机关的“因事管理”有很大区别。长三角生态环境整体统一管理要求长三角不同区域加强各环境要素综合管理，注重协调各环境要素的分别管理，建立综合性的环境行政管理体制，并且实行流域和跨行政区域环境资源管理。比如防治长三角土地污染不能仅从土地本身考虑，造成土地污染的因素可能来自天空、水流等其他因素，因此土地污染防治必须与长三角大气和水污染防治、自然资源开发利用紧密联系；再如水环境的保护，由于流域具有整体流动性，无论污水从哪里排入河流，也无论水资源从哪里被提取利用，流域开发行为都会对河流的上下游、左右岸的生态环境要素产生影响。上游的污染会波及下游，而下游的环境保护及经济发展则要求从上游流来的水符合一定的水质、水量要求，也应当把整个长三角流域看作一个完整的生态系统，实施长三角流域的系统管理。

2. 预防目标：长三角生态环境风险防范的统一理念

欧美和日本等发达国家对于生态环境风险认识早有前车之鉴，后来面对生态环境的巨大破坏时，在进入 20 世纪 90 年代以后便开始实行生态环境风险防范目标。根据这一目标，只要存在某种环境污染破坏的可能，就必须采取措施加以防范。其经典的表述就是一些国际法律文件和国内法律所规定的“遇有严重或不可逆转损害的威胁时，不得以缺乏科学充分确实证据为理由，延迟采取符合成本效益的措施防止环境恶化”。

长三角目前强大的经济发展能力可能使环境问题也出现防不胜防的状况，而一旦出现生态环境风险极有可能殃及其他区域，例如浙江的化学污染可能影响上海地区，同样，江苏的水污染事件也可能影响上海地区。因此在未来的2030年，长三角如果依据现有知识水平和技术条件，对部分项目的实施可能产生的不良环境影响的程度或范围不能作出科学判断的，长三角生态环境保护审查小组应当提出不予通过的意见。所以，如果长三角生态环境保护协作机制中能够贯彻这一目标，一些具有重大生态环境风险的建设项目便再也不能以其环境影响尚无科学充分证据为由而在长三角实施建设，这样就能够保证长三角的生态环境在未来不会产生重大、灾难性的事故，从而起到预防重大环境风险的目的。

3. 环境标准：实施长三角区域生态环境不得恶化的底线标准

目前，长三角对污染物排放实行达标即合法原则。如果一个建设项目虽然有较多污染物的排放，但符合污染物排放标准就可以建设和运营。在污染物排放标准方面，过去实行的是浓度标准，虽然长三角现在某些方面和地区实行了总量标准，但是即使在实行总量标准的地区，只要排污达标，又不超过当地的环境容量，尽管会降低当地的环境质量，照样可以建设。其结果就可能导致长三角部分区域如果有相当的环境容量，便可能引进在其他地区不能建设的项目，导致污染转移，但是结果却仍然使得长三角区域生态环境质量下降，这种生态环境保护的标准从生态环境保护的要求来讲是合法的，但是这种做法却导致长三角区域的生态环境恶化。所以，好的环境是不应让其恶化的，即使是在合法的情况下促使长三角不同区域提升生态环境质量标准。

所以，长三角区域生态环境应该在坚持同一标准的基础上，还要秉持当地生态环境不得恶化的底线标准，只有在实行“区域标准＋当地标准”的基础上，环境质量已经恶化的地区环境质量才能得到改善，环境质量优良的地区才能继续保持良好的状态。否则，如果仍然实行达标合法原则，环境质量差的地区很难变好，因为排污达标就不需要改善了；环境优良、环境容量大的地区将难以避免环境质量恶化。因此，不得恶化标准的实行将从根本上改变排污、破坏生态合法的观念，只要建设会导致当地环境质量恶化，就不能说是合法的，就有预防和治理的义务，也就可以为解决排污达标、破坏环境，但是仍然污染、扰民的问题提供法律根据，这一标准的实施将有助于长三角生态环境质量逐步优化和回升。

4. 民众培养：实现公众对长三角生态环境保护的全方位参与

长期以来，长三角的生态环境保护制度的实现主要依靠政府的主导作用，生态建设和控制环境污染的传统方法往往是所谓的“命令—控制”方法，即主要依赖行政命令，这也是典型的对“理性政府”和“理性认知”的依赖体现。然而，由于长三角生态环境问题的特殊性和涉及公众利益的广泛性、跨区域性，导致政府行为日益暴露出在生态环境保护上的局限性。比较典型的是，在合法合规的前提下，从源头预防污染产生，最有效地减少资源消耗，不排放废弃物，这些从本质上而言是企业和公众的道德行为，属于政府的强制力难以触及的领域，要在长三角区域实现减少排放、保护环境，从而走出一条低消耗、低排放、高效益、高产出的新型工业化道路，必须摆脱政府主导的局面转向公众参与生态环境保护，才能实现长三角领域在生态环境保护上达到世界领先的水平。

长三角一定要从生态环境资源具有“公共物品”特殊性的角度出发，依靠充分的公众参与。建立公众对长三角环境保护的问责制，将环境考核情况作为干部选拔任用和奖惩的依据之一；积极推动以跨区域规划环境影响评价为主的战略环评，从发展的源头保护环境；保障公众对长三角环境的知情权、监督权和参与权，扩大长三角的环境信息公开范围，鼓励长三角民众跨区域对环境违法行为提出公益诉讼；同时，大力倡导长三角民众适度消费、公平消费和绿色消费，反对和限制盲目消费、过度消费、奢侈浪费和不利于环境保护的消费。这样，只有公众提高了环保意识，共同参与到长三角区域的节能减排、环境保护事业中来，长三角面临的环境资源问题才有可能逐步得到有效解决。

5. 具体目标领域：以生态环境质量提升统领长三角协同机制

生态环境质量标准是准确地指示生态环境质量状况、“人与自然和谐”的程度或生态环境保护工作成绩的大小。生态环境质量提升是长三角区域综合实力提高的重要内容和基本支撑，提升生态环境质量是长三角区域推动生态文明建设、促进社会和谐、实现现代化国际化转变的必然要求和重要举措。具体包括：

(1) 进一步提高长三角环境质量。将环境质量作为环境保护的根本目标，在巩固现有长三角环境质量的基础上，通过系列措施进一步提升环境质量，环境空气质量优良率达到95%以上；饮用水源地水质主要指标达标率达到100%；地表水达到功能区标准的比例逐年提高。

(2) 进一步减少长三角污染物累积存量。通过消减主要污染设施、利用生态技术恢复受污染环境，进一步减少长三角存量污染物，防止污染物的不断蓄积，减少长三角污染物基数。

(3) 进一步严格控制长三角污染物增量。通过完善经济运行与节能减排会商机制，多管齐下控制污染物新增量，强化污染物新增量预测预警，通过调结构控制污染物增量，从源头上控制污染物新增量。

(4) 进一步保障长三角环境安全。进一步保障饮用水源安全，保障环境质量安全。提高城镇污水处理率，提高污水处理厂污泥有效处理率，提高城镇生活垃圾无害化处理率，提高一般工业固体废物综合利用率，危险废物和医疗废物得到集中安全处置，重点污染源做到稳定达标排放。

(5) 进一步强化长三角环境监测与监管。规划长三角环境管理能力建设项目,包括环境监察监测平台建设、添置仪器设备、建设地表水自动监测站等内容。

(6) 进一步提高长三角公众对生态环境的满意率。生态环境建设与公众满意率紧密结合,注重公众对长三角生态环境的感知,确保公众在长三角对生态环境的感知具有同样化。

四、长三角生态环境协同治理面临的瓶颈

(一) 缺乏相对统一有效的长三角生态环境协同治理体制

由于目前长三角生态环境协同治理体制机制以分散化的不同行政区域管理控制为主导,缺乏强制化、市场化、自主化综合协同控制措施,在制度模式上,环保的被动保护模式为主,粗放型管理特征明显,导致环保投入绩效不高。虽然环境保护投资在不断增加,但是工业废水、工业固体废弃物、工业废气、生活污水等排放的绝对量也在显著增加,治污绩效有待提高。促进节能减排和环境保护、资源使用的价格、财税、金融、保险等经济政策有待进一步发展;经济发展与环境保护、生态建设综合决策机制有待健全,部分主体仍存在"重发展轻环保"的现象,基层环境管理能力较薄弱,跨区域、跨界污染事件也逐渐增多,资源与环境已经成为区域可持续发展的瓶颈。现有的生态环境协同发展模式不能适应长三角统一发展的要求,在环境管理上,"条块分割、各自为战"的现象比较严重,影响了长三角生态环境协同管理的综合效能,如何建立与长三角工业企业众多、污染源分散状况相适应的生态环境协同发展体制机制,是长三角生态环境协同保护工作的关键工作之一,环保投入绩效有待于通过协同治理体制机制的改革得到提高。

(二) 缺乏长三角区域环境信息共享与发布制度

长三角生态环境协同治理需要根据长三角环境质量标准评价环

境质量,根据污染分布情况,追踪寻找污染源,为实现监督管理、控制污染提供依据,同时获取长三角区域环境监测、环境信息、环境数据可以准确、及时、全面地反映长三角环境质量现状及发展趋势,为长三角生态环境管理、污染源控制、环境规划等提供科学依据。因此要求长三角生态环境监测、环境信息、环境数据能够满足现实的需要,从内容信息的广度和质量方面提供有效保证,以有助于环境综合决策,这就需要通过大规模的长三角生态环境保护信息化建设和区域化的环境信息共享平台,但是目前长三角在生态环境协同治理过程中缺乏立体、即时的治理框架和信息公开机制,应对长三角环境危机就难免力不从心和低效应对。而只有通过实现长三角生态环境信息共享,通过"互联网+绿色生态"模式,推动互联网与生态文明建设深度融合,完善污染物监测及信息发布系统,形成覆盖长三角主要生态要素的资源环境承载能力动态监测网络,实现生态环境数据互联互通和开放共享,以保证长三角环境治理的精准化和科学化。

(三) 缺乏区域性的生态环境规划和环境风险预防机制

长三角各行政区在地理位置、自然资源禀赋、环境容量以及所处的环境风险接收和输出的地位等方面均处于不同位置,由此就形成了各行政区在制定产业规划、环境功能区划,以及划定环境目标时的比较独立,在地方经济发展的问题上,地方政府之间普遍存在竞争。在"重经济,轻环保"的指导思想下,地方政府为充实地方财政,不顾区域环保规划而争先上项目的情况比比皆是,造成了产业布局混乱以及产业结构趋同等现象。其中,为追求短期经济的增长,对重污染产业的安排缺乏全盘考虑和总体规划是导致跨界环境污染的重要原因,未能形成生态环境风险协同治理的格局,彼此间的跨界环境污染也比较严重。这一状况在跨界水污染和大气污染环境风险治理中尤为突出,比如大气排放标准的设定、污水排放标准的确定、对污染严重企业的消减所达成的相关标准往往不一致,甚至出现了下游地区在跨界区域设有饮用水源取水口，而上游地区却在跨界区域建设化工企业集聚区的现象，从而使下游地区乃至整个流域的水环境安全面临严重的风险隐患。因而，在缺乏相应的制度机制约束的情况下，基于成本转嫁的社会心理，采取独立化行动，尽力摆脱自己的责任，将难以界定的跨界环境风险的预防和治理成本进行转移，以尽可能地降低本地区环境风险预防和治理的成本，未能形成长三角生态环境协同治理的格局。

（四）缺乏区域生态环境应急联动机制

长三角生态环境要素联系紧密，荣损相依，环境污染事件应急十分重要，但是目前长三角缺乏生态环境应急联动机制，缺乏对环境紧急事件中的部门协调工作机制，各个地方的突发公共事件应急指挥机构未能有机地整合到长三角区域常规管理体制中去，缺乏一个具有决策功能的综合体系和常设危机管理区域性综合协调部门；缺乏日常的长三角区域的污染事故处理的演习工作，可能会降低长三角环境突发事件应急处理能力；未能做好长三角突发环境事件传播的信息公开工作，难以对长三角突发环境事件进行识别和对突发环境事件信息进行发送和接收，容易引发大规模的社会恐慌；目前也未能编制长三角环境应急预案和应急监测能力建设，难以针对突发环境事件进行应急。

（五）长三角产业结构调整造成就业等社会压力，加大环境治理生态保护压力

长三角产业结构调整和升级是推动长三角工业化发展的重要动力源泉，既包括三次产业之间的结构调整，也包括制造业内部和服务业内部的调整和升级，产业发展将由资源驱动向创新驱动转变，经济增长转向更多地依靠技术进步和人力资本投入。但是根据国际上工业发展的普遍规律，工业在升级和发展的同时，可能会导致就业需求

的短暂减少，例如工业部门的能源消耗减少，部分落后产业的关停并转，与之相关的就业就有可能减少，同样，即使在其他条件不变的情况下，如果减少能源投入，也可能造成多个行业、多个部门的就业岗位损失，经济形势虽然长期向好，并固然有利于长三角环境治理，但是由于短期对就业造成负面影响，却深化了长三角环境治理的压力，并且对社会的稳定产生影响，迫切需要长三角相关主体在特殊时期能够提出科学的对策缓解就业压力、平稳度过产业结构调整时期、平稳向生态文明时代迈进和过渡的解决方法。

（六）缺乏区域环境保护相关法律规范

首先，在国家立法层面，存在着法律层次不清，法律体系内部缺乏协调而造成的效力不明的现象，难以对区域的环境协同保护发挥重要作用，在现有的法律未能形成协调一致的体系，适用范围交叉重叠却缺乏分工，效力层次也难言清晰的情形下，从而造成了跨界环境污染合作治理的依据模糊且不统一，甚至导致了法律适用上的冲突。其次，在地方立法层面，适用于长三角环境污染合作治理的地方性法规比较少，难以对跨界环境污染进行合作治理，只在某些方面作出原则性的规定，未能全方位地保护生态环境资源的开发利用，操作性不强，难以对现有的长三角跨界环境污染治理作出有效调整和规范，呈现出较大的局限性。

五、推进长三角生态环境协同治理的战略路径

（一）深化长三角生态环境协同发展的管理模式

长三角生态环境协同发展的管理模式涉及“三省一市”在生态环境污染治理权限方面的协同发挥，核心为长三角生态环境协同发展治理权限的运行过程，应该主要解决“跨区域生态环境破坏和污染问

题”的启动机制和解决方案运行机制，确保不同省市是以“长三角一体化”而非以“以邻为壑”的观念对待本区域的生态环境问题，是以“如鲠在喉”而非“不痛不痒”的心态对待非本区域的生态环境问题。

对此，在国外存在两种模式选择，一种是自上而下，通过纵向管理，强制性地针对不同区域主体规定义务，要求各区域生态环境治理主体服从统一的行政指令，并且对区域生态环境进行达标管理；另一种是平行模式，即各行政主体之间进行平等协商，通过联席会议的协商方法达成治污协议，不同主体对该协议予以承诺并且自愿遵守。前一种治理模式不可避免地又陷入“政府理性”的误区，甚至可能造成行政命令干扰客观规律的负面作用；后一种治理模式无疑可以体现主体的自愿性和主动性，也就是不同主体在意思自治的前提下，通过衡量自己的客观状况，去积极地实现和达成协议规定的目标。这类似于哈耶克所提出的自发秩序的形成，可以在人们追求形形色色互不相同，甚至相互冲突的个人目标时，形成有效的生态环境治理秩序，并且促进生态文明的持续进步。但是要在长三角区域实现生态环境污染治理的自发秩序，就必然会存在一个各方博弈的过程，即长三角生态环境协同发展的共性问题，以及“三省一市”的个性问题应该如何提出，又该如何解决？其一，从“理性经济人”的假设出发，各方可以选择由自己首先主动承担较多的生态环境污染治理义务，但是这样就会带来自身利益的受损，其他主体也不一定会跟进治理。毕竟，如果个体面临只能通过集体行动才能够得到某种公共物品的前提下，理性个人依然存在着不付出努力而获得部分公共产品份额的侥幸心理，侥幸心理的泛滥同样造成集体行动面临困境，只有每个人都参与提供公共物品，那么所有人才会从中受益。其二，各方也可以选择明确指出不同省市在生态环境污染治理上的不足之处，并且依据区域的设定目标要求相关省市完成相应的治理工作，这样极可能造成对方利益受损，并且很可能会导致以平等合作为主旨的协商会议破裂。因此，选择恰当的管理模式就成为长三角生态环境协同发展顺利实施的首要突破口。在此，笔者认为，协商会议制度下的轮值省模式能够有效地打破这种利益选择困局，更有利于长三角生态环境协同发展问题的提出和解决。以长三角的大气污染治理为例，大气环流具有周期性的客观规律，在一个固定的周期内部分省市会成为污染主要受害者，在同样年度的另外一个周期内又成为施害者，周而复始，循环往复。协商会议制度下的轮值省模式就是让受大气污染影响最厉害的主体，在特定时间段内成为长三角大气污染联防联治权力运行的主导者、污染议题的提出者，并且能够引导议题方案的解决。在这一模式下，每一个主体都能够将自己所遭受的大气污染问题明确提出，并且要求协商联席会议对此进行研究和解决，保证每一个主体的利益诉求，也避免了“你好我好”的一团和气局面无法打破，在维护平等协商会议架构存续的前提下将问题予以暴露和解决，最大限度地保证长三角大气污染管理的公平和公正。

（二）解决长三角生态环境协同发展的管理架构设计问题

管理架构的设计决定了在长三角生态环境协同发展中主体、资金、技术等要素作用的合理发挥。如果能够选择科学合理的架构设计就能发挥不同省市的主观能动性，以及资金的激励作用和技术的促进作用。根据长三角生态环境协同发展的实践要求，管理架构可以设立的核心部门为动议组、技术组、资金组。动议组主要负责相关长三角生态环境协同发展议题的提出和讨论，明确长三角的生态环境容量，对不同省市的污染物排放量进行合理分配，明确跨区域污染的解决方案，对不同省市的重要生态环境污染个性问题进行研讨并提出解决途径。技术组主要负责在长三角生态环境协同发展过程中，对跨区域大气污染和水污染原因、过程以及结果进行客观释明，有利于从客观的角度界定三省一市相关的生态环境污染贡献度。技术组还要就不同污染的减排和治理进行技术研究以及技术选择，提出长三角生态环境协同发展治理的技术援助方案，互通有无，共同攻关，这有利于从“预防为主”的角度分析和解决长三角生态破坏和环境污染。资金组主要考虑从经济利益的角度将三省一市结合在一起，通过利益的激励效应作用促进三省一市遵守长三角生态环境协同发展框架。资金组的核心作用是成立长三角生态环境协同发展治理公共基金。在公共基金的组成过程中，资金组要按照公平公正的原则和生态环境污染贡献比例标准确定三省一市承担的相应比例，同时负责长三角生态环境协同发展治理公共基金的收集，以及资金的合理运行，在动议组和技术组的协助下，确定在长三角生态环境破坏和污染治理中哪些事务属于应该遵从公共治理原则的公共事务，哪些业务属于应该按照“损害生态环境者付费”的原则由各省市单独负责的业务，并且选择合理的技术解决方案进行治理。

（三）要解决长三角生态环境协同发展的信息管理平台构建

由于长三角的生态环境属于典型的生态公共产品，所以长三角生态破坏和环境污染产生的原因、污染现状、发展趋势、治理程度等方面的信息都应该向社会公众公开。公众有权利实时动态地了解到长三角生态破坏和环境污染的基本情况。在国家法律允许的限度内，将长三角所有的生态破坏和环境污染行为都要置于民众的公开监督之下，将违规排放行为暴露在社会公众的视野范围之内。长三角生态环境协同发展的过程同样也需要在社会公众的监督之下进行，公众有权利了解长三角生态破坏和环境污染过程、结果以及治理内容。为达到这一目的，就需要结合“互联网＋”，设立一个面向社会公众公开的长三角大气生态破坏和环境污染信息管理平台。三省一市需要将涉及生态破坏和环境污染的全部固定污染源，以位置为基准公开在这个信息平台；涉及环境污染的全部移动污染源，以区域为基准公开在这个信息平台；并且每一污染源要将其每日产生的污染物在相应的位置地和区域范围进行公开。作为环境保护机关，按照属地主义有义务将本地的污染源和生态破坏情况在信息管理平台上进行公开的同时，也有义务按照生态环境质量标准实时地公开当地的生态环境质量。为了强化公众对生态破坏和环境污染的监督作用，长三角生态环境协同发展的信息管理平台应该具有开放性和实时性、互动性，也就是公众有权利了解生态环境质量、环境污染源，同时公众也可以将未在信息平台上公开的生态环境污染源，通过申请的方式标注在这一信息平台上，企业或者环境保护管理机关有义务满足公众的需要公开此环境污染源，确保在公众的监督之下，做到长三角生态破坏和环境污染源全披露。这样，通过生态环境污染源的全部公开和生态环境质量的彻底公布，使得公众不但了解长三角地区生态环境的“表”，而且能够了解生态环境质量之所以变化的“本”，只有这样才有利于长三角生态环境质量的标本兼治。只有三省一市把所有生态破坏和环境污染源公开在统一的信息平台，才有利于找到长三角生态环境破坏和污染问题的根源，才有利于长三角生态环境问题的解决，也是长三角生态环境协同发展实现巨大效力的起点。“欲诚其意者，先致其知”，长三角生态环境协同发展信息管理平台的构建也是三省一市诚意的最好体现，没有公开的信息平台，可能会产生由于信息不对称而形成的各方不信任感，从而导致长三角生态环境协同发展的实际执行力大打折扣。

（四）解决长三角生态环境协同发展的管理效果评估问题

三省一市联席会议通过长三角生态环境协同发展的方式共同治理生态环境问题，这是一个松散的联合体治理，具有浓厚的自治和市场色彩，不同于珠三角生态环境的治理，也不同于京津冀的生态环境协同治理。因为珠三角和京津冀更具有强烈的行政色彩。珠三角基本属于广东省的“一省”之治，治理措施的推行会随着治理效果的差异化由广东省政府进行相应的调整；京津冀则在某种程度上属于国务院领导下的“国家”之治，各种产业布局和污染源的分布可以按照生态环境的规律进行调整，让产业布局去适应生态环境容量的使用规律和环境自身所具有的自然规律。与之相比，长三角生态环境的协同发展，在管理体制的推行上无疑存在着先天不足，也就是协同发展措施制定以后可能存在自主遵守不足，或者各方虽然遵守了长三角生态环境协同发展的举措，但是治理效果仍然不佳，则有了相应地如何继续跟进措施，如何继续对各方进行督促的困难。这都涉及对长三角生态环境协同发展的行为评价问题。站在本区域受害的立场去指责其他区域，很容易引发矛盾；如果没有站在本区域的立场，则会有“事不关己，高高挂起”的想法，不可避免会产生“公地的悲剧”。因此就需要在管理体制中引进权威的独立第三方，对长三角生态环境协同发展具体措施的执行进行评估，以进一步评价措施的有效性和执行性。独立第三方所做出的结论要具有客观性和中立性，让三省一市心服口服。由第三方对长三角生态环境协同发展的效果进行评估，同时对不同省市的承诺和措施进行评估，评估的目的并非追责，而是要探寻未能达到目的的原因，分清是属于经济、技术等客观方面的原因，还是怠于行使、不愿作为等主观方面的原因。如果是属于主观因素则需要通过督促或者进一步协商，甚至于诉诸公益诉讼的方式促进其完成；如果属于客观要素的影响，则可能需要降低事前协商目标，进一步调整长三角生态环境协同发展的举措或者进行遵约援助的方式协助相关省市达到协同发展的目的。

（五）构建长三角生态环境协同发展的机制体系

构建长三角生态环境协同发展系列制度对开发和利用长三角环境行为所产生的环境质量下降或者环境破坏等应当事前采取预测、分析和防范措施，以避免、消除由此可能带来的对长三角生态环境的损害。要强化长三角生态环境总体规划的法律地位，长三角生态环境总体规划是长三角生态环境保护管理乃至长三角发展布局的重要依据，也是长三角要避免生态环境质量恶化，从而走向良好发展的首要预防性机制。该机制与长三角环境总体规划与城市规划、土地利用规划、主体功能区等基础性规划融合，建立生态空间、生态质量规划体系，贯彻实施环境优先的原则和功能提升的目标，也是促进长三角生态环境健康发展的重要制度；要创设长三角生态红线保护机制，生态红线是防止长三角生态安全出现危机的重要预防性机制，长三角生态红线保护制度要依据“风险预防、保住底线、兼顾发展”的基本原则，通过辨识生态价值较高、生态系统比较敏感及具有关键生态功能的区域，实施分类管理和控制，严格生态准入，强化生态监管，施行生态补偿，恢复和改善长三角特殊地域、特别环境要素的生态功能，有效保障重要生态区域和环境要素的基本功能，避免人为活动对生态安全进行干扰的有效方法和制度。最后，要构建符合长三角特色的统一环境标准制度，长三角环境标准制度是构建长三角生态安全、严守生态安全底线、促进经济社会可持续发展的基准。因此，长三角环境标准的制订还要参考长三角在一定时期的自然环境特征、科学技术水平和社会经济发展状况，在符合国家标准的情况下，制定符合长三角特色的统一环境标准制度。

（六）强化解决长三角生态环境保护科学技术

依靠科技力量，大力发展环保产业。环境问题的解决最终需要依靠科学技术。长三角地区科技创新实力雄厚，应充分发挥各区域的科研优势和特色，结合各自优势领域分工合作。应着力在饮用水安全、大气污染输送规律研究、机动车尾气排放标准及尾气净化等关系人们生活质量方面取得突破。还应努力在农村生态环境保护、污泥无害化、垃圾堆肥、垃圾焚烧、土壤修复、废气脱硝、循环经济与清洁生产、风险预警与应急、有机毒物监测与防治等方面研究。在有条件的地区可以开展对氮氧化物、有机污染物等复合污染问题以及灰霾天气的研究攻关等。

长三角生态环境协同发展运行机制是治理与善治思想在区域公共管理层面的引入和运用。区域治理应该是通过建立合作的联合治理模式，设置科学的管理平台，运用和动员社会及非政府组织的力量，在充分尊重并鼓励公众参与下进行的一种区域宏观解决方案构建和微观问题集中应对的集体协商过程。长三角的经济和区域一体化以及生态环境要素的流动性不可避免地使三省一市要在长三角生态环境协同发展治理上紧密配合、相互协助。要使长三角生态环境协同发展走向“长效化”和“强效化”，必须要在问题的提出、解决、效果评估上设置合理的管理机制。

第六章

长三角金融中心建设协同战略研究

随着金融产业的发展，金融机构、金融专业人才及相关信息流逐渐向特定区域汇聚，并与当地人文、地理环境及其他产业形成相互融合和相互促进的紧密联系，出现一定规模和密度的金融集聚现象。伦敦的金融城、纽约的华尔街以及东京的新宿是著名的世界三大金融集聚中心地带。国内也出现了北京金融街、上海陆家嘴、深圳金融中心等知名的金融集聚地。金融作为经济发展的制高点，与科技、文化一起构成了城市竞争力的重要部分，有力地带动了金融中心所在地及周边地区经济的快速发展。

长三角地区作为我国经济最发达的区域之一，各城市都十分重视金融业的重要作用，陆续提出了建设金融中心的目标。然而，各城市尤其是中心城市在金融中心规划和建设中出现了目标重合、定位不清等问题，区域性乃至全国性的金融中心成为各城市的共同目标。当然，长三角金融中心城市之间也开展了一些合作与协调，取得了许多可喜的成果，包括政府协调机制的建立、金融监管的合作加强、金融机构跨区域经营增多等。但是，长三角地区金融中心协同涉及区域间利益协调等难题，因而是一个长期稳步推进的过程，需要逐渐把协同向深层次和新高度推进，实现金融中心城市间的互惠共赢。

一、长三角金融中心协同建设的战略背景

（一）国际背景

1. 全球金融中心体系的格局变化为我国金融中心发展提供了良好机遇

国际金融中心的产生和发展已经有数百年的历史，从 13 世纪的威尼斯，到 16 世纪的阿姆斯特丹，到 19 世纪的伦敦，再到 20 世纪的纽约，主导城市发生多次变迁。同时，区域型的和国家型的金融中心不断涌现。进入 20 世纪中后期，随着主要金融中心金融管制的加强，大量离岸金融中心逐渐兴起。迄今为止，已经有几十家城市可以被称为国际金融中心，伦敦金融城从 2007 年开始对全球金融中心城市排名，涵盖了 75 家金融中心城市。目前，伦敦和纽约发展成为公认的全球性国际金融中心。此外，东京、香港和新加坡也是亚洲区域乃至全球重要的国际金融中心。

2007 年开始的美国次贷危机和 2009 年的欧洲债务危机启动了全球金融中心新一轮深度调整，有的金融中心将在经济衰退中转变或萎缩，有的则通过转型或创新脱颖而出。未来，调整后少数"寡头金融中心"局面或将结束，新兴国家创建金融中心得到了更多的认同与准入空间，发达经济体与新兴经济体的金融中心在经济复苏的进程中将呈现出新格局。① 随着人民币国际化的发展，在全球金融中心的人民币交易、结算网络形成过程中，人民币在各金融中心的清算、交易、结算及其衍生品的拓展将形成国际金融中心的新版图。我国金融中心的地位将大大提升，为香港、北京、上海、深圳等金融中心城市带来了良好发展机遇。

① 陆红军：《金融改革要守住稳定和信用底线》，《解放日报》2011 年 12 月 11 日。

2. 信息技术的飞速发展对当代金融中心发展产生了深刻的影响

随着现代信息技术的发展，信息网络将使城市居民的工作、教育、生活、购物、就医、娱乐等打破时空限制，人们对办公室、学校、购物中心、医院、交通工具等的依赖性大大减弱；部分工业生产对资源、对高度集中的生产规模的依赖性亦降低，削弱了集聚的动力。这就大大地拓宽了城市的活动空间，使城市得以延伸其各种功能的地域分布，城市空间布局结构也呈现扩散化趋向。在总体呈现扩散化的趋势下，城市也有一定程度的集聚。由于现代社会越来越复杂，需要更高质量的协调与合作，这就要求城市各种功能在中心区域重新融聚。现代信息技术使城市发展可以根据各自所需更自由地选择其规模和空间布局结构。扩散化趋势将引导城市，尤其是特大城市和大城市产业和人口的分散，使其部分工业职能外迁，城市外围出现了一些新的工业生产区域城镇群体，城市的功能结构得以纯化，空间区划更为明晰；集聚化趋势则促使了中心地区的进一步发展和繁荣，城市中枢功能更为强大。

现代通信技术对金融产业和金融中心的发展带来了不小的影响，全球金融中心体系逐渐向多中心、虚拟化和网络化方向转变。有学者提出了"地理已死"的观点，认为地理位置不再像以往那么重要了，金融中心可以分散化发展。然而，更多的学者认为通信技术的发展并没有削弱区位的价值，Martin① 认为，新的"流动空间"将取代、重塑旧的"位置空间"，这并不是说我们将步入"地理已死"的阶段，它并没有削弱区位（location）和位置（place）的重要性。Porteous② 认为，虽然借助了当今的电信革命，借贷双方的物理距离仍是金融交易的重要影响因素。虽然信息技术促使经济活动从中心城市移至郊区，或是从全球发展国家的中心城市向发展中国家离岸转移，但面对

---

① Martin R, eds. *Money and the space economy*. John Wiley &Sons, 1999. pp. 1 - 337.

② Portous D J. *The geography of finance: spatial dimensions of intermediary behaviour*. Aldershot: Avebury, 1995.

面交流仍旧具有重要价值。因此,金融产业集聚不仅没有大大削弱,反而在一定程度上得到强化。现代通信技术能够更便利地将各个金融中心城市更加紧密地联络在一起,众多城市都是全球金融中心体系网络中的节点,金融中心的空间布局更为复杂。

(二) 国内背景

1. 长三角区域一体化向纵深推进,对金融中心协同提出更高的要求

长三角一体化的内涵十分丰富,既包括经济领域,又包括社会、文化等领域,而经济一体化是长三角一体化的基础。长三角区域一体化的进程主要经历了四个演进阶段,即 1982 年 12 月上海经济区成立至 20 世纪 80 年代末的起步阶段、1990 年 4 月上海浦东开放开发至 20 世纪末的加强阶段、21 世纪初至《指导意见》[①]颁布前的拓展阶段、《指导意见》颁布后至今的深化发展阶段。经过 30 多年的发展,长三角区域一体化形成了较为完善的合作与协调机制,并在交通、旅游、环保、文化等领域取得了较多的合作成果,有效带动了各地区的经济和社会发展。

"十三五"期间,区域经济合作作为改革开放和完善市场经济体制的重要手段,将成为未来我国经济社会发展的新趋势、新动力。2013 年,以习近平同志为核心的党中央提出建设丝绸之路经济带和 21 世纪海上丝绸之路的"一带一路"战略。2014 年又提出推动京津冀协同发展和长江经济带发展的国家战略。长三角地区是联动长江经济带和"一带一路"两大国家战略的主要汇合区域,上海则成为交汇点和战略枢纽。作为我国"一带一路"倡议和长江经济带国家战略的重要承载区,未来长三角地区加快一体化发展,尤其是经济一体化发展面临重大机遇。

---

① 2008 年 9 月 16 日,国务院发布《国务院关于进一步推进长江三角洲地区改革开放和经济社会发展的指导意见》(国发〔2008〕30 号)。

当前,长三角一体化步入深入区,迫切需要解决行政壁垒和利益分配等深层次问题,要发挥政府与市场的协同作用,建立起区域间市场化的联系手段,形成良好的政府管理的体制机制,从而构建起区域间协同发展的良好格局。金融中心作为金融产业高度集聚的产物,是区域金融发展的制高点,长三角地区各省市金融中心的协同发展是区域经济发展的关键。“十三五”乃至之后一个较长的发展阶段,在长三角区域一体化深化发展,长江经济带和“一带一路”建设实施的过程中,迫切需要推进长三角区域金融中心间的协调,对区域经济协同和一体化形成带动作用。

2. 各省市高度重视金融中心建设,纷纷出台规划及相关扶持政策

根据国家发改委2012年1月印发的《“十二五”时期上海国际金融中心建设规划》,按照到2020年“基本建成与我国经济实力以及人民币国际地位相适应的国际金融中心”的战略目标要求,瞄准世界一流国际金融中心,全面拓展金融服务功能,加快提升金融创新能力,不断增强上海金融市场的国际内涵和全球影响力,力争到2015年基本确立上海的全球性人民币产品创新、交易、定价和清算中心地位。根据上海市政府2016年5月审议通过的《“十三五”时期上海国际金融中心建设规划》,2020年,上海基本确立以人民币产品为主导、具有较强金融资源配置能力的全球性金融市场地位,基本形成公平法治、自由开放、创新高效、合作共享的金融服务体系,基本建成与我国经济实力以及人民币国际地位相适应的国际金融中心,迈入全球金融中心前列。

2017年3月出台的《南京市“十三五”金融业发展规划》提出,力争到2020年,全市金融业增加值突破2 000亿元,“十三五”期间,把南京建设成为承接上海、覆盖江苏、辐射皖赣、延伸全国的具有持续创新能力、专业特色和国际化特征的泛长三角区域金融中心。围绕这个目标,重点打造河西金融集聚区、新街口金融商务区和江北新区新金融示范区,形成“一核、两区、多点”的整体协同发展格局。“一核”是指以南京金融城为主要集聚载体的河西金融集聚区,定位为区

域金融中心核心功能区。“两区”即新街口金融商务区、江北新区新金融示范区。“多点”是指引导和推动三大枢纽经济区、相关产业园区发展与优势产业相融合的金融产业。江北新区新金融示范区定位为全国一流的新金融中心，重点集聚金融资产管理、区域股权交易、金融科技和保险创新等金融新业态。

2016 年 11 月颁布的《杭州市金融业发展“十三五”规划》提出，到 2020 年，杭州要建设成为以互联网金融创新和财富（资产）管理为特色的全国一流新金融中心和区域金融中心。到 2020 年，金融业增加值突破 1 600 亿元，新兴金融业增加值占全部金融业增加值比重上升到 30%以上。同时增加银证保金融机构总部、省级分支机构或地区（业务）总部 35 家以上。到 2020 年，全市在境内外证券交易所上市的企业要达到 218 家，而通过金融小镇集聚的基金总额，目标是超过 1 万亿元。支持互联网金融与电子商务、跨境贸易、信息服务、现代物流等领域融合发展，重点在西溪谷、钱江新城等地建设互联网金融集聚区，逐步形成有全国影响力的多元化、功能型互联网金融集群。

2016 年 11 月颁布的《合肥市“十三五”金融业发展规划》提出，到 2020 年，基本建成服务高效、创新活跃、适应经济新常态的现代金融产业体系，金融竞争力和影响力明显提升，成为服务合肥经济圈、引领全省、对接长三角、辐射中部、影响全国的区域性金融中心和全国金融综合服务基地。充分利用合肥承东启西的地缘优势，加强区域间金融合作，扩大金融开放，围绕建设长三角世界级城市群副中心这一中心任务，主动对接上海国际金融中心建设，探索建立长三角中心城市金融合作机制，加速发展离岸金融，推进人民币跨境贸易结算业务，积极谋划合肥金融业在长三角中的定位，打造长三角西翼区域性金融中心。

（三）长三角地区金融中心竞争力分析

1. 指标体系

金融中心竞争力的影响因素主要可以分为三类：需求因素、供给因素和环境因素。需求因素主要包括经济发展规模、经济发展水平、经济对外开放程度、居民生活水平；供给因素包括金融规模、金融发展水平；环境因素包括区位、政府财政、技术创新、交通状况等。这三类因素共同构成了金融中心竞争力的指标体系。

表 6-1 金融中心竞争力的指标体系

一级指标	二级指标	三级指标
需求因素	经济发展规模	GDP、规模以上工业总产值、固定资产投资比例
	经济发展水平	人均 GDP、城镇居民人均可支配收入、第三产业比例
	经济对外开放程度	外贸依存度、实际利用外资额
供给因素	金融规模	金融机构存款、保费收入
	金融发展水平	金融深度、保险深度
环境因素	政府财政	地方财政收入
	技术创新	专利申请授权量
	基础设施	邮电业务总收入、国际互联网用户数

2. 数据说明与实证方法

笔者以长三角城市群 26 个城市为研究对象，根据上述三大类评价指标对其金融竞争力进行评价。一级指标 3 个，分别是需求因素、供给因素和环境因素；二级指标有 9 个，包括经济发展规模、经济发展水平、经济对外开放程度；金融规模、金融发展水平；政府财政、技术创新指标、交通条件。三级指标有 18 个，分别是国内生产总值(GDP)、固定资产投资比例(GDZC)、规模以上工业总产值(GYZCZ)、金融机构本外币贷款余额(DK)、保费收入(BFSR)、地方财政收入(CZSR)、外贸依存度(WMYCD)、实际利用外资额(FDI)、第三产业比例(SCBL)、金融深度(JRDEPT)、保险深度(BXDEPT)、人均 GDP(RJGDP)、城镇居民人均可支配收入(RJSR)、公路总里程

(GLZLC)、公路货运量(GLHYL)、宽带用户数(KDYH)、邮电业务总收入(YDSR)、专利申请授权量(ZLSQ)。其中金融深度是金融机构存贷款余额之和与同期 GDP 的比值,保险深度是保费收入与同期 GDP 的比例。实证分析的主要方法是因子分析法,数据时间为 2015 年。①

笔者利用因子分析的方法对各城市金融竞争力进行测评。根据因子分析的要求,首先建立评价矩阵：将指标变量和 26 个城市数据建立 18 列、26 行的评价矩阵,分析该矩阵中变量的相关性,从而验证因子分析的显著性。由于各指标变量单位不统一,且个别变量方差较大,为避免对因子载荷产生过分影响,对原始数据进行无量纲化处理,具体运用标准化方法将数值标准化到 Z 分数,变换后,数值的均值为零,标准差为 1。

利用 SPSS17.0 软件,将上述数据用四次方最大法(Quartmax)经 25 次旋转后,使因子载荷矩阵上每一列元素能够尽量极化,以便有利于解释公因子的实际意义。根据因子抽取个数取决于公因子对原始变量的方差贡献,方差贡献越大,公因子越重要,其对所研究区域特征的刻画程度越高这一原则,当重要性居于前几位的因子特征值大于 1,累计方差贡献率达到或超过 85%时,这几个因子就可以代表原来的多个变量来反映所研究区域的综合特征。

3. 实证结果

首先进行 KMO 检验,0.79＞0.5,表明构建模型适合做因子分析。通过求解相关矩阵的特征方程,得到 26 个单位特征向量。结果显示,可以选取 3 个因子作为主因子进行分析。其总方差解释及旋转后的因子载荷矩阵见表 6－3。

① 数据来源：《江苏统计年鉴 2016》《浙江统计年鉴 2016》以及 26 城市各自的 2016 年统计年鉴。

表 6-2 方差贡献分析表

成分	初始特征值			提取平方和载入			旋转平方和载入		
	合计	方差的%	累积%	合计	方差的%	累积%	合计	方差的%	累积%
1	12.362	68.680	68.680	12.362	68.680	68.680	8.366	46.478	46.478
2	2.077	11.537	80.217	2.077	11.537	80.217	5.267	29.260	75.738
3	1.045	5.807	86.024	1.045	5.807	86.024	1.851	10.285	86.024

表 6-3 旋转后主因子的载荷矩阵

变量	指标	F1	F2	F3
X1	Zscore(GDP)	.870	.451	.123
X2	Zscore(GDZC)	—.397	—.689	—.354
X3	Zscore(GYZCZ)	.775	.500	—.082
X4	Zscore(DK)	.867	.402	.239
X5	Zscore(BFSR)	.863	.365	.268
X6	Zscore(CZSR)	.881	.299	.191
X7	Zscore(WMYCD)	.429	.690	.093
X8	Zscore(FDI)	.894	.328	.107
X9	Zscore(DSCY)	.498	.701	.362
X10	Zscore(RJGDP)	.271	.851	—.149
X11	Zscore(JRDEPT)	.623	.456	.450
X12	Zscore(BXDEPT)	.201	.021	.947
X13	Zscore(RJSR)	.289	.918	.101
X14	Zscore(GLZLC)	.510	—.512	.266
X15	Zscore(GLHYL)	.884	.072	.197
X16	Zscore(KDYH)	.823	.459	.267
X17	Zscore(YDSR)	.830	.397	.183
X18	Zscore(ZLSQ)	.595	.684	.202

注：Zscore 为标准化后的变量值。

通过对旋转后因子载荷矩阵的分析，对两个主成分作如下解释：公因子1在GDP、工业总产值、金融机构贷款余额、保费收入、财政收入、FDI、公路货运量、宽带用户数、邮电业务收入这9个指标上载荷较大。从指标所代表的意义来看，主要反映了经济规模，可以视为金融中心的规模因子，其贡献率为46.48%。公因子2在固定资产投资比例、外贸依存度、第三产业比例、人均GDP、城镇居民人均收入、公路总里程、专利授权量这7个指标上载荷较大，从指标所代表的意义来看，主要反映了经济发展水平以及城市科技创新，可以视为金融中心的发展潜力和创新因子，其贡献率为29.26%。公因子3在金融深度和保险深度这两个指标上载荷较大，从指标所代表的意义来看，主要反映了金融发展水平，可以视为金融中心的发展水平因子，其贡献率为10.29%。

4. 因子得分及排序

利用回归法得到两个公因子的得分F1、F2、F3，然后将旋转后的3个因子得分以其方差贡献率作为权重进行加权求和，得到综合因子得分，即F=(F1＊46.48＋F2＊29.26＋F3＊10.29)/86.02，根据综合因子得分，对各城市金融竞争力排序，如表6-4所示。

表6-4　各金融中心城市竞争力得分

城市	F1	F2	F3	F
上海	3.71	0.65	1.19	2.37
南京	0.21	0.88	0.61	0.49
苏州	1.21	1.42	−1.40	0.97
无锡	0.01	1.11	−0.81	0.29
常州	−0.37	0.68	−0.15	0.01
镇江	−0.56	0.53	−0.90	−0.23
南通	0.34	−0.39	−0.11	0.04
扬州	−0.41	−0.09	−0.06	−0.26

（续表）

城市	F1	F2	F3	F
泰州	−0.55	0.03	0.05	−0.28
盐城	0.57	−1.40	−0.46	−0.22
杭州	0.95	0.65	1.09	0.87
宁波	0.45	1.01	−0.32	0.55
嘉兴	−0.57	0.71	0.09	−0.05
湖州	−0.91	0.47	0.48	−0.28
绍兴	−0.42	0.82	−0.39	0.01
金华	−1.02	0.60	2.56	−0.04
舟山	−1.15	1.16	−0.70	−0.31
台州	−0.69	0.23	1.43	−0.12
合肥	1.10	−1.37	−0.36	0.09
芜湖	0.09	−0.83	−1.54	−0.42
马鞍山	−0.30	−0.62	−1.38	−0.54
铜陵	−0.80	−0.09	−1.02	−0.58
安庆	0.10	−1.95	0.72	−0.53
滁州	0.25	−1.90	−0.18	−0.53
池州	−0.98	−1.04	1.65	−0.69
宣城	−0.27	−1.28	−0.10	−0.59

通过因子得分我们可以看出，上海的金融竞争力得分遥遥领先，表明上海在长三角金融中心体系中居于龙头地位。其次是第二层次金融中心，竞争力得分在0.2—1之间，共5个城市，包括江苏省的苏州、南京、无锡3个城市以及浙江省的杭州、宁波两个城市，5个城市中苏州竞争力得分最高(0.97)，高于省会城市南京(0.49)，而无锡的竞争力得分稍低(0.29)。第三个层次，竞争力得分在0值附近，共7个城市，其中江苏省有两个(常州、南通)，浙江省有4个(嘉兴、绍兴、

金华、台州),安徽省仅有一个(合肥)。剩下的12个城市属于第四层次,竞争力得分均低于0,包括江苏省的4个城市(镇江、扬州、泰州、盐城)、浙江省的两个城市(湖州、舟山),以及安徽省的7个城市(芜湖、马鞍山、铜陵、安庆、滁州、池州、宣城)。

表6-5　长三角地区金融中心的分类

类型	竞争力得分	城市
十分发达的金融中心城市	大于1	上海
较为发达的金融中心城市	大于0.2 小于1	苏州、杭州、宁波、南京、无锡
一般的金融中心城市	0值附近	合肥、常州、南通、嘉兴、绍兴、金华、台州
欠发达金融中心城市	小于-0.2	镇江、扬州、泰州、盐城、湖州、舟山、芜湖、马鞍山、铜陵、安庆、滁州、池州、宣城

从3个公因子来看,在F1金融中心的规模因子上,上海得分遥遥领先(3.71),明显与其他城市拉开了差距,而苏州、合肥、杭州、宁波、南通、盐城、南京等城市得分明显大于0,显示了这些城市较大的经济规模和金融业务量。在F2金融中心的发展潜力和创新因子上,上海的优势并不明显,上海和江苏省、浙江省的多数城市的得分都是显著的正值,表明这些城市在金融发展潜力和创新环境方面相对较好。在F3金融中心的发展水平因子上,除了上海及南京、杭州两个省会城市得分较高外,浙江省的金华、台州、湖州以及安徽省的安庆、池州得分也明显为正值,表明这些城市在金融发展水平,尤其是保险业发展水平方面较为突出。

二、长三角金融中心协同建设的战略愿景

(一)长三角金融中心协同发展的指导思想与基本原则

适应国内外经济发展新形势的变化,抓住机遇,迎接挑战,积极

推进金融结构优化和升级，全面发展，突出重点，促进银行业务转型和不良资产处理，提高证券、保险业在金融业中的比重，加快金融业的对外开放。逐渐打破区域封锁与地区分割，进一步明确各地金融业分工，加强金融中心城市之间的合作，构建起龙头引领、分工明确、各具特色的长三角协同发展的金融中心体系。

1. 龙头引领

上海是长三角区域的龙头城市，上海金融中心的发展目标是国际金融中心，这是一项国家战略。长三角金融中心的协同发展必须以上海建设国际金融中心的分阶段目标为基础，随着上海在全球金融中心体系中的功能和地位的不断提高，不断优化和提升长三角金融中心体系。

2. 功能导向

金融中心分工协同的三个层次中，需要不断提高长三角各金融中心节点城市的功能，逐步从机构协同、产品协同提升到功能协同层次。区域金融中心城市更多地集聚金融机构总部、高附加值金融业务环节，次中心和金融节点城市集聚金融机构分支机构和中低附加值金融业务环节，使长三角地区城市形成更高层次协同发展的金融中心体系。

3. 市场主导

长三角金融中心体系的发展，应当逐步摆脱行政区经济的束缚，金融中心分工与协同的主导力量，应当逐渐从政府主导向市场主导过渡。政府主要通过良好的金融政策、完善的金融监管、健全的金融法律来规范金融产业的有序运营，保障金融系统的安全和稳定。减少管制过多产生的交易成本，更好地激发规模经济、范围经济等市场经济效益，积极利用信息技术增强金融中心的协同作用，根据各地区经济和金融体系的比较优势，来促进金融中心城市之间的分工与协同。

4. 分步实施

上海建设金融中心的目标是 2020 年基本建成与我国经济实力

以及人民币国际地位相适应的国际金融中心，迈入全球金融中心前列。上海国际金融中心发展所引领的长三角金融体系建设是一个长期的过程。因此，开展目标分解，制定阶段性目标，逐步推进，保证在每一个时间阶段完成既定计划。在分阶段实施过程中，根据全球金融产业发展的新动向、全球货币体系的新变化以及国际金融中心格局的新形势，适当调整金融中心发展的思路、政策及措施。

（二）长三角金融中心协同建设的战略目标

金融中心是金融资源、金融产业、金融制度、金融空间等要素构成的有机系统。金融中心的基础要素是人才、资本、技术等金融资源；金融中心的运行主体是以金融企业构成的金融产业；金融中心的运行需要有完备的金融制度作为规范。金融中心可以在一定的地理空间内对外围区域形成辐射和带动效应，金融中心是一个开放的系统，金融要素能够在各个金融中心之间自由流动，各个金融中心的金融产业之间具有密切关联。金融中心的协同可以分为资源协同、产业协同、制度协同、空间协同四个方面。

上海由于在金融规模、城市发展环境、经济规模、经济开放度等方面构成的金融竞争力上整体领先，不仅将逐渐成为长三角金融中心体系乃至全国金融中心体系的发展龙头，而且随着我国经济金融竞争力的提高和人民币国际化的推进，将逐渐成为区域性及全球性的国际金融中心。南京和杭州基于行政管理中心的优势，在我国行政区经济模式下，在金融规模和城市发展环境方面继续领先，构成长江三角洲地区的金融次中心；苏州、宁波、无锡等城市由于经济发展规模大、经济开放度高，将根据经济发展特色，形成区域性和专业型的金融中心。长三角经济金融未来的发展态势，很可能是以上海为龙头，以南京、杭州、苏州、宁波、无锡为重要节点的发展模式。

1. 第一阶段(2015—2020 年)，实现长三角区域金融中心的初步协同

到 2020 年，在长三角区域形成国际金融中心、区域性金融中心、

重要金融节点的分工明确、相互配合的金融中心体系。基本实现金融资源的自由流动,实现金融基础设施的一体化以及金融信息的共享,在长三角区域搭建起若干个技术先进、运作有序的区域金融合作平台;金融管理政策能够协调配合,形成市场化的金融运行机制;初步构建起多层次的金融监管机制、监测预警和应急处置机制。

(1) 长三角区域金融中心的分工协同和空间协同目标:空间上形成一核、三翼、多点的金融中心体系格局

金融中心城市之间实现初步分工,既有全能型的金融中心,也有具有发展特色的金融中心,金融中心城市之间既相互竞争,又有一定程度的合作,初步形成协作共赢的多层次、多种类金融中心体系。

一核——上海成为长三角区域金融中心体系的核心城市。2020年,要把上海基本建成与我国经济实力以及人民币国际地位相适应的国际金融中心。上海要成为全球人民币基准价格形成中心、资产定价中心和支付清算中心。在金融机构方面,上海应当集聚跨国金融机构的中国区乃至亚太区的功能性总部、国内金融机构总部和功能性机构。在金融中介方面,上海应注重高素质法律、商务、信息等方面中介机构的引进,满足高端金融和贸易活动的需求。在金融业务方面,上海应侧重于更为“正式”的金融业务,强调其规范性和操作的标准化,从而能够为长三角其他地区更为灵活的金融活动提供收益基准和风险管理支持。

三翼——以杭州—宁波、南京—苏州—无锡、合肥为主要中心城市,分别形成长三角南翼、北翼、西翼的区域性金融中心。2020年,在长三角地区北部,以南京—苏州—无锡为中心,组成长三角北翼的区域性金融中心。南京,自2011年以来,实施创新驱动战略,注重增强创新动力,新能源、新材料等战略性新兴产业得到快速发展。同时,南京加强科技资源和金融资源结合,促进金融资本要素向科技创业企业集聚。逐步建立起了科技银行、科技保险、科技创投、科技金融服务中心等一系列机构共同发展的多元化、多级次科技投融资服务

体系。苏州依托昆山台资金融集聚和金融后台服务业集聚的优势，加强与上海金融机构合作，推动人民币双向流动。充分发挥花桥紧邻上海的地缘优势，接受自贸区和上海“两个中心”辐射，着力打造金融后台服务基地和国家及金融服务外包示范区。无锡建成区域性的科技金融服务中心，包括科技银行、科技资本市场、科技风险投资、科技保险等机构和业务。因此，南京以发展科技金融为特色并且与苏州、无锡一起构成辐射长三角北翼的区域性金融中心。在长三角南部，以杭州—宁波为中心，组成长三角地区南翼的区域性金融中心。其中，杭州建设以互联网金融创新和财富（资产）管理为特色的金融中心。金融机构方面，主要集聚长三角的地方性金融机构总部、功能性机构，以及全国性的互联网金融机构总部。金融业务方面，更重视发展地方性或一定特色的金融业务，比如为长三角南北两翼地区的大型企业提供的信贷、证券、保险、信托、租赁等金融服务，以及基于互联网大数据、云计算、物联网等技术为中小企业、消费者提供互联网金融服务。宁波结合作为国家计划单列市和海洋经济发展上的区位优势，积极布局，凸显海洋金融和航运金融的特色，建设海洋金融服务中心，服务和对接上海国际航运中心和国际金融中心的建设。在长三角西部，以合肥为中心，形成长三角地区西翼的区域性金融中心。合肥金融中心成为服务合肥经济圈、引领全省、对接长三角、辐射中部、影响全国的区域性金融中心和全国金融综合服务基地。通过对接上海国际金融中心和建立长三角中心城市金融合作机制，合肥金融业在长三角中的地位不断提高，逐步形成长三角西翼区域性金融中心。

多点——长三角地区其他城市。随着长三角金融中心的发展，金融中心体系的分工格局和空间结构的日益清晰，体现了核心—边缘结构特征，即由金融核心、金融腹地与金融网络系统三者的空间排列与组合。作为区域金融中心的节点城市，指长三角地区的其余 19 个城市主要是直接连通三翼的 6 个中心城市，在金融中心体系中起着承上启下的功能和作用，一方面，从广阔的金融腹地向上一级金融中心集聚资本、机构、人才提供通道；另一方面，直接金融腹地地区提供部分较高等级的金融产品、业务。不容忽视的是，这些金融中心节点城市与上一级金融中心之间以及节点城市之间存在密切的关联，包括人流、资金流、信息流能够在这些节点城市之间频繁流动。不同层次金融中心承担着不同的金融功能，节点城市与核心城市之间的差异是，核心城市基于规模经济承担了更大量的金融业务，以及高附加值的金融业务，而地方性的、分散的、小规模的金融业务往往由节点城市承担。

（2）长三角区域金融中心的制度协同目标

各城市的金融中心发展规划对于各自有明确的定位，对于金融中心发展的不同层次或各自的特色进行确定下来；对于金融机构、金融产品和金融业务的管理符合市场化发展的需要，金融机构、金融人才、金融资本、金融信息的跨区域流动不存在障碍。

各城市金融管理部门能够根据国家宏观经济发展方向和区域发展定位制定与金融中心城市经济结构相匹配的宏观金融发展政策。形成金融监管部门信息共享系统，促进金融监管信息的归集、交换和共享，实现区域货币政策的实施效果及区域金融监管中重大问题的交流。形成统一的金融监管体系，加强监管机构的独立性及法制性，建立共同的区域金融风险预警、防范、处理与补救措施。

形成了对于长三角整个区域在金融机构协同、金融产品协同、金融业务协同、金融风险防范等方面规范的法律依据，对于整个区域内的各省市金融中心都具有约束效应，能够保障金融秩序稳定、促进区域金融发展。

2. 第二阶段（2020—2030 年），实现长三角区域金融中心的深入协同

随着长三角地区金融城市之间产品内分工的发展，区域内和区域外的资本流动将非常顺畅，规模和范围不断扩大。2020—2030 年，

上海初步建成全球型的国际金融中心,逐渐步入全球金融中心体系的顶端,形成与纽约、伦敦相抗衡的国际金融中心。南京和杭州分别形成长江流域重要的区域性金融中心。苏州、宁波、无锡等城市形成科技金融和金融服务外包、海洋经济等为特色的区域性的金融中心。到2030年,长三角地区众多金融中心节点城市之间合理分工、层次优化、特色明显、全面发展,形成与长三角产业发展相互协调,能够为长三角区域、全国乃至全球经济发展提供完备的金融服务,完善、合理、有效的长三角区域金融中心体系。长三角金融中心之间形成完善的区域金融联动机制、利益协调机制和金融风险防范、金融稳定制度,建立区域间金融机构、金融市场、地方政府之间繁荣共生的良好金融生态系统。

(1) 空间协同目标与分工协同目标

随着区域金融城市间协同程度的进一步提高,在一核、三翼、多点的基础上,"三翼"的6个金融中心城市,包括杭州、南京、合肥、苏州、无锡、宁波的地位逐步提高,金融中心城市功能得到提升,形成一核、多心、多点的网络化金融中心体系。随着地区间和城市间合作的加深,行政区概念逐步弱化,各金融中心城市之间联通性更强,资本、信息、人员的区域间流动特别顺畅,金融产业的市场化、专业化和一体化程度不断增强,形成较为合理的金融中心格局。从分工角度来看,各金融中心城市功能进一步增强,上海建成全球性的国际金融中心,与纽约、伦敦处于同一层次,在全球金融产业价值链中,重点集聚全球性的金融机构、全球范围内的高附加值的金融产品和业务。上海国际金融中心与全球重要金融中心形成密切关联,并且构成长三角其他金融中心联通全球金融中心的重要平台和载体。杭州作为全国互联网金融中心和财富管理中心的辐射力进一步增强。南京和合肥在分别服务长三角北翼和西翼的基础上,逐步向长江中游区域拓展,成为辐射长江中下游地区的重要金融中心城市,主要集聚长江中下游的金融机构、中附加值的金融产品和业务。苏州、无锡、宁波将金融后台中心、科技金融服务中心、海洋金融服务中心由特色型金融中心逐渐向综合性金融中心提升和转变，机构、产品和业务的集聚和辐射范围进一步延伸长江经济带。长三角区域金融中心体系在上海的引领下，成为全球金融中心体系中的重要部分。通过上海国际金融中心，长三角区域的金融中心与全球金融中心城市之间建立关联，为长三角乃至长江经济带的资金、信息、人才的全球化流动以及跨境金融投融资提供便利。

同时，长三角的区域性金融中心城市数量明显增多，随着长三角地区的常州、南通、嘉兴、绍兴、金华、台州等城市的金融业发展，金融功能的逐步提升，也形成特色型的金融中心以及辐射周边区域的金融中心。长三角城市群的其他13个城市构成长三角地区金融中心体系的重要节点，从而形成多中心、多层次、网络化的长三角金融中心体系空间格局。

（2）制度协同目标

各城市的金融中心发展规划从全球化的视角对于各自有明确的定位，在长江经济带中的功能和作用进一步得到明确；对于金融机构、金融产品和金融业务的管理符合全球化发展的需要，金融机构、金融人才、金融资本、金融信息的全球化流动不存在障碍。

各城市金融管理部门能够根据全球和国家宏观经济发展方向及区域发展定位制定与金融中心城市经济结构相匹配的宏观金融发展政策。形成全球化的金融监管部门信息共享系统，促进金融监管信息的归集、交换和共享，实现全球化的区域货币政策的实施效果及区域金融监管中重大问题的交流。形成统一的金融监管体系，加强监管机构的独立性及法制性，建立共同的区域金融风险预警、防范、处理与补救措施。

对于长三角整个区域在金融机构协同、金融产品协同、金融业务协同、金融风险防范等方面形成与国际接轨的规范的法律依据，对于整个区域内的各省市金融中心都具有约束效应，能够保障金融秩序稳定、促进区域金融的国际化和全球化发展。

三、长三角金融中心协同建设的战略问题

从系统协同学的视角来看，协同(synergy)就是系统中诸多子系统之间相互协调合作和同步联合，最终形成统一整体的过程，是一种放大效应，也就是通常所说的“1+1>2”。哈肯认为，在一个开放系统中，当各子系统和其要素处于混乱状态时，系统将很难发挥其整体性功效，最后会逐步走向瓦解。只有各个子系统及系统要素打破相互间的壁垒，以共同的目标相互配合进行协调运作，最终才能最大化资源效用，使系统的整体功效超越子系统单个功效之和。①

金融中心的协同可以实现两类协同收益：规模经济和范围经济。规模经济，即企业集团产品的单位成本将会随着生产、销售以及购买原材料等规模的增大而降低；范围经济，即母子公司或各子公司能力的相互延伸，也能够有效节省机构经营费用。金融中心的协同可以降低交易成本，这里的交易成本是阻碍协同的制度因素所造成的，部分政策、制度、法律不完善导致存在交易成本过高，导致协同所获取的收益低于交易成本，从而无法实现协同。

(一) 金融中心的资源协同

1. 资本和人员的自由流动

打破金融市场地域割裂，整个区域统一、开放、完善的多层次资本市场体系以及金融人才市场体系，实现资本、人才等金融资源畅通而自由地从外围向中心城市的集聚，以及从中心向外围的溢出与扩散。Kim② 认为，大的劳动力市场提供了更好的工作匹配保护。大

---

① 参见赫尔曼·哈肯：《协同学》，上海世纪出版社 2005 年版。

② Kim. “Labor heterogeneity, wage bargaining and agglomeration economies”. *Journal of Urban Economics*, 1990, 28(2).

的中心有一个更高流动性的专业劳动力市场，从而提供了在特殊就业冲击时对于错配的保护。

2. 后台业务和基础设施集中化

金融系统的清算体系、支付体系、数据备份中心等后台业务和设施的集中，形成一体化的清算与支付体系，建立完善的金融机构总部后台服务基地和灾难备份中心，打造金融产业后台服务基地。借助于现代信息技术，实现金融中心的非核心功能的分散化布局。比如对于金融中心的结算体系，Kingderberg① 认为，对于 n 个数量金融中心来说，最有效率的结算体系是所有的支付集中于单一的金融中心，因为这只需要 n－1 个交流渠道，而在双边支付机制下则需要 n(n－1)/2 个。

3. 信息的外溢和共享

信息通过各种正式和非正式的渠道在金融机构之间传递，机构之间的金融信息沟通较为顺畅，促进资本、人才等要素的流动，实现金融资源的优化组合以及金融产品和业务技术的创新，提高金融运营效率。同时，通过区域金融中心较为完善的企业信用评价体系，形成区域间统一的信用体系，弱化区域间信息不对称，有效降低区域金融风险，提高区域金融体系的效益。

（二）金融中心的产业协同

分工和专业化所带来的规模经济和报酬递增是金融中心发展的重要动力。金融产业分工经历了从产业间、产业内到产品内的不断深化过程，不同的金融机构、金融产品、金融业务环节具有不同的信息属性，因而它们也产生了不同区位选择倾向。金融中心的集聚内涵也因此发生了较大的变化，经历了从机构集聚、产品集聚再到功能

---

① Kindleberger C P. *The Formation of Financial Centers : A Study of Comparative Economic History*. Princeton University Press, 1974.

集聚的发展过程。金融中心的协同根据三个分工层次相应地可以分为金融机构协同、金融产品协同和金融功能协同。

1. 机构协同

机构协同既包括金融机构内部的协同，也包括金融机构之间的协同。金融机构通过组织结构的合理安排和从业人员的合理分工，通过经营协同、管理协同、财务协同、营销协同等形式，实现金融机构的内部协同。随着信息技术的发展，许多金融机构选择直接设立网络金融，通过互联网渠道来实现业务经营和产品营销，比如ATM机的服务内容日益增多，网络支付、借贷、理财等业务的规模不断扩大，导致实体分支机构的数量在一定程度上减少。

金融机构之间的协同，可以通过与其他金融机构建立战略联盟，借助于其分支机构来为客户提供金融服务。现代金融机构根据成本高低和服务性质来对设立分支机构、战略联盟两种组织方式进行选择，在能够实现同等品质的金融服务的前提下，选择低成本的组织形式。

不同金融机构之间的协同，包括银行、证券、保险、信托、租赁等机构，发挥各自优势，共同设计金融产品，实现良好的跨界协作。各类金融机构通过合理的分工与布局，实现金融资源有效整合和业务的协同发展。

2. 产品协同

金融产品有诸多分类方法，根据信息属性，可以分为透明产品、半透明产品和不透明产品。透明产品的信息敏感度低，也可以称为信息不敏感产品或业务。而不透明金融产品信息敏感度高，也可以称为敏感型业务或产品。不同金融产品的信息属性决定了这些金融产品在集聚取向上存在不同，有些金融产品的地理分布趋于集聚，而另外一些金融产品趋于分散化，甚至可以离岸。透明产品的贸易量非常大，从而取代了与这种贸易形式相关的重复性小型市场。只有更大的金融中心才有这样的周转效率，所以透明产品的设计和生产成了金融系统最顶层的服务。非透明金融产品既需要一定的规模经济效应，又为本地营运机构和本地市场提供一定的发展机会。而不透明金融产品的信息专门化非常强，其内含的特质信息难以通过信息技术来传递，制约了其在异地的交易，往往分布在金融中心网络中的第三层次。

金融中心城市选择不同的金融产品作为重点发展方向，高层次金融中心基于规模经济重点发展标准化金融产品，而次中心发展基于规模经济和差异化并重发展半透明金融产品，金融中心节点城市主要是基于差异化竞争而实现错位发展和产品互补，发展不透明金融产品。三层次金融中心基于金融产品的分工实现协同效应，提高了金融产品效率。

3. 功能协同

功能协同主要发生在金融产业的产品内分工阶段。金融产业的产品内分工是指，某项金融产品或金融业务进行价值链的分解，分成不同的产品及业务环节。这些不同产品及业务环节所具有的信息属性决定了其空间分布及区位选择。具有较高信息含量或包含信息较为复杂的业务环节只能集聚在金融中心，而具有较低信息含量或包含信息较为简单的业务环节可以离岸到更广范围内的其他地点。原因在于复杂的信息（非标准化信息）只能靠面对面的交流来传递，而通过信息或通信手段容易出现传递损耗或者误差，因而不能实现有效传递，所以这些业务环节必须要靠地理上的接近来传递；而简单的信息（标准化信息）完全可以通过信息或通信技术实现有效传递，因此这些业务环节不需要地理接近，完全可以被离岸和分散化。

在产业协同的过程中，在专业化因素的推动下，各金融中心城市将进一步明确各自在金融中心体系中的战略定位与发展重点。金融机构总部、高附加值金融业务环节逐渐向中心城市集聚，金融机构分部、较高附加值金融业务环节向次中心城市集聚，金融机构的网点、较低附加值金融业务环节分散在非中心城市。因此，金融中心城市、次中心城市、非中心城市之间相互配合和相互协作，形成了金融业务环节和金融功能的分工协同效应。

(三) 金融中心的制度协同

金融中心的协同也是区域金融产业管理制度不断开展合作与协调的结果。金融制度、政策、法规、标准、惯例等“正式约束”和金融意识、金融文化、职业道德等“非正式约束”共同形成了金融产业的管理体系。完全的金融中心协同不存在任何诸如资本控制以及其他法律、管制和机构等方面的壁垒,投资者可以自由地开展投资组合并可以进行即时的调整。然而金融产业管理体系往往带有强烈的地域特征,需要增强区域金融产业制度之间的协调与合作,从而提高整个金融地域系统承受和消化金融动荡的能力,促进金融一体化的深化发展。

1. 政策协同

不同金融中心城市之间的地方政府通过在金融领域的交流、合作和协调,通过构建经济、法律、银企关系等金融生态环境,为企业和金融机构提供良性发展的服务体系与制度保障。金融体系的管理体制能够适应金融机构、金融市场与金融产品的发展需要,促进区域之间金融资源、金融信息和金融技术的流动,并优化其配置,从而使参与合作的各方实现互利共赢。

2. 监管协同

金融管理部门能够根据国家宏观经济发展方向和区域发展定位制定与金融中心城市经济结构相匹配的宏观金融发展政策。形成金融监管部门信息共享系统,促进金融监管信息的归集、交换和共享,实现区域货币政策的实施效果及区域金融监管中重大问题的交流。建立统一的金融监管体系,加强监管机构的独立性及法制性,建立共同的区域金融风险预警、防范、处理与补救措施。

3. 法律协同

随着金融产业的快速发展,各种金融创新层出不穷,同时金融风险的传染效应也逐渐增强。然而，在当前政府行政体制下，金融机构的协同、金融监管协同、金融政策协同主要是行政区内部开展的，跨省市的金融中心协同，由于缺少足够的强制力，往往难以开展和实施。

金融法律是维护金融市场秩序的基础，借助于金融法律的协同，能够突破行政区的障碍和束缚，从而保障金融秩序稳定、促进区域金融发展。金融法律的协同，是指适用于跨行政区的金融法律法规，对于整个区域内的各省市金融中心都具有约束效应，为金融机构协同、金融产品协同、金融业务协同、金融风险防范提供法律依据。

（四）金融中心的空间协同

作为金融产业发展的增长极，金融中心可以分为区域金融中心、金融次中心、金融节点，三者通过金融服务网络形成在空间上表现为节点与轴线的复合式空间系统。区域金融中心的金融产业外部关联性极强，是金融地域系统最高级别的城市，其集聚效应已然减弱，扩散效应逐渐增强。次中心是金融中心向外扩散的首要选择，然后再由次中心向金融支点扩散。金融中心的等级辐射并非是等距离、均匀的，而是跳跃式的。一般情况下，金融中心的辐射传导力度会随着距离的增加而衰减，但是在交通区域较为优越、通信技术较为发达、金融产业基础较好的金融增长极，能够有效地克服自然距离的阻力，成为金融中心辐射的首选地。

金融腹地（由金融中心周围诸多的金融增长极和金融支点构成）是具体接收辐射的合作者，金融网络体系是承载辐射的渠道，即只有通过空港、交通走廊、能源和信息网络才能实现金融资源的地域传输、流转、配置与组合。英国学者 Dow 将银行业空间系统演化分为 6 个阶段：①服务当地社区的金融中介；②经营者信誉带来市场拓展但仍限于本地；③银行系统向全国发展；④依据国内向海外拓展；⑤在全国市场上与非银行金融机构竞争；⑥放松管制带来国际竞争并最终导致相关活动在金融中心集中。该过程可概括为，银行系统开始于当地或区域银行阶段,通过全国性银行的分支分散阶段和金融活动在特殊区位集中形成区域性和全国性金融中心阶段,达到国际发展和向国际金融中心集中阶段。

四、长三角金融中心协同建设的战略路径

具体路径上,首先,营造区域金融中心发展的良好制度环境,从政策、监管、法律等方面进行协调,促进各地金融中心的差异化定位;其次,打破行政壁垒,充分发挥市场机制的作用,促进金融资源协同,实现金融后台业务的集中和金融基础设施的共享;再次,提升金融中心分工协同的层次,逐步从金融中心的机构协同、产品协同走向金融中心的功能协同。

(一) 积极开展长三角地区金融中心的制度协同,营造区域金融中心发展的良好制度环境

1. 开展政府金融政策、监管和法律的协调

在当前行政区管理模式(即以行政区为发展单元和考核对象)下,地方政府发挥着重要的作用,其制定和实施的国民经济发展规划、产业政策对于经济发展具有重要影响。各地政府往往只顾及本地区的经济发展,产业发展自成体系,区域之间的竞争大于合作。金融业作为国民经济的高端行业,长三角地级以上城市都制定了本地的金融中心发展规划和相应的支持政策,许多城市都明确了建设区域金融中心的目标。因此,各金融中心城市和所在省份必须从制度和政策上开展一定程度的协同,这是长三角金融中心协同的基础,否则协同无法深入展开。

对于国民经济发展规划、金融业发展规划方面进行地方政府之间的协调,使得各地区政策能够推动长三角金融机构、金融产品、金融功能的协同发展,构建起协调发展的长三角地区金融中心体系。

搭建区域金融合作平台，加大信息披露力度，加强金融监管信息的共享；促进金融 IC 卡的推广和运用，推进区域内支付清算的协调发展。完善金融监管模式，提升金融监管技术，强化功能监管；促进各个地区在维护金融稳定方面合作，防范区域性、系统性的金融风险。

在金融政策和发展规划协同的基础上，将金融中心发展的重要规划和关键政策进一步提升，以相关的金融法律、法规的形式确立下来，为制度协同创造更加有利的条件。以区域性立法或双边条约的形式建立强有力的金融监管合作，建立制度化的监管合作关系。增强各金融中心城市落实和认真执行金融法律、法规的严肃性和积极性，从而保障制度协同的有效开展。

2. 借鉴国际经验，促进各金融中心的差异化、特色化定位

一个国家或地区可以存在若干个金融中心，但是金融中心之间要有合理的分工和清晰的定位，形成不同规模、不同功能、不同特色的金融中心。比如美国，纽约是资本市场中心、美元交易的清算中心，芝加哥是衍生品市场中心；再如卢森堡、爱丁堡、柏林是世界基金管理中心，法兰克福是欧洲货币政策中心、衍生品交易中心。因此，对于一般城市来说，发展金融中心都需要根据自身在经济发展和产业结构上的比较优势，谋求专业化发展的道路。如前所述，长三角城市中，杭州致力于发展民营金融和互联网金融为特色的区域金融中心，南京发展科技金融为特色的区域性金融中心，苏州、宁波、无锡等城市形成科技金融和金融服务外包、海洋经济等为特色的区域性金融中心。

（二）充分发挥市场机制的作用，推进长三角地区金融机构的重组和金融资源的共享

1. 促进金融机构的整合与重组

(1) 实现金融机构的跨区域经营

消除市场障碍和区域封锁，促进各区域大型地方金融机构的总部向大中城市集中；从总行和分行层面进行协商，促进国有金融机构

和股份制金融机构跨区域设立分支机构开展经营，合理开展业务竞争，促进金融机构竞争力的提升。逐渐取消国有银行省级分行，建立起辐射状跨地区经营的上海、南京、杭州、合肥、苏州、宁波直属分行，同时考虑设立长三角管理总部，协调城市分支机构的业务运作。其他商业银行也可以在经济合理性原则的指导下强化机构整合。通过机构调整，银行机构将主要按照区域经济发展梯度配置人力资源、信息资源、金融资源，以提高资源的使用效率和区域金融竞争力。

(2) 发挥资本市场的重组功能

促进各区域企业更好地利用证券市场发展壮大，不仅局限于上市融资，还应推进企业利用证券市场开展重组、购并，进行资本和资源的纵向或横向的整合。当前各地正在推进国有企业改革，国有金融企业改革是其中的重要内容。应当利用区域产权交易市场，开展金融企业的资源整合，不仅局限于资本在各自区域整合，更重要的是加大国有金融资源的跨区域整合，使得国有企业的空间布局更加科学、合理。

(3) 重视中小金融机构的发展

重视发展具有产权结构优势、低交易成本优势、信息优势和经营灵活、适应性强的区域性股份制商业银行，专门为高新技术产业、民营成长型企业服务，使长三角的产业集聚发展更上一层楼。

2. 推进金融后台业务的集中化、金融基础设施共享和人员交流与流动

(1) 金融后台业务的集中化

随着信息技术和金融集约化的发展，世界金融中心为了降低租金、劳动力等成本，往往把金融后台业务，比如数据处理，移至发展中国家的金融中心城市，具有良好信息基础设施和专业人才的长三角地区是可选地之一。长三角各金融中心城市应该积极发展国际金融机构后台业务的服务外包业务。长三角金融中心城市，尤其是上海应当继续大力发展信息基础设施（移动互联网和云计算等）、推动金

融机构信息系统建设、加大金融人才的引进与培育、健全社会征信体系等，以提高信息系统的运作效率。

（2）金融基础设施的共享

知识与信息是影响金融产业集聚的关键因素，金融产品或金融业务环节的知识和信息属性决定了其集聚或分散的倾向。国际金融中心信息处理系统的四个环节——信息采集、转移、传递和积累，都需要不断加强。上海应当建立完善的国际金融信息系统，与南京、杭州等区域性金融中心建立有效的联通，形成长三角区域的重要金融信息源。充分发挥各地区金融同业公会的作用，加强各地金融同业公会的沟通与协商，逐步完善金融信息的标准，促进金融机构的信息积累、信息传递和信息互通。

（3）促进金融人才的交流和流动

长三角区域可以通过金融监管机构和金融从业机构人员横向交流方式进行人才培养锻炼，通过区域内轮岗交流、异地挂职等多种方式促进金融从业人员形成全局思维、协同思维。各金融中心城市共同建立金融企业与金融人才的直接交流平台，为长三角区域金融人才提供住房、户籍、教育、医疗等生活便利条件，提高人才引进效率。

（三）提升金融中心分工协同，逐步实现长三角地区金融中心的功能协同

1. 推进金融机构的集约化、多元化和全球化经营

促进金融机构转变过去重速度轻质量、重规模轻结构的粗放式发展模式，坚持以效益为中心，不断优化业务流程和组织结构，实现各经营要素的优化配置，提高运营效率。加快金融创新步伐，稳步推进金融机构综合化经营，为客户提供全方位、多元化的金融服务。通过直接设立分支机构、建立代理关系或者兼并并购国外金融机构，推进金融机构的跨国经营，培育世界一流的跨国金融机构，实现金融业全球化发展。

2. 有重点地发展不同类型的金融市场

从全球范围内来看，相对于不透明的金融产品，透明金融产品更倾向于向全球性的国际金融中心集聚。因此，发展半透明和不透明金融产品是第二层次和第三层次金融中心的重要任务。因此，从全球国际金融中心体系分工的视角来看，上海国际金融中心建设过程中，应当在现有证券市场的基础上，大力发展货币市场、外汇市场、黄金市场等透明产品市场。应当完善市场发行和交易制度，促进股票市场的扩张；健全信用评级体系，发展企业债市场。南京、杭州、苏州、宁波等城市主要是更好地增强金融机构的专业功能，并且进行合理的布局，发展区域性、专业性的金融业务。

3. 推进传统金融与互联网金融之间的合作

互联网金融无法颠覆传统金融，传统金融也无法消灭互联网金融。随着互联网技术的快速发展，金融与互联网的融合是大势所趋。通过传统金融与互联网金融的合作，实现 1＋1＞2 的效应，是顺应当代金融体系发展趋势的结果。首先，传统金融应当利用互联网金融的大数据优势。传统金融应基于大数据拓展传统金融业务，比如目前银行业的信息采集数量规模、覆盖面还存在一定的不足，对于许多小微企业、普通消费者并没有其完备的信用数据，而互联网金融企业的数据库在一定程度上弥补了这一不足，传统银行在一定程度上可以利用互联网企业的数据库。其次，传统金融应当将传统金融业务与互联网金融的渠道充分结合。传统金融应当借助于互联网企业，实现与小微企业和普通消费群体的链接，等于间接通过互联网金融服务于更广泛的客户群体，如国金证券和腾讯的合作，就是利用腾讯的技术通道及客户基础，实现证券业务的拓展。

(四) 完善长三角地区金融中心分工网络的空间布局

1. 通过科学规划和政策引导，构建不同功能的空间载体

伦敦金融城只是大伦敦地区中心的一块占地仅 2.6 平方公里的

地区;纽约金融中心其实也就是华尔街,华尔街则是长不超过1英里、宽仅11米的狭长街道。根据核心功能区、特色区、后台服务基地、重要节点等科学规划长三角区域金融中心的空间布局。通过制定科学的金融业发展规划,将存量和增量金融资源向特定空间区域配置,通过提供各种优惠政策以及资金支持,从而有意识地将特定区域发展成为不同功能的金融中心区。

上海陆家嘴金融城建设过程中,借鉴伦敦金融城以"不断探索"作为核心价值,凝练新城市精神,提升陆家嘴金融城的知名度与感召力。积极探索金融业界和地方政府共建、共治、共享的管理机制,不断完善现有的"业界共治+法定机构"的公共治理架构,增强金融行业协会的自律作用,实现行政管理和市场机制的协同作用,提升金融城的全球竞争力和影响力。积极开展与国际惯例接轨的金融创新试点和先行先试的改革探索,以营造一个更具活力、更富效率的金融发展环境。

2. 在区域金融中心城市的联系机制上,形成两个层次的合作

上海处于区域金融网络的顶层,主要是与次一级的金融中心相协调,而不是直接与所有的区域金融节点对接。虽然在整个长三角地区推动一体化极为必要,但是重点推进上海与少数几个大城市之间的金融一体化会更为有效和快捷,因为它们在金融基础设施、人才储备和金融发展水平等方面与上海更为接近,一体化的成本也更低。[①] 上海与次中心城市之间形成较多的联通,而区域性金融中心与金融节点城市之间开展更多的协调,实现互利共赢的发展。从而形成由金融核心、金融腹地与金融网络系统三者的空间排列与组合形成的具有核心—边缘结构特征的金融中心体系。

3. 采取分阶段的金融管理政策,促进金融中心的合理化发展

从国外经验来看,金融中心的发展大致经历了从"无序发展"到

---

① 程炼:《如何完善上海与长三角地区金融合作机制》,《上海证券报》2015年5月28日。

"逐渐集中"再到"协同发展"的三个阶段。在金融中心的发展初期，金融中心的规模有限，金融业务分散在各个金融中心；随着金融中心规模的扩大，大型中心扩展实力范围战胜弱小中心，形成日趋集中化的金融中心空间体系。最后，金融中心发展到一定阶段，规模不经济在金融中心城市逐渐显现，金融中心开始分散化发展，金融中心空间体系演变成为多个中心共同作用，主次金融中心合理分工的格局。各类金融服务机构在不同区位选择之下形成网络，在空间上表现为节点与轴线的复合式空间系统。因此，为了顺应金融中心的发展规律，长三角各地政府需要在金融中心的不同发展阶段采取相应的金融管理政策，不能一味地采取促进金融机构总部和金融业务扩张的竞争性政策。而是在金融中心体系发展的中后期，适当促进金融机构和金融业务的部分非核心功能分散化的措施，从而促进金融中心合理化的空间布局的形成。

第七章

长三角港口发展协同战略研究

长三角港口群作为参与全球经济合作和竞争的重要战略资源，在区域经济和社会发展中发挥着日益重要的作用。当前，长三角港口群已经形成以上海为中心，江苏、浙江为两翼的国际航运中心格局，原来港口间的无序竞争关系，随着长三角地区间合作深入得到逐步改善。如何抓住全球经济格局调整、自贸区建设、“一带一路”和长江经济带建设等国家战略实施带来的战略机遇，大力发展江海联运、船型标准化以及通关一体化，推进长三角港口经济协同发展，是提升长三角港口群国际竞争力的重要战略内容，也是实现我国海洋强国目标的重要议题之一。

一、长三角度港口协同发展的战略背景

（一）发展特征与瓶颈问题

随着自贸区建设、“一带一路”和长江经济带建设等国家战略的推进实施，长三角作为连接“一带一路”和长江经济带两大建设的重要节点，港口经济迎来了重要发展期，通过江海联运、船型标准化以及通关一体化等措施，长三角港口经济进入协同发展阶段。

1. 发展阶段特征

(1) 港口货物吞吐量

2015 年 1—11 月，长三角地区港口共完成货物吞吐量 328 382 万吨，规模以上港口货物吞吐量占全国比重与 2014 年同期相比稍微下降，为 31.3%，但长三角地区港口在中国经济和港口航运发展中继续保持特别重要的地位。2015 年 1—11 月，长三角地区主要港口宁波—舟山、苏州等港口货物吞吐量增速均较上年有所增长，特别是苏

表 7-1　2015 年 1—11 月长三角规模以上港口货物吞吐量

地区	货物吞吐量	在长三角地区主要港口中的比重(%)		在全国主要港口中的比重(%)	
	万吨	2015(1—11 月)	2014(1—11 月)	2015(1—11 月)	2014(1—11 月)
上海港	65 705	20.0	21.3	6.3	6.8
连云港	18 096	5.5	5.6	1.7	1.8
宁波—舟山港	82 290	25.1	24.8	7.8	7.9
南京	19 758	6.0	5.9	1.9	1.9
苏州	49 286	15.0	13.4	4.7	4.2
南通	19 970	6.1	6	1.9	1.9
镇江	11 835	3.6	4	1.1	1.3
江阴	11 216	3.4	3.5	1.1	1.1
泰州	15 346	4.7	4.4	1.5	1.4
杭州	8 729	2.7	2.8	0.8	0.9
湖州	7 285	2.2	2.4	0.7	0.8
嘉兴	8 007	2.4	2.9	0.8	0.9
芜湖	10 859	3.3	3.1	1.0	1
长三角合计	328 382	100.0	100	31.3	31.7
全国	1 049 814	—		100	100

数据来源：中国交通运输部网站。

州增长速度较快，而上海港仍然呈现负增长，2015 年 1—11 月完成货物吞吐量 6.6 亿吨，占长三角港口总吞吐量的 20.0%，较 2014 年有所下降。

2015 年，长三角各关区进出口整体形势不佳。全年上海关区货物进出口总额 50 838.17 亿元，比上年下降 4.2%。其中，进口 19 772.45 亿元，下降 5.4%；出口 31 065.72 亿元，下降 3.3%。江苏省 2015 全年进出口总额 5 456.1 亿美元，比上年下降 3.2%。其中，出口总额 3 386.7 亿美元，下降 0.9%；进口总额 2 069.5 亿美元，下降 6.7%。出口总额中，对美国出口 728 亿美元，比上年增长 3.7%；浙江省全年货物进出口总额 21 566 亿元，比上年下降 1.1%。其中，出口 17 174 亿元，增长 2.3%；进口 4 392 亿元，下降 12.5%。安徽省全年进出口总额 488.1 亿美元，比上年下降 0.8%。其中，出口 331.1 亿美元，增长 5.2%；进口 156.9 亿美元，下降 11.3%。

从外贸货物吞吐量来看，2015 年 1—11 月，长三角地区港口外贸货物吞吐量共完成 107 453 万吨，占全国比重较上年同期略有下降，达 32.5%，基本与 2014 年同期持平。其中有 5 个港口增幅较大，南京、苏州、江阴、湖州增幅均超过 10%，其中湖州港增幅最大，达到 71%。

表 7－2 长三角规模以上港口外贸货物吞吐量

地区	货物吞吐量	在长三角地区主要港口中的比重(%)		在全国主要港口中的比重(%)	
	万吨	2015(1—11 月)	2014(1—11 月)	2015(1—11 月)	2014(1—11 月)
上海	34 524	32.1	33	10.4	10.8
连云港	9 083	8.5	9.6	2.7	3.1
宁波—舟山	38 979	36.3	36.3	11.8	11.9
南京	2 048	1.9	1.7	0.6	0.6

（续表）

地区	货物吞吐量	在长三角地区主要港口中的比重（%）		在全国主要港口中的比重（%）	
	万吨	2015（1—11月）	2014（1—11月）	2015（1—11月）	2014（1—11月）
苏州	12 929	12.0	10.5	3.9	3.4
南通	4 691	4.4	4	1.4	1.3
镇江	2 036	1.9	2.1	0.6	0.7
江阴	1 406	1.3	1.1	0.4	0.4
泰州	1 352	1.3	1.4	0.4	0.5
无锡	22	0.0	0	0.0	0
杭州		0.0	0	0.0	0
湖州	97	0.1	0.1	0.0	0
嘉兴	70	0.1	0.1	0.0	0
芜湖	216	0.2	0.2	0.1	0.1
长三角合计	107 453	100.0	100	32.5	32.8
全国	330 860			100	100

数据来源：中国交通运输部网站。

（2）港口集装箱吞吐量

根据排名数据，2015 年，我国沿海和内河港口中集装箱吞吐量排名前 10 位的港口依次是上海港、深圳港、宁波—舟山港、青岛港、广州港、天津港、大连港、厦门港、营口港、连云港港。2015 年，我国大陆集装箱港口前 10 名排位顺序与 2014 年比，变化不大，前 9 名顺序与上年完全一致，只有苏州港口和连云港互换位次，这是由于苏州港 2015 年完成集装箱吞吐量 460.66 万标箱，增速达到 14.3%。2015 年，我国大陆港口集装箱吞吐量 500 万标箱以上的港口数量共 9 个，较 2014 年少了一个。全国十强集装箱港口中，1 000 万标箱以上的港口共有 6 个，也比 2014 年少了一个，分别为上海港、深圳港、宁波—舟山港、青岛港、广州港、天津港。其中大连港在2013年集装箱吞吐量首次突破1 000万标箱，达到1 001.5万标箱之后，2015年又滑落到878.86万标箱。

整体来看，长三角地区港口集装箱吞吐量实现平稳增长，总体保持良好增长态势，2015年1—11月，长三角地区港口完成集装箱吞吐量6 177.45.48万TEU，其中上海港完成3 347.1万标箱，仍然占据我国及全球集装箱港口第一位。宁波—舟山港全年完成1 915.12万标箱，位居第二。

表7-3 2015年1—11月港口集装箱吞吐量统计

排名		港口	2015年1—11月万/TEU	增幅%	2014年万/TEU	增幅%
2015年	2014年					
1	1	上海港	3 347.13	3.3	3 528.50	4.96
2	2	深圳港	2 221.73	1.4	2 403.00	3.23
3	3	宁波—舟山港	1 915.12	6.5	1 945.00	12.10
4	4	青岛港	1 587.36	4.2	1 662.44	7.10
5	5	广州港	1 567.38	5.8	1 616.00	5.54
6	6	天津港	1 281.55	−1.2	1 405.00	7.98
7	7	大连港	878.86	−5.3	1 012.76	1.12
8	8	厦门港	837.92	7.5	857.24	7.05
9	9	营口港	555.02	5.0	576.82	8.81
11	10	连云港港	454.54	−1.2	500.54	−8.79
10	11	苏州港	460.66	14.3	445.00	−16.12
12	12	佛山港	274.05	4.1	287.26	4.46

2. 存在的问题

(1) 各港口定位不明确

长三角各港口的发展定位不够明确合理，缺乏一个强有力的组织来规划和协调各港口的功能及定位，各个港口为了自身发展和经济利益而争相采取竞争措施，枢纽港地位的竞争仍然非常激烈，港口资源是否丰富有可能成为地方利益较劲的筹码。造成了港口个体发展与长三角区域总体和港口群整体发展的不协调，港口间深层次的合作仍存在较大阻力。从长三角港口群整体来看，港口发展合理分工格局尚未形成。不论是硬件设施建设方面，如新航线的开辟、集装箱码头的建设等，还是软件环境建设方面，如信息共享、运营管理经验的借鉴等，都未能形成优势互补、合理分工的局面。缺乏科学分工，合作意识薄弱，盲目重复投资建设，争开国际航线，毫不顾忌港口具体条件，机械设备配备愈大愈好，码头泊位愈多愈好，口岸设施愈全愈好。导致港口结构趋同，功能重叠，结构性矛盾突出，抑制了长三角港口群整体效应发挥。地方政府和相关部门在规划、建设码头时，只顾一味地抢占岸线资源，已建成的泊位多数功能单一雷同而非错位互补。这必将影响港口群的总体竞争力，进而影响长三角地区的经济发展。

(2) 两大主要港口间竞争激烈

长三角港口间的竞争主要体现在上海港和宁波—舟山港的竞争关系上。从货种看，上海港货种主要有集装箱、煤炭、钢材、机械；宁波—舟山港货种包括集装箱、矿石、钢材、液化工品、煤炭、原油；上海港是世界第一大集装箱港口，而宁波—舟山港货物吞吐量世界第一。

从港口天然条件来看，上海港水深小于等于 16 米，泊位 1 200 个，万吨泊位率 12%，航线＞220 条，有淤泥，宁波—舟山港水深小于等于 30 米，泊位 700 个，万吨泊位率 17%，航线＞180 条，几乎无淤泥。宁波—舟山港的地理条件要好很多，上海港不仅有淤泥，并且只有洋山港区水深刚刚过了深水港的线，其余大概在 12 米左右，无法承接大型船只，而宁波—舟山港无淤泥，并且拥有北仑、舟山这些超级深水码头，能够靠泊上海港甚至洋山港无法靠泊的船只，因此近些年大量大型船只弃上海港转到没有淤泥、深水的宁波—舟山港。但是即使宁波—舟山港的货物吞吐量超过上海港，也无法撼动上海港航运中心的地位，一方面，宁波—舟山港集装箱吞吐量与上海港有较大差距，而集装箱吞吐量比散杂货更有价值和影响力；另一方面，上海建设国际金融中心和航运中心，城市影响力远远超过宁波，对船舶或航运的掌控力宁波—舟山港不可能超越上海港。

从货源上看，上海港也更具优势，随着长江经济带建设的全面推进，长江黄金水道建设和综合立体交通网络建成，长江中上游沿岸很多省的货源都将通过上海港出海贸易，目前，上海港的外贸业务几乎全部来自长江流域，内贸则有超过一半来自长江流域，上海港在长江流域的货源控制力是宁波—舟山港很难挑战的。而宁波—舟山港的货源相对单一很多，90％来自浙江省，但杭州—嘉兴经济带的货源要么自我消化，要么取到上海港。

(3) 港口软件建设普遍滞后

长三角地区港口群往往成片连续开发码头，岸线利用率较高。但其他部门如物资部门和工业部门，则存在布点分散、岸线占用过长等问题，导致多占少用、深水浅用、公地私用、恶性开发等现象，使得各个港口的硬件和软件都不能形成优势互补、合理分工的局面，降低了整体使用效率。同港航企业大部分属于国有企业，市场服务意识较弱，港口装卸和通关效率无法和国际港口相比，船东、货主、船代、货代和港航企业关系不畅。

此外，长三角地区大多数港口对于信息系统的功能认识与发达国家相比还很落后，没有将其置于企业发展战略、业务流程再造、决策研究等高度。国际上航运自动化、智能化等先进的理念还没有完全体现在长三角航运市场中，航运技术创新方面普遍缺乏创新体系及创新机制，研究与开发的投入非常不足。

（二）环境特征与战略意义

1. 协同发展的环境特征

（1）国际环境与形势

其一，世界经济总体发展趋缓。

2000—2007 年，世界经济一直维持着比较高的增长态势。2007 年 8 月美国次贷危机爆发，世界经济增长率在 2008 年跌至 2.8%，2009 年经济增长率为负。2010—2013 年，世界经济增长率一直处于下滑趋势，世界经济维持弱增长的格局。

世界经济形势的复杂也对世界贸易量带来影响。1999—2008 年，世界贸易出口额和进口额每年都保持一定幅度的上升，但世界贸易 2009 年呈现负增长，2012 年出口额和进口额的增长率几乎为零，世界贸易的增长不乐观。

其二，海运贸易航线将形成新格局。

面对诸多不确定、不稳定的因素，无论是发达经济体，还是新兴经济体，经济增速都出现了回落，主要发达经济体失业率居高不下，新兴经济体通货压力上升。一些国家主权债务风险增大，引起了国际金融市场继续经济动荡，世界经济复苏的长期性、艰巨性对国际海运业发展带来了不可避免的影响和冲击，海运业发展的老问题还没有完全解决，现在又出现了新的问题，新老问题交织在一起，使这种影响和冲击越来越复杂。

2015 年，英国劳氏船级社（Lloyd's Register of Shipping, LR）联合斯特拉斯克莱德大学（University of Strathclyde）和英国科学与技术组织奎奈蒂克公司（QinetiQ）共同发布了一份名为《2030 年全球海运趋势》（Global Marine Trends 2030）的报告。该报告预测，到 2030 年，中国或变身拥有全球船队 1/3 以上运力的大船东，继而成为世界航运业最大受益者。根据劳氏日报中国海上商业前景的数据报告预测，中国正在飞速占据国际海运贸易的主导地位，目前，中国已经担负了全球 1/5 的海运贸易量、1/3 的集装箱贸易量，以及 1/4 的集装箱出口业务。

2015 年，上海国际航运研究中心发布的《2030 中国航运发展展望》中也提出 2030 年中国将会持续稳居世界第一大货物贸易大国的地位，并将在全球集装箱海运贸易上占主导地位。2030 年，中国的国际海运总量预计 62 亿吨，约占全球海运量比例将达到 17%；其中干散货运输中铁矿石、煤炭需求增长将明显放缓，粮食、石油进口将会增长较快，国际集装箱进出口海运货物总量将突破 2 亿 TEU。

世界经济格局的变化，特别是在新一轮贸易形势复杂多变的预期下，将形成新海运贸易航线格局，亚洲国家、地区间海运量增长将加速，中国在海运贸易中的地位将逐步提升，在此过程中承担全国 1/3货物吞吐量的长三角港口群面临更多的机遇和竞争。

（2）国内环境与形势

从国内环境看，未来 15 年内我国要从工业化中后期走向工业化后期，期间要实现全面建成小康社会、实现国民收入倍增的目标。我国经济发展步入增长速度"换挡期"、结构调整"阵痛期"和前期刺激政策"消化期"，形成 7%左右的经济增长新常态。结构升级将成为经济发展的主要特征，投资和出口主导型经济日益向消费主导型经济过渡，并由物质型消费逐步走向服务型消费。产业结构加速调整，通过信息化带动工业的转型升级，从"制造车间"逐步升级为"服务航母"。区域发展战略新构想加快实施，江海并举、东西互动的全方位发展格局加速成型。

其一，扩大对外开放，国家提出"一带一路"倡议。

推进"一带一路"建设既是中国扩大和深化对外开放的需要，也是加强和亚欧非及世界各国互利合作的需要。"一带一路"将构筑新一轮对外开放的"一体两翼"，在提升向东开放水平的同时加快向西开放步伐，助推内陆沿边地区由对外开放的边缘迈向前沿。"一带一路"建设既包括传统意义上的自由贸易协定，也包括次区域合作的大湄公河合作，还有经济走廊、跨国运输线、金融合作等，对于港口这样的重要物流节点，将迎来难得的发展机遇。

长三角港口群地处长江经济带龙头城市，与"一带一路"新亚欧大陆桥经济带对接，是贯穿海上和内陆运输的核心地带，已经形成围绕建设以上海为中心，江苏、浙江为两翼的国际航运中心的格局，包括了上海、连云港和宁波—舟山等港口。2014 年，港口群货物吞吐量 16.9 亿吨，占全国的 20.1%。按照"一带一路"愿景规划，包括上海、天津、宁波—舟山等 16 个港口城市被定义为"一带一路"海上战略支点。"一带一路"建设将依托沿线基础设施的互通互联，对沿线贸易和生产要素进行优化配置，将加快推进公路、铁路、民航、海运等多种运输方式的互联互通。因此，如何抓住机遇，促进港口协同发展，实现长三角港口的转型升级是对接"一带一路"国家建设的需要。

其二，联动东中西，长江经济带建设成为我国区域发展新选择。

近年来，支撑我国区域经济发展的一些基础性条件发生了很大的变化，主要表现为，国家对交通通信等基础设施的长期持续大量投资产生的累积性效应，特别是高速铁路网的形成和江海联运网络的形成，改变了我国传统的相对静态的区域发展格局，使得要素资源在不同属性的区域间的快速流动成为可能，大大缩短了不同地区间的时空距离，从而为重塑区域发展的格局，特别是推动区域间的联动发展提供了基础性条件。在这样的背景下，党的十八大以来，新一代中央领导集体迅速形成了中国经济发展的新设想和新布局，提出了依托长江黄金水道推进长江经济带建设的战略构想。以流域为纽带、以沿海为带动、以腹地为重点，东西联动、梯度推进、共同发展。它标志着改革开放以来我国的国家区域战略选择进入了一个新阶段，即开始重视不同地区间的联动效应及整体性发展。

长江黄金水道建设，江海直达，未来港口吞吐量增长趋势。根据《2030 中国航运发展展望》预测，2030 年，中国长江航运需求将达到近 38 亿吨，长江将成为东、中、西地区资源配置的主要通道，其中集装箱与液化天然气运量将至少比现在增加 4 倍。一直以来长江腹地都是长三角港口的“必争之地”，上海港来自长江的货物占大多数，集装箱水水中转已达到 45.7%。随着“长江经济带”战略的推行，应对未来吞吐量增加，需要港口协同发展，在长三角港口规划协同的范围内，解决港口无序拥挤的现象。

其三，发展海洋经济，党的十八大报告提出海洋强国战略。

党的十八大报告提出，提高海洋资源开发能力，发展海洋经济，保护海洋生态环境，坚决维护国家海洋权益，建设海洋强国。长三角地区在我国拥有重要的战略地位。其位于我国大陆海岸线中部，北起江苏连云港市，南至浙江温州市，控制的海域面积占全国的 10%左右，大陆海岸线总长占全国的 18%。世界金融危机以来，其海洋产业产值呈现持续增长态势，从 2009 年不足 9 500 亿元增加到 2013 年的 16 485 亿元，年均增长率接近 15%；其占全国海洋经济总产值的比例从 2009 年的 29.6%上升至 2013 年的 30.4%，展现了巨大的发展潜力，有望成为中国振兴海洋经济、建设海洋强国的核心区。

2013 年 7 月 30 日，习近平总书记在中共中央政治局第八次集体学习时强调：“建设海洋强国是中国特色社会主义事业的重要组成部分，我们要进一步关心海洋、认识海洋、经略海洋，推动我国海洋强国建设不断取得新成就。”2014 年 3 月 5 日，李克强总理在十二届全国人大二次会议上作政府工作报告时强调：“海洋是我们宝贵的蓝色国土，要坚持陆海统筹，全面实施海洋战略，发展海洋经济，保护海洋环境，坚决维护国家海洋权益，大力建设海洋强国。”重视海洋经济、重视滨海地带开发也就成为长三角各地城市总体规划修编必然研究的问题。

以上海国际航运中心为核心，江苏、浙江为“两翼”的长三角海洋经济带显示出推动转型和发展的强劲动力。地处长三角“南翼”的浙江对上海国际航运建设形成强力支撑。我国的 7 条主要国际海运航线有 6 条途经浙江舟山海域，依托宁波—舟山港的吞吐能力和深水岸线资源，长三角正在逐步成为我国大宗商品的战略储运基地，并形成集大宗商品交易平台、海陆联动集疏运网络及金融信息支撑系统“三位一体”的国际化港航物流服务体系。

（3）港口行业形势

其一，世界港口运输业进入新一轮调整期。

全球经济一体化发展的今天，欧盟、亚洲和美洲三大贸易区在全球贸易领域三分天下的格局基本确定，随着国际贸易量的集聚增长效应，区域贸易间的竞争也日趋激烈。因此，毋庸置疑，长距离的货物运输成本已经成为商品竞争力的主要因素，使物流基础设施的高效率成为经济增长的一个重要方面，而海运至今还是越洋运输的主要方式下，港口的有效运作已成为区域经济发展和繁荣的关键。鉴于此，港口运作策略也就演变成为区域乃至全国的贸易政策，成为增强区域经济竞争力直接和有效的手段。

和当前世界经济一样，港口运输业发展也进入了新一轮的调整期。当前全球经济增长放缓，国际贸易减少，给国内外港口运输业的发展造成了严重的负面影响。在这样的形势下，长三角沿海港口的竞争日益加剧，目前，上海港和宁波—舟山港都是荷兰鹿特丹和纽约模式，以吸取腹地出口货物为主，故港口间竞争非常激烈。面对各行各业不断增长的需求，实际上长江三角洲地区深水岸线资源已是“丰而不富”，而且经过多年来粗放型的开发利用，已经导致部分港口规模化优良港址的选择日益困难，不能满足可持续发展的需要。在寻求新的发展空间的同时，运用行政、经济和市场手段推进港口资源整合，促进长江三角洲地区港口存量资产调整，优化增量配置，实现建设节约型交通系统的目标势在必行。

其二，自贸区政策效应推动长三角港口优化升级。

上海自贸区的成立给上海港口发展寻找新的增长点提供了有利条件。一方面，自贸区将进一步促进长三角地区整个对外贸易、加工业的升级，深化贸易和金融的一体化进程，从而推动区域制度创新，倒逼腹地城市打造更好的金融政策环境、生态环境，获得新的发展机会。另一方面，一个投资贸易便利、货币兑换自由、监管高效便捷、法制环境规范的自由贸易区有助于上海港真正实现从“境内关内”向“境内关外”的转变，大力促进转口贸易的发展，使其在全球资源配置和调拨的过程中扮演更为积极的角色。

同时，自贸区放宽中外合资、中外合作国际船舶运输企业的外资股比限制，将吸引更多的外资航运企业来区内注册，提高上海港的活力。而为了推动中转集拼业务的发展，中资公司拥有或控股拥有的非五星旗船，可先行先试外贸进出口集装箱在国内沿海港口和上海港之间沿海捎带业务的政策放开，也使得上海港的吸引力得到进一步的提升。

上海港具有发达的腹地经济、吞吐量业绩和自贸区政策优势，但近年来船舶大型化发展趋势和周边港口的激烈竞争等因素使其不得不直面自身的发展瓶颈。放大自贸区效应，需要与周边港口协同发展。

2. 推进长三角港口协同发展的战略意义

其一，长三角港口协同发展是建设世界级城市群的基础。

从区域条件看，随着舟山接陆工程、崇明越江通道、杭州湾通道、苏通长江大桥、江阴大桥、润扬大桥、乐清湾跨海大桥等重大交通基础设施的规划建设，解除了地区之间的天然阻隔，缩短了时空距离，将使长三角地区的交流越来越便捷和密切，为区域经济一体化和实现跨地区资源整合创造了前提条件，长三角港口协同趋势明显。

其二，长三角港口协同发展是建设国际航运中心的基础。

上海“十三五”发展规划明确提出，要推进以枢纽港地位和功能提升为依托的国际航运中心建设。在2020年基本建成国际航运枢纽港，巩固国际航空枢纽港地位，增强配置全球航运资源能力。优化现代集疏运体系，推进江海直达，发展多式联运。深化探索国际航运发展综合试验区。完善现代航运服务体系，完善支持现代航运发展的金融、财税和人才等配套政策。推进邮轮母港建设。发展海洋事业和海洋产业。探索航运制度和航运交易平台改革创新,营造国际化的航运市场环境。

其三,长三角港口协同发展有助于我国形成新一轮开放经济。《长江三角洲城市群发展规划》提出,以上海国际航运中心为核心,优化整合沿海沿江港口,形成分工合理、协同发展、军民融合的长三角现代化港口群。构建以上海为核心、分工协作、差异化发展的多层级机场体系。建设洋山深水港区集装箱码头,推进宁波—舟山港煤炭、集装箱和矿石专用码头建设,推进素质港太仓港区集装箱四期、嵊泗港马迹山矿石中转码头三期、马鞍山港郑蒲港区二期、芜湖港三山港区中外运码头二期、铜陵港江北煤炭储备中心、池州港牛头山港区公用码头二期,安庆港中心港区皖河农场作业区、合肥港派河港区中派综合码头工程建设。要探索建立自由贸易港区。依托舟山港综合保税区和舟山江海联运服务中心建设,探索建立舟山自由贸易港区,率先建立与国际自由贸易港区接轨的通行制度。

二、长三角港口协同发展的愿景与目标

(一) 战略愿景

作为长三角港口群"一体两翼"的重要组成部分,江苏、浙江两省港口各具优势,同时也都尚存短板。江苏拥长江地理优势,江海联运发达,但港口一体化规模仍不充分,港口盈利能力也有待提升;而浙江因港口一体化进程推进较早,港口盈利能力突出,但江海联运等多式联运能力则尚待加强。未来长三角港口群应以资本为纽带、多式联运为契机,促进综合交通体系建设,促进长三角区域内江海联运、海海联运、海铁联运等物流集疏运模式的发展。

互联互通,构建"一核心多节点"港口群网络。推动长三角区域

内河航道网的互联互通，以资本为纽带、信息技术为手段，不断促进长三角地区港口间的合作，实现长三角地区港口群的信息互通、管理互助，提升港口资源利用效率。完善港口集疏运体系、通关一体化进一步深化、航运服务业和航运信息业的大力发展，最终形成以上海港为核心，由宁波—舟山港和江苏港口群组成的多层次协同港口网络，形成“一核心多节点”的互通互联港口协同格局。

创新模式，成为我国港口群合作的典范。以建设上海国际航运中心、舟山江海联运服务中心为契机，以大小洋山新一轮合作开发为抓手，突破行政区制约，创新合作模式，进一步完善上海、宁波和舟山的港口合作机制，联合推进小洋山北侧综合开发和大洋山开发建设，以聚散和配送长江流域“海进江”“江出海”物资为核心，积极融入长三角乃至长江经济带发展，对内促进长江黄金水道港航物流一体化，对外加强国际合作和市场培育，增强国家战略物资安全保障能力，打造上海国际航运中心和舟山江海联运服务中心叠加融合发展区，在制度、产业、政策、人才等方面形成稳定对接机制，打造长江经济带乃至全国范围内跨区合作联动发展的示范区，形成国内港口群竞合的典范。

集聚优势，推动港口群转型升级。长三角地区港口群的国际竞争优势显著提升，通过推进海事法律服务中心、保税燃料油供应中心、海外仓储物流配送中心、船舶及设备融资租赁中心、船舶制造与维修服务中心、海员培训服务中心等江海联运功能服务区建设，打造综合性、全天候的现代航运服务体系，构建对内辐射长江经济带，对外面向环太平洋的一流的江海联运服务纽枢，全力支撑长江经济带发展与21世纪海上丝绸之路建设的国家战略。

统一开发，推动组合港的基础设施互联互通。在高密度的口岸聚集区，往往存在货源布局上交叉的众多小型港口。因此，针对目前可直接使用岸线资源有限这一实际情况，要尽早科学地进行规划，按照“深水深用、浅水浅用、统一规划、统一管理、综合开发、服务市场”

原则，以深水泊位开发建设为重点，整合、整治、开发三路并进，进一步优化配置港口资源，打造港口集群优势，集约开发港口、工业、仓储等生产性岸线。浙沪两地政府应充分调动社会力量，加大基础设施投资力度，不断完善港口之间的公路、铁路、桥梁以及隧道等公共设施网络的建设，加强铁路运输、公交系统等与港口运输形成多式联运的运输枢纽建设，尽快推出若干重点项目，为港口合作发展创造条件。

超前规划，形成港口间的分工与联动。制定和完善岸线利用规划和港口群发展规划，按照组合港的发展要求，构建分工明确、功能完整的港口体系。用港口群的自然属性和经济规律来协调发展，对上海港、宁波—舟山港的港口功能定位进一步协商和划分，在此基础上，运用市场手段对港口间资源进行整合，增强港口群内部的协作效应，避免恶性竞争和重复建设，在相互依存、互利共赢中实现共同发展。加强大小洋山港与长三角区域其他港口的合作，促进港口间的功能按枢纽港、喂给港、支线港等进行错位发展，巩固枢纽港的主导地位，充分发挥支线港和喂给港的辅助作用，实现彼此之间功能有机结合。

专栏：2030 中国航运发展展望

根据《2030 中国航运发展展望报告》，2030 年，中国航运业将呈现 4 个重要趋势：

一是中国国际海运运力倍增。报告认为，2030 年，中国沿海运输需求格局将会出现较大变化，干散货海运量比重将大幅下滑，集装箱海运量将成为沿海运输最大的货种。2030 年，中国沿海海运总量将达 33 亿吨左右；沿海集装箱海运量将达1.16 亿标箱左右，集装箱货运量将占到中国沿海运输总量的近一半。2030 年，中国长江航运需求将达 38 亿吨。长江成为东、中、西地区资源配置的主要通道，其中，集装箱与液化天然气运量将至少增加4倍。报告称，2030年，中国国际海运运力将翻倍，全球占比将达到15%左右。

二是中国将成世界船舶融资中心。报告认为，2030年，货运代理行业将受电子商务发展的影响，传统的线下服务功能被线上服务功能所取代。2030年，中国将成为仅次于欧美的船舶融资中心，中国船舶融资将占全球的30%左右。在国内外船舶节能减排的趋势下，航运碳基金、碳债券、碳期货将得到发展；另外，碳交易与融资和航运碳交易得到发展，个人投资航运碳交易也将得到发展。融资租赁将成为中国船舶融资的第二大渠道。中国的航运保险规模将达到世界第二。中国将成为全球航运信息中心、创新中心和标准中心之一，具备影响全球航运业发展的话语权。

在航运衍生品交易方面，中国将成为全球第二大中心，特别是基于中国海运运价的衍生品交易，将在国际上具有较高的影响力。

三是上海将跻身全球航运中心行列。报告认为，2030年，世界航运中心格局将发生变化，形成以新加坡、伦敦和上海三足鼎立的具有全球航运资源配置能力的航运中心，伦敦的国际航运中心领头羊地位将丧失，香港的国际航运中心地位将下降。同时，众多的区域性航运中心的出现，使航运中心呈现分散化趋势。到2030年，中国大陆将形成层级合理、协调发展、互利共赢的航运中心体系，将形成以上海具有全球服务能力的航运中心为龙头，天津、广州具有一定区域国际服务能力的航运中心为依托，以青岛、大连、厦门、深圳、重庆、武汉、南京等航运物流中心为基础的层级分明、布局合理的航运中心体系。

四是航运信息技术发展迅猛。报告认为，到2030年，中国将会呈现以港口为单位的大数据中心。数据将采用分布式的存储方式，并有可能在上海、大连、广州、武汉等地建立大数据中心并相互联通。在船舶信息化发展方面，到2030年，中国将会出现可以实现远程驾驶和自动驾驶的船舶；船联网技术将成熟并广泛推广和应用；预计有80%以上的小型船东将会使用云端的船舶管理平台，100%的大型船公司将建成基于私有云的船舶管理平台，国内船公司超过80%的船将会实现联网，航运电子商务得到全面发展。

（二）协同发展目标

根据国内外宏观发展环境及航运业自身发展规律，结合长三角区域协同发展趋势，2030年，长三角港口协同发展将形成分工合作、错位发展的协同格局，通过港口集疏运体系不断完善、通关一体化进一步深化、航运服务业和航运信息业的大力发展，最终形成以上海港为核心，由宁波—舟山港和江苏港口群组成的多层次协同港口网络，形成“一核心多节点”的互通互联港口协同格局。

1. 港口群形成比较完善的协同发展格局

2030年，通过实施可持续发展战略，以政府主导、市场推动、港区联动的方式，保障港口群整体国际竞争力的提高。鉴于政府主导、港口运作的协调发展机制是政府和市场结合的产物，因此，其协调的方式不能采取完全政府行政手段和完全市场化手段，其协调运作方式应是政府指导（或引导）、港口规范运作、各方合作共赢的协调发展方式。

一是宏观协调有序。长三角港口群要推进一体化进程、实现协调发展，政府宏观调控上应改变“强政府”思维，消除行政区界限的观念，遵循公平和非歧视性原则，缓解冲突和矛盾，降低港口群内耗，完善长三角港口群市场秩序，实施跨地区、跨行业的协调有序管理，以消除长三角地区各城市之间的种种政策壁垒，努力做到各种生产要素配置的有序化，地区内外、国内国外不同主体之间权利平等、标准统一；简化管理层次和办事程序，建立健全公开、公正、透明的合作协调制度和港口群合作协调环境。

宏观协调有序不等于均衡发展，港口的区位条件差异、行政区的地位差异以及经济水平的不同，使得一些港口总体实力和竞争力要高于其他一些港口。若要达到全面协调和深化发展的目的，应该在稳步推进的同时有所侧重。首先，重点关注容易达成协议的区域，优先推动多边港口合作。其次，再根据“平等互惠”的原则，逐步扩大合作范围和领域，从而开展更深层次的合作，这给长三角区域的合作协调带来了巨大挑战，极大地影响了长三角港口群协调机制的构建。随着国际资本投资港口，港口为避免规模不经济而需要优先增加的发展项目将变得越来越必要。在建设之前应做必要的协调规划，以避免投资浪费在重复建设上，确保资金优先用于重点港口、重点发展项目，并监管这些资金在项目上的使用，以提供最高的社会和经济回报。国家优先考虑全局的港口发展战略，同时考虑到国家港口经济和社会效益。在区域层次，区域和国际组织和机构可以协助该地区各港口从国际角度评估项目。可以组织协调方案，以确定港口发展的项目评估和优先次序。以上海港为例，作为长三角的核心城市，上海的经济实力在长三角的众多港口中首屈一指，上海国际航运中心辐射区域内的港口应充分发挥增长极的中心地位优势和核心，而该辐射效应的梯度性直接导致了长三角地区其余港口的发展失衡。江浙两省在配合上海国际航运中心建设的同时，实现自身港口的调整与升级。

二是微观动力充分。市场性与行政性两类区域经济联系，是长三角港口群在区域一体化的过程中构成长三角港口群协调发展的主线。不同于政府主导型的紧密状态，市场主导型呈松散状态。以市场需求为导向，通过调整和控制各种生产要素(生产资料、劳动力和科学技术等要素)的直接配置比例，实现经济效益增值的目的，港口从宏观而言，对市场性区域经济联系有着主导作用；就微观而言，港口的主体地位不可动摇。鉴于港口主体在长三角港口群协作发展中的重要作用，长三角各港口应以资本为纽带，在按照市场规则的前提下，利用参股、并购等运作方式，最大限度发挥港口的市场功能。同时，加紧建设长三角地区港口市场，尽快培育和实现港口群人才市场、技术市场、资本市场、消费市场、服务市场、产权交易市场的一体化。

三是运作中多方配合。长三角地区各港口要从港口群合作协调的角度树立协调发展的意愿，协调各方关系，平衡各方利益，以调动各方的积极性，充分利用有限资源，在政府主导、港口运作的协调体制下，由各级政府、主管部门共同协商管理及运行中的具体政策、方法，形成各地区、各港口共同遵守的规范，多层次、多边性的协作推进机制，围绕推动上海国际航运中心建设各港口应自律运作。参与的主体还有中介组织、行业协会等非政府组织，它们也应该在协调港口群发展中发挥积极作用，协同政府进行多层次、多边性的运作。

四是形成互惠互利的可持续格局。利益关系是长三角港口群协调发展的核心，互惠互利强调权利与义务的综合平衡，即任一港口在享受其他港口的优惠待遇时，必须给其他港口以对等的优惠待遇。长三角港口群应按照“互惠互利”的政策合作，加强利益关系的协同作用，逐渐打破相互之间的行政壁垒，实现区域协作的制度化，并在此基础上以合作博弈为目标，从个体理性向集体理性转化，最终实现共赢。各港口均可从中获得利益。只有这样，长三角港口群才得以可持续发展。在市场活动中，市场主体因个体需求的差异，只有在遵循互惠互利的前提下，市场活动才能正常循环运作。因此，港口在依存的同时，也要为市场提供需求和保障，以求从中获利。所谓互惠互利，即在港口利益关系中，既能确保交易的成功进行，同时其他港口的利益不受到损害。

2. 港口群间形成分工合作，两大核心港口错位发展

一是长三角港口群形成分工合作。2030 年，长三角港口群将形成以上海为核心，以宁波—舟山港和苏州港、南京港以下常州、镇江、扬州、泰州、江阴、南通等长江下游港口为北翼，以台州、温州等环乐清湾沿海港口为南翼的长三角多层次港口群。

特别是随着长江航道的开发和利用，长江内河运输量进一步提升，致使上海港河海联运发展面临瓶颈，上海港开拓新港区来缓解这一瓶颈的需求将愈加迫切。太仓具有良好的河海联运中转条件，上海港与太仓港有着互补优势，随着区域一体化发展，港口将打破行政区划限制，且政府将更多地让位于市场，在此背景下，结合区域大通关的实现，上海港与太仓港通过市场手段进行合作将进一步深化，太仓港在功能上将成为上海港的补充。

二是两大核心港口形成错位发展。从货物吞吐量看，2030 年，宁波—舟山港将继续凭借南方矿石、煤炭等大宗物资集散优势，巩固全球第一大港地位，并通过保税仓储、加工增长、期货交割、分拨配送等服务有效加强对货物、信息及临港产业的资源配置能力，成为大宗物资贸易中心。2030 年，上海港作为国际经贸与商业文化中心，产业结构成功转型，环保程度明显提升，大宗物资运输需求有所下滑，集装箱、件杂货、滚装货物成为推动港口吞吐量增长的主要动力，长江经济带龙头作用凸显。

从集装箱吞吐量看，2030 年，上海港集装箱成为主导型增量，随着船舶大型化，港口航线优势进一步巩固，枢纽作用明显，继续维持全球集装箱第一大港地位，但仍与新加坡港箱量处于胶着状态。此外，二次集拼、临港加工及供应链管理与柔性化服务将使上海港收益处于同业较高水平。2030 年，宁波港在大宗散货的基础上，凭借便捷

的海铁联运优势，同样促成集装箱业务的较快发展，但随着相邻上海港的枢纽作用加强，资源腹地受到一定局限。

3. 全球资源配置能力增强，上海建成国际航运中心

当前，国际航运中心呈现“亚洲板块”（以新加坡、香港为代表）、“北美板块”（以纽约为代表）和“西欧板块”（以伦敦、鹿特丹为代表）的三足鼎立之势。随着世界经济贸易的中心进一步向亚洲地区转移，预计未来，新加坡、香港、上海、釜山、东京、横滨、迪拜等地或凭借优越的法制环境、极具竞争力的税收制度和成熟发达的市场经济体系，或是凭借其优良的硬件设施和强大的货物吞吐能力，在国际航运中心中进一步确立区域领先地位。

上海会成为具有全球资源配置能力的国际航运中心。巨大的市场让上海成为大型航运企业的业务运作中心，同时，也决定了上海的航运中心模式与伦敦、新加坡和香港有所不同，以服务港口和航运主业为主，集聚船舶、货物、航运人才、航运辅助等产业要素集聚的，以支持区域经济发展和区域经济贸易一体化为主要功能的国际航运中心。在部分高端航运服务领域，例如航运保险等方面，上海将取得长足发展，市场占有率将居于全球领先地位。

4. 形成江海联运中心联动发展的基本格局

江海联运是货物不经中转，由同一艘船完成江海之间全过程运输的方式。与传统的水运模式相比，江海联运打通了内河运输与海洋运输两个相对独立的体系，实现了从内河到海洋的无缝衔接。由于江海联运过程中货物不需要途中装卸，从而降低了运费、减少了货耗、节约了时间，克服了传统接力运输方式存在的运输环节多、运输周期长、成本高等一系列问题，江海联运是降低公路运输比例、弥补铁路运能紧张的有效手段。

随着舟山江海联运服务中心的正式获批、长江南京以下 12.5 米深水航道建设一期工程顺利完工，上海港、江苏沿线主要港口以及宁波—舟山港都提出以建设江海联运中心为重要抓手，长江下游地区

港口格局正在发生变化。目前,长江江苏段是长江黄金水道的龙头区段。江苏沿江海运量的17%和港口吞吐量的35%为长江中上游地区中转服务,承担了中上游地区70%以上的外贸货物和80%以上的铁矿石和30%的集装箱转运。江苏沿江港口已经成为中上游地区散货中转和外贸运输的重要门户。而宁波—舟山港自然条件优越,深水岸线资源和水运资源丰富,主要进港航道水深在22.5米以上,拥有全国最大的水路运输力与中转减载泊群,承担了长江经济带45%的铁矿石、90%以上的油品中转量、1/3的国际航线集装箱运输量,以及全国约40%的油品、30%的铁矿石和20%的煤炭储量。

未来随着"一带一路"建设和长江经济带战略的深入实施,长三角港口腹地将得到进一步拓展,上海港、宁波—舟山港口和江苏沿岸港口将依据区位特点和港口特征,按照货源分工,错位竞争,形成以宁波—舟山港等为核心的大宗散货中转体系和长江南京以下港口组成的江海转运体系,构建主、干、支多层次、多梯度、多功能的长江下游江海港口网络。

5. 海铁联运得到发展,建成多式联运的长三角现代港口集疏运体系

航运现代化发展需要拥有一套完善的海运系统,而且还必须具有高度发达的集疏运网络系统,包括铁路、公路、沿海、内河及航空等集疏运系统。发展港口多式联运,海铁联运环节改造潜力和空间较大,相比海公联运,海铁联运可节约成本30%。

目前,国内实行海铁联运的港口主要有大连港、营口港、连云港港、青岛港、盐田港和宁波港,各港口的海铁联运占比都不高,最高只有6.0%。从海铁联运量来看,排名前三的分别是大连港、营口港和连云港港。同样,长三角港口集疏运体系也以公路为主、水路次之、铁路只占很小比重。可见,虽然各个港口的地理位置不同,集疏运系统也会有所差异,但国内港口海铁联运箱量占总运输量比重远低于欧美、日韩等国家的20%—40%的水平。

未来随着上海港长江战略的深入推进和自贸区建设带来的新机遇，海铁联运大发展无疑将是重点选择。另外，随着长江经济带战略、“一带一路”建设的实施，浙江需在全国进一步优化战略地位、增强服务全国能力，以宁波—舟山港为枢纽，以广大中西部地区乃至中亚、东南亚为腹地的海铁联运市场大拓展，无疑会成为重要抓手。

因此，可以预见，遵循着高效、低成本、环境保护的发展宗旨，长三角各地将不断提升水路转驳和海铁联运比例，尽量压缩公路运输比例。通过发展海铁联运，改善港口运输方式结构，将成为优化集疏运运输结构最有效的途径之一。

三、推动长三角港口协同发展的战略路径

（一）国际港口群协同发展经验借鉴

1. 美国纽约—新泽西港的整合：合二为一，委员会管理，地主港经营

纽约港和新泽西港原本是两个独立的港口，分属于纽约州和新泽西州，历史上两港对于一些相邻的港域的归属权一直争论不休。为了两港更好地发展，经美国国会批准，纽约和新泽西州政府于1921年4月30日联合成立纽约新泽西港务局。它所辖的范围是以纽约自由女神像为中心，半径为25英里的区域，共约1 500平方英里，分为纽约和新泽西两个港区。港务局于1972年正式定名为纽约新泽西港务局，以表明它的两洲联合组建的特点。经过80多年的发展，至2005年，纽约新泽西港已经成为美国东海岸的第一大港，货物吞吐量达1.25亿吨，集装箱吞吐量达526TEU。

纽约新泽西港的整合有许多值得借鉴的地方，其中最主要的便是它整合过程中独特的管理体制和灵活的经营体制。从管理体制上看，纽约新泽西港务局是财务上自给自足的公共机构，它没有任何州

或地方当局税收的支持，也没有征税的权利，港务局主要依靠其设施的用户所带来的收入来维持自身管理和经营。港务局由管理委员会管理，委员会由 12 名委员组成，两个州的州长经州参议院批准，各任 6 名委员。管理委员会任命一位执行总裁负责执行该机构的政策以及日常管理。在这种独特的管理体制下，纽约新泽西港务局作为一个公共机构，它并不是建立在传统的官僚制基础上，而是更多地采用一种企业化的运作方式，在一定的权利范围内拥有最大的自主权，可以自主地决定港口如何发展，因此在政策的制定和执行上效率非常高。

2. 日本东京湾港口群的整合：政府引导，分工合作，错位发展，优势互补

1951 年，日本政府制定了《港湾法》，加强了政府在总体规划当中的权利，规定由中央政府（运输省）制定全国港口发展的五年计划，决定整个国家港口发展的数量规模和政策，港口管理机构在五年计划的范围内制定港口发展的年度预算和长远规划。日本运输省港湾局早在 1967 年就提出了《东京湾港湾计划的基本构想》的提案，建议把该地区包括东京港、千叶港、川崎港、横滨港、横须贺港、木更津港、船桥港在内的 7 个港口整合为一个分工不同的有机群体，形成一个“广域港湾”。这一构想的实施，很好地解决了东京湾内的港口竞争问题，将各港口的竞争转换成了整体合力。经过多年的发展，东京湾港口群已经越来越形成了鲜明的职能分工体系，各主要港口根据自身基础和特色“承担不同的职能，在分工合作、优势互补的基础上形成组合”。虽然经营仍保持各自独立，但在对外竞争中形成为一个整体，共同揽货，整体宣传。港口管理者与地方政府同一，对外竞争整体通过日本政府港口管理者的统一管理实现。这样一来，六港便形成了一个多功能的复合体，充分利用了资源，增强了竞争力。

（二）长三角港口协同发展路径

参与“一带一路”建设和长江经济带国家战略，需要构建开放型

经济新体制。长三角位于长江经济带的下游地区，要参与长江经济带建设，依托长江黄金水道，必须加强沿江重要港口集疏运体系建设。只有发挥上海在长江经济支撑带建设中的龙头作用，发挥宁波—舟山在长江经济带中的龙眼地位，打造黄金水道综合交通运输体系、建设长江流域虚拟无形经济带、建设长江经济带区域合作体制机制等，才能有效促进长江经济带贸易协同、基础设施协同、市场协同和制度协同的多方位协同发展。

1. 建立以港口企业为主导的协同机制

（1）推进制度创新，实现港口联盟

设立相应的组织架构和协调机制，实现政府、航运企业等各个层面的联动合作，建立整合江海联运、内河航运和港口资源的航运联盟。一方面，可以协调建立规范港口、航运联盟的准入制度，公开、公平、公正的竞争制度以及有效的价格协调机制，优先解决集疏运网络体系布局的协调和对接及江海联运两次引航的机制等问题；另一方面，设立长三角航运联盟协调机构，建立定期会晤协商制度，协调解决发展中出现的问题，如制定和实施江海联运统一的货运技术标准、对货运进行全程的量化监督和跟踪，构建江海联运统一的货运信息网络、实现机构网络和信息网络的共享，制定和实施江海联运统一的服务标准、向客户提供可追溯可检验的高标准服务等，从国家战略高度出发，正确处理好规模扩张与综合效益、成本变化与利益协调等关系，积极有效地推进区域分工合作。

（2）发挥行业协会的作用

行业协会是由作为市场主体的企业本身所具有的趋利性促使相互之间为谋求一致而联合起来组成的，行业协会一旦真正成为独立的非政府组织，对外能保护行业的利益，对内能形成行业自律机制，防范企业无序竞争。当前，已经成立国家层面的中国港口协会和地方层面的港口协会，中国港口协会主要任务是在全国层面履行行业服务、行业协调、行业自律等职能，中国港口协会还成立了港口集装箱分会、路运输分会、港口邮轮分会等单一行业性分会和以长江水系为基础的长江港口分会，但是建立在港口群基础之上的区域层面的港口协会还未建立。地方层面的港口协会如上海港口协会、浙江省港口协会、江苏省港口协会等对跨地区的港口服务、协调和自律也鞭长莫及，而区域层面的港口协会能突破行政藩篱、打破行政封锁，成为港口之间合作的润滑剂。

应在以各种联席会议和合作交流机制为代表的政府间合作平台外开辟第二合作平台，借鉴欧洲海港组织的成功经验，成立长三角区域港口航运协会，在港口规划与建设、港口市场监管、港口安全与环保、港口信息与培训等方面成立专门小组，推进运输费用、税费标准、通关手续、市场管理、行政执法、政策体系等的一体化，同时建立更加有效的项目推进机制、评估考核机制和奖惩机制，加快实现长三角市场信息共享和数据查询、监控信息交换以及申报信息、审批管理信息等的互联互通，加强各港口之间的资源配置、航运市场规范，避免恶性竞争。

建立长三角区域港口航运协会，首先要保证协会在人员、资金、运作等方面的独立性，行业协会并不是政府部门的派出机构，也不是退休政府官员发挥余热的组织，长三角区域港口航运协会的根本宗旨是为会员服务，协会的经费应大部分来自会员缴纳的会费，一般不应接受政府的资助，这样才能保证自己的话语权，在协会的运作上，也要独立于政府管理部门，协会并不是政府向、会员传递政策信息的媒介，而是作为会员的代言人与政府保持沟通；其次要处理好区域性港口航运协会与全国性、地方性港口航运协会之间的关系，区域性港口航运协会可以是地方性港口航运协会改组而成，也可以是独立成立。

（3）确立港口企业的主导地位

企业是市场竞争的主体、资源配置的主体、港口制度合作的主体，真正的区域港口一体化是通过港口企业的广泛合作才能实现的。

港口企业主要分为三种：各港的港务企业集团、国内大型跨地区投资港口业务的国资企业、外商专业码头投资商和船公司所属码头运营商。这三种企业中，各港务集团和国内大型国资企业受政府的影响更大，要进一步发挥市场机制和利益机制，以企业为主体、以资本为纽带、以项目为载体，建立跨行业、跨地区的港口经营新模式，鼓励长三角港口企业资本经营、异地投资、合作经营，乃至兼并或组织企业联盟，同时鼓励地区之外的各类资本进入长三角港口建设和经营。

（4）弱化政府港口管理职能

2004 年 1 月 1 日起实施的港口法确立了我国港口由地方政府直接管理并实行政企分开的行政管理体系，其核心就是政企分开，多家经营；一港一政，统一管理，明确规定了各级政府交通和港口行政管理部门的管理权利和责任，体现了政府部门主要履行统筹规划、掌握政策、信息引导、组织协调、提供服务和检查监督的职能。港口企业作为独立的市场主体，依法自主经营，按照市场法则，公平竞争。然而在港口属地化管理后，港口之间的竞争愈加激烈，竞争的实质是港口城市之间的竞争，体现的是各港口城市的利益诉求。受当前行政组织架构和地方政府官员考核机制的影响，地方政府无不在行政区划范围内追求垄断利益的最大化，这就导致政府在港口发展中影响非常突出，这种以地方利益为主导、带有政府意志的发展态势，无疑影响了长三角港口群整体利益的实现。同时，国有资本为主导的港口集团依然是各地港口的主要力量，这些港口集团包括一些已经上市的港口集团的主要领导仍由地方政府任命，港口作为市场主体的地位受到影响，港口服务区域整体利益最大化的目标得不到真正的保障。地方政府要由发展型政府向服务型政府转型，政府要把自己的行为严格限定在制订港口合作条款和实行监督、为港口发展创造良好的制度环境、为社会提供稳定而有保障的公共产品和公共服务等方面，政府应该把自己当作协调的主体，而不是微观的经济主体，要从港口竞争中退出来，要确保港口运营的自主性，在长三角港口群合作中的作用是通过立法，营造宽松、规范、公平的市场环境。

2. 发展航运服务业，提升港口竞争力

长三角港口群的核心是上海国际航运中心。目前，上海国际航运中心建设已经到了关键的转型升级阶段。根据辐射空间、实际能力，可以将国际航运中心划分为全球性和区域性两类，而根据服务内容则又可划分为货运型（例如新加坡）和服务型（例如伦敦）。从远景发展来看，上海国际航运中心仍然将以港口功能（而非航运功能）为核心，但是迫切需要提升航运服务和市场交易为主的信息与交易型功能，从而实现以贸易交易、信息传递、资本运行、金融服务和技术开发等有形物流形态和无形贸易服务相结合的方式，来控制和影响全球产业和航运市场的目标。

推动国际航运中心服务体系升级。上海国际航运中心面临整体提升吞吐能力和服务水平的要求，而既有区域港口（上海港、宁波—舟山港和苏州港）吞吐能力约 8 500 万 TEU。因此，需要着力提升航运服务能力，促进区域航运产业升级，提高区域辐射带动能力，构建包括规模、集疏运方式结构、服务水平和航运服务等方面的国际航运中心指标体系。随着长江 12.5 米深水航道延伸至南京港，进一步优化区域港口功能布局，整合长江下游港口资源，加强上海港与沿海港口、长江沿线港口的水水中转，建立分层接驳的集疏运系统，并发挥长江黄金水道优势，打造上海辐射中部的长江经济带水路运输走廊，增强对内陆经济腹地的服务能力。强化区域内河和近海等航运资源的整合，增强港口内贸服务功能。在支持中国沿海和沿长江港口发展的过程中，形成国际金融、国际贸易、生产加工、技术交流、航运信息、船舶交易、航运保险、海事法律服务等多种航运服务产业的集聚。

此外，长三角港口群各港口应建立统一的资源信息交流平台，并实现集成和共享，形成有效的交流、沟通、合作渠道。通过共享客户信息，及时了解港口物流信息和动态，提升港口之间的依赖度和诚信度。通过完善集疏运输系统，实现管理信息系统的互联互通，形成综合、高效的运输网络。通过构建以产业链延伸为基础的合作共赢港口集疏运体系，提高港口群整体竞争力和服务质量。港口群内各港口要积极合作，互相学习、互相交流，充分发挥政策效应，增强港口的集聚和辐射功能；通过技术合作，降低成本，满足客户需求，有效提高长三角地区各港口的管理水平和管理能力，提升港口的技术水平。

3. 对接国家战略，协同发展江海联运

长江三角洲港口群主要承担着长江经济带及腹地货物海运中转的任务，按照《全国沿海港口布局规划》，需根据长三角港口群各港口的区域位置、基础设施等条件，制定长三角港口群总体发展规划，明确各港口的功能定位和发展目标，有效整合各港口资源，实现各港口错位发展。实践中，上海港要建设国际航运中心，应通过洋山港区的合理开发建设，完善其干支线网络，成为战略性运输中转枢纽港。浙江宁波—舟山港具有优越的建设深水港的条件，通过功能结构调整，实现对上海港的补充，使其成为上海国际航运中心的次枢纽港或中转港。江苏几乎每个城市都有港口，可通过开辟江海航线，成为长三角港口群的重要中转和集疏运节点，成为上海国际航运中心的支线港和喂给港。

参与“一带一路”建设和长江经济带国家战略，需要构建开放型经济新体制。长三角位于长江经济带的下游地区，要参与长江经济带建设，依托长江黄金水道，必须加强沿江重要港口集疏运体系建设；要发挥上海在长江经济支撑带建设中的龙头作用，发挥宁波—舟山在长江经济带中的“龙眼”地位，打造黄金水道综合交通运输体系、建设长江流域虚拟无形经济带、建设长江经济带区域合作体制机制等，促进长江经济带贸易一体化、基础设施一体化、市场一体化和制度一体化。

要加强长江流域港口的统筹发展，建立长三角立体化交通运输体系，以上海国际航运中心引领长江黄金水道综合运输大通道建设。比如，打破行政区划界限，探索大洋山港开发的体制机制，适应长江经济带开发带动集装箱和货源不断增长的需求;鼓励港口物流企业以市场化方式参与沿江港口建设和运营,出台针对内河支线船公司的相关扶持政策,推动长江沿线港口至洋山的江海直达运输,促进水水中转业务发展。

4. 突破技术制约,推进港口的互通发展

港口的联动协同发展重点要实现基础设施、航运信息以及通关政策等方面的互通发展。一是基础设施互通建设,加快铁路、高速公路、航道、跨海大桥建设,推进长江三角洲地区交通网络一体化。同时联合推进小洋山北侧陆域综合开发和洋山深水港建设,加强与宁波在陆向通道、供水、能源等重大基础设施建设方面的互联对接和统筹谋划。二是港口信息互通,建立长三角港口信息互通平台,发布港口的动态信息,激活区域现代航运服务业和现代物流的信息化应用。三要加强通关政策互通,推进口岸通关相关制度逐步与国际惯例和通行规则接轨,建立主动服务企业通关的高效互动工作机制,探索集装箱“一体化通关”的监管模式。

第八章

长三角农业发展协同战略研究

长三角区域合作起始于20世纪80年代上海经济区的成立，1988年，国务院上海规划办撤销，随着浦东开发开放，1992年建立了长三角15个城市经济协作办主任联席会议制度，1997年升格为长三角城市经济协调会。2001年，沪、苏、浙三省市发起成立了由常务副省（市）长参加的"沪苏浙经济合作与发展座谈会"制度，沪、苏、浙三省市主要领导座谈会制度于2004年启动，2008年起，长三角政府层面形成决策层、协调层和执行层"三级运作"的区域合作机制。其中，执行层包括"联席会议办公室"和"重点合作专题组"。沪、苏、浙、皖三省一市分别在发展改革委（或合作交流办）设立"联席会议办公室"，分管副主任兼联席办主任。目前已经设立了交通、能源、信息、科技、环保、信用、社保、金融、涉外服务、城市合作、产业、食品安全12个重点合作专题。

从区域农业协同发展来看，2018年，三省一市联合组建长三角区域合作办公室，长三角区域合作进入新时期。2016年3月，农业部、国家发展改革委、工业和信息化部、财政部、交通运输部、商务部、人民银行、银监会联合印发《京津冀现代农业协同发展规划（2016—2020年）》。而长三角区域是作为跨多省市合作的区域，在我国的区域合作领域是领跑者，且所在区域有望成为全球第六大城市群，研究其包括农业协同发展在内的区域协同发展战略具有重要的现实意义和紧迫性。

专栏1：协同发展的内涵

协同发展是一个良性循环过程，最终目标是一体化发展。赫尔曼·哈肯在20世纪70年代从不同事物的共同特征及其协同机理角度阐述了协同学的基本原理，其核心归结为自组织理论。自组织理论是指通过系统内部各子系统之间的有机结合，使系统从原来的无序、分散走向有机的新整体，在这个过程中强调系统内部的自组织、自调节作用。协同互补发展，是一种基于协同学的基本原理，配合区域分工合作、比较优势等经典的经济学理论提出的一种以系统内部以及各子系统之间的相互适应、相互协作、相互配合和相互促进、耦合而成的同步、协作与和谐发展的良性循环过程，最终达到一体化发展的目标。

准租金的存在是区域内各地选择协同发展的动力之源。青木昌彦指出，企业形成是因存在特质性资源或准租金，这种特质性资源难以在市场上转让，而只能在形成的企业内部存在。①区域经济协同也存在与之相似的准租金，在区域中各地区彼此独立的情况下，这种租金显然难以获取，比如降低空气和水的污染成本问题，没有区域的协调，各地区无论有怎样的治污措施都难以有效实施。

"共生"理论为区域协同发展提供了可操作的协同机制。1879年，德国真菌学家德贝里(Anion deBaby)首次提出"共生"

① 青木昌彦：《企业的合作博弈理论》，杨瑞龙译，中国人民大学出版社2015年版。

(Symbiosis)的概念。[①] 根据该理论,"共生"指单元之间在一定的环境中按某种模式形成的关系。它由共生单元、共生模式和共生环境三要素构成。其中,共生单元是指构成共生体的基本能量生产和交换单位,是形成共生体的基本物质条件。共生环境是指共生关系存在发展的外生条件。共生模式又称共生关系,是指共生单元相互作用的方式或相互结合的形式。它包括寄生、偏利共生、非对称互惠共生、对称互惠共生四种共生行为模式,以及点共生、间歇共生、连续共生、一体化共生四种共生组织模式。"对称互惠共生"的行为模式和"一体化共生"的组织模式是实现"双赢"(win—win)和"多赢"(Multi—win)的理想模式。共生理论认为,共生关系的形成必须存在共生界面和共生机制,这样,共生单元之间的物质、能量和信息的流通和交换才能顺畅,共生过程中共生新能量源才不断地产生,促进共生系统的共同进化。构成共生关系的一般条件包括:①具有内在性质的兼容以及某种时间或空间联系;②在给定的时空条件下,存在某种确定的共生界面;③共生单元之间按某种方式进行物质、信息和能量的交流。共生理论为区域的协同发展提供了一个可操作的协同机制和发展路径:营造共生环境,创造共生界面,构建共生机制。

一、长三角农业协同发展的战略背景

长三角区域农业协同发展有条件、有压力、有实践。党的十九大报告指出,当前我国社会主要矛盾已经转化为人民日益增长的美好

① 刘志迎、郎春雷:《基于共生的产业经济分析范式探讨》,《经济学动态》2004年第2期。

生活需要和不平衡、不充分的发展之间的矛盾。这为长三角地区农业协同发展提供了目标。通过各省市间的协同发展，整个长三角区域的农业发展应更加平衡，后发展地区的农业发展会更加充分。长三角区域在农业领域逐步解决“不平衡、不充分”问题。

（一）协同发展有条件

长三角区域三省一市的气候条件和农产品种类相近，合作空间较大，不同的区域特色和地区生产效率的差异为农业协同发展提供了合作势能。

1. 长三角地区是中国重要农业产区

作为中国经济最发达的地区之一，长三角地区非农产业发达，农业用地空间虽然较小，但仍是中国的重要农业产区。2015 年，长三角地区的农业用地面积为 26.58 万平方公里，占全国的 4.1%。第一产业增加值为 8 385 亿元，占全国的比重为 13.8%。

表 8-1　2015 年长三角农业资源占有及发展规模

地区	地区生产总值（亿元）	其中：第一产业	一产从业人员（万人）	农业用地面积（千公顷）
全国	685 506	60 871	21 919	645 457
上海	25 123	110	46	315
江苏	70 116	3 986	876	6 497
浙江	42 886	1 833	493	8 613
安徽	22 006	2 457	1 396	11 154
长三角	160 132	8 385	2 810	26 579
占比	23.4%	13.8%	12.8%	4.1%

数据来源：《中国统计年鉴(2016 年)》，其中三省一市的从业人员数据来自各地 2016 年统计年鉴。

从生产规模来看，江苏省和安徽省是长三角地区农业主要产区。2015 年，长三角地区三省一市中江苏省农林牧渔业的规模较大，农林牧渔业总产值占整个长三角区域的48%。其中,农业、畜牧业和渔业占长三角总量的比重分别为50%、42%和52%。其次为安徽省,农林牧渔业总产值占整个区域的比重为30%。其中,农业、林业和畜牧业占长三角总量的比重分别为29%、50%和42%。

2. 农业结构相近,区域特色明显

从长三角三省一市第一产业的内部行业结构来看,各地包括农业和林业的种植业所占比重较为接近,由于环境和种植习惯等差异,各地的畜牧业和渔业比重呈现出明显差别。

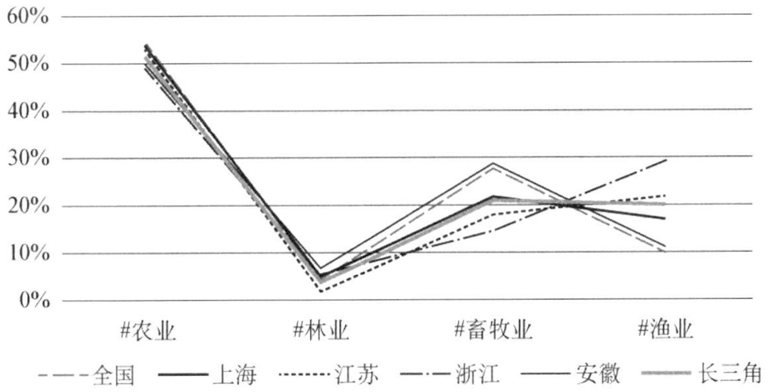

图8-1　2015年长三角地区三省一市第一产业内行业结构比较(行业总产值口径)

从第一产业的区域分布来看,长三角地区的第一产业主要分布在江苏省和安徽省,其中,农业主要分布在江苏、安徽和浙江;林业主要分布在安徽、浙江和江苏,畜牧业主要分布在江苏和安徽,渔业主要分布在江苏和浙江。

从具体农产品的区域分布来看,长三角地区的粮食产区在江苏省和安徽省,分别占45%和44%;棉花产区主要在安徽省和江苏省,分别占63%和32%。油料和肉类产区主要分布在安徽省和江苏省,园林水果主要产地是浙江省,桑蚕主要分布于江苏省和浙江省,茶叶主要产地为浙江和安徽,牛奶的主要产地是江苏省,水产品的主要产地为浙江省和江苏省。

表 8-2 2015 年长三角地区各地农林牧渔产业比较

单位：亿元

地区	农林牧渔业总产值	＃农业	＃林业	＃畜牧业	＃渔业
全国	107 056	57 636	4 436	29 780	10 881
上海	303	162	12	66	52
江苏	7 031	3 722	129	1 262	1 518
浙江	2 933	1 435	152	436	856
安徽	4 391	2 175	290	1 259	475
长三角	14 658	7 493	583	3 023	2 900

数据来源：中国统计年鉴 2016。

分地区来看，相对来说，上海市农产品规模较大的是牛奶，占整个区域的 21%，与安徽省的规模相近，不到江苏省的一半；浙江省农产品规模较大的是茶叶和水产品，分别占整个区域的 58%和 43%，此外，水果和桑蚕占比较大，均占长三角地区的 30%左右；除茶叶外，江苏省各类农作物的规模均较大，占长三角地区的比重均超过 30%，其中粮食、桑蚕和牛奶占比均超过 40%，肉类和水产品规模也较大，区域内占比分别为 39%和 38%；安徽省农产品规模较大的是粮食、棉花、油料、肉类和茶叶，其中棉花和油料占比均超过 55%，油料和肉类占比均超过 40%，茶叶和水果占比分别为 38%和 37%。

表 8-3 2015 年长三角地区主要农作物及产量

单位：万吨

地区	粮食	棉花	油料	肉类	园林水果	桑蚕	茶叶	牛奶	水产品
上海	112	0	1	20	62	0		28	32
江苏省	3 561	12	143	369	915	5	1	60	521
浙江省	752	2	31	131	741	4	17	17	598

（续表）

地区	粮食	棉花	油料	肉类	园林水果	桑蚕	茶叶	牛奶	水产品
安徽省	3 538	23	228	419	1 030	3	11	31	230
合计	7 964	37	404	940	2 747	12	30	134	1 382
上海占比	1%	0%	0%	2%	2%	0%	0%	21%	2%
江苏省占比	45%	32%	35%	39%	33%	42%	5%	44%	38%
浙江省占比	9%	5%	8%	14%	27%	33%	58%	12%	43%
安徽省占比	44%	63%	56%	45%	37%	25%	38%	23%	17%

数据来源：《中国统计年鉴 2016》。

从具体农产品在各市的分布来看，粮食、油料和肉类分布比较广泛，棉花和水产品集中在几个城市，但各类农产品几个主要产地仍比较分明。长三角地区的粮食产区主要位于安徽省中北部和江苏省北部，分布在盐城、阜阳、徐州、亳州、淮安、六安、滁州、宿州、宿迁、连云港、南通、泰州、扬州、合肥、蚌埠和安庆等市；长三角地区的棉花产区主要位于安徽和江苏省北部的盐城、南通和徐州，其中安徽省棉花主要分布在安庆、芜湖、池州、合肥、宿州、亳州、六安、蚌埠、阜阳等市；长三角地区的油料产区也主要分布于安徽省和江苏省。主要包括蚌埠、南通、合肥、盐城、安庆、宿州、滁州、六安等市；长三角地区的肉类产区主要分布于江苏省的徐州、盐城、南通等市，以及安徽省中北部城市，如阜阳、六安、宿州、合肥、滁州等市，小部分分布在浙江省的嘉兴和杭州等市；长三角地区的水产品产区主要分布于浙江和江苏的沿海城市，如浙江省的舟山、台州、宁波、温州等市和江苏省的盐城、南通、连云港等市。

3. 农业发展效率较高，地区差异较大

如果用农业劳动生产率、单位农业用地面积创造的增加值来看农业发展效率，长三角地区的农业发展效率较高。长三角地区三省一市的单位农地面积的增加值均显著超过全国平均水平。长三角地区的江苏省和浙江省的第一产业劳动生产率均显著高于全国平均水平，安徽和上海均低于全国平均年水平。总体来看，农业发展效率较高的是江苏省，劳动效率和土地效率均为长三角地区最高水平。

从农业投入来看，长三角地区农业科技进步贡献率普遍高于全国平均水平；除上海外，长三角地区的化肥用量较多，单位面积化肥使用量均略多于全国平均水平；各地单位面积拥有的农业机械动力差异较大，浙江省显著高于全国平均水平，安徽省高于全国平均水平，江苏省略低于全国平均水平，上海显著低于全国平均水平。总体来看，农业投入表现突出的是江苏省，化肥投入和科技投入均比较高。其中，单位播种面积的化肥使用量在长三角地区最高，也高于全国平均水平；农业科技进步贡献率在长三角地区仅次于上海，为65%，远高于全国平均水平。

分区域来看，各省市农业发展效率差异较大。一产劳动生产率较高的为江苏和浙江，上海略低于全国平均水平，安徽的效率较低。其中，劳动生产率较高的江苏是安徽的 2.5 倍；单位农业用地面积创造的增加值较高的仍为江苏省，2015 年每平方公里创造增加值 614 万元，其次是上海市，每平方公里农业用地创造增加值 349 万元，农用地利用效率相对较高。

从各城市（地级市及以上）来看，浙江临海的宁波和舟山、江苏省的苏州和无锡市的农业生产效率较高，远超过其他城市，无论是劳均农林牧渔业总产值还是劳均第一产业增加值均是如此。效率最高的城市与最低的城市相差超过 10 倍。

表 8－4　2015 年长三角地区第一产业发展效率与投入分析

地区	一产劳动生产率（万元/人）	单位农用地面积增加值（万元/平方公里）	单位播种面积总动力（千瓦/公顷）	单位播种面积化肥使用量（公斤/亩）	农业科技进步贡献率%
全国	2.8	94	6.7	24.1	56①
上海	2.4	349	3.5	19.4	70②
江苏	4.6	614	6.2	27.5	65③
浙江	3.7	213	10.3	25.5	62④
安徽	1.8	220	7.4	25.2	60⑤

数据来源：除农业科技进步贡献率数据外，均根据《中国统计年鉴 2016》相关数据计算。

表 8－5　2015 年长三角区域各地级市及以上城市农业发展情况

地区	土地面积（平方公里）	农作物播种面积（千公顷）	单位播种面积化肥使用量（公斤/亩）	单位播种面积总动力（千瓦/公顷）	劳均农林牧渔业总产值（万元）	劳均第一产业增加值（万元）
上海市	6 341	342	19.3	3.5	6.6	2.4
南京市	6 587	317	15.7	7.1	8.8	4.9
无锡市	4 627	173	20.4	5.8	14.4	7.7
徐州市	11 765	1 161	35.7	5.9	6.0	3.1
常州市	4 372	215	20.9	6.7	8.8	4.8
苏州市	8 657	250	20.7	6.5	16.9	8.8
南通市	10 549	836	17.9	4.8	6.5	3.5
连云港	7 615	634	36.3	9.2	6.9	3.6

---

① 瞿剑：《我国农业科技进步贡献率 56%意味着啥？》，《科技日报》2016 年 8 月 16 日 3 版。

② 胡立刚：《上海农业科技贡献率达 70%》，《农民日报》2016 年 3 月 17 日 2 版。

③《2015 年江苏省国民经济和社会发展统计公报》。

④ 王丽玮：《"十三五"浙江农业现代化发展水平将达 90 分以上》，人民网浙江频道 2016 年 8 月 16 日。

⑤ 安徽省人民政府办公厅关于印发安徽省农业现代化推进规划（2016—2020 年）的通知（皖政办〔2017〕23 号）。

（续表）

地区	土地面积（平方公里）	农作物播种面积（千公顷）	单位播种面积化肥使用量（公斤/亩）	单位播种面积总动力（千瓦/公顷）	劳均农林牧渔业总产值（万元）	劳均第一产业增加值（万元）
淮安市	10 030	796	33.9	7.8	7.2	3.8
盐城市	16 931	1 427	24.2	4.7	8.5	4.1
扬州市	6 591	509	26.5	5.2	9.1	4.8
镇江市	3 840	236	15.2	6.0	9.8	5.6
泰州市	5 787	581	19.0	4.6	5.5	3.2
宿迁市	8 524	712	36.6	8.0	4.6	2.5
杭州市	16 596	298	21.8	10.1	6.6	4.3
宁波市	9 816	287	25.2	10.6	23.6	15.0
嘉兴市	3 915	320	21.2	4.5	7.8	4.6
湖州市	5 820	173	17.4	9.7	9.3	5.4
绍兴市	8 279	269	27.1	8.7	6.6	4.3
舟山市	1 455	18	16.4	92.1	20.9	10.6
温州市	12 065	216	25.1	10.0	3.3	2.0
金华市	10 942	221	33.0	11.8	3.3	2.1
衢州市	8 845	210	22.2	7.6	2.7	1.6
台州市	9 411	207	28.5	14.7	5.6	3.2
丽水市	17 324	163	24.7	6.9	2.7	1.8
合肥市	11 445	754	26.2	5.8	5.5	3.1
淮北市	2 741	260	27.5	11.0	2.7	1.6
亳州市	8 521	1 094	18.8	7.9	2.3	1.2
宿州市	9 939	1 038	21.4	8.2	3.3	1.8
蚌埠市	5 951	639	32.4	8.4	3.1	1.9
阜阳市	10 118	1 241	20.6	6.0	2.6	1.3
淮南市	5 532	492	40.3	8.7	2.5	1.5

（续表）

地区	土地面积(平方公里)	农作物播种面积（千公顷）	单位播种面积化肥使用量(公斤/亩)	单位播种面积总动力（千瓦/公顷）	劳均农林牧渔业总产值(万元)	劳均第一产业增加值(万元)
滁州市	13 516	889	26.8	7.9	3.5	2.0
六安市	15 451	666	21.0	8.1	2.2	1.2
马鞍山	4 049	232	23.2	6.4	3.3	1.8
芜湖市	6 026	378	32.6	5.6	5.2	2.5
宣城市	12 313	353	25.0	7.0	3.0	1.6
铜陵市	2 923	180	23.2	4.9	1.8	1.1
池州市	8 399	200	20.0	6.3	2.8	1.6
安庆市	13 538	660	22.6	4.5	3.0	1.6
黄山市	9 678	127	20.2	6.4	2.8	1.6

数据来源：三省一市统计年鉴 2016。

注：考虑到数据可得性，在化肥使用、农机占有、劳动力效率等方面的衡量用如下指标替代，单位播种面积化肥使用量＝化肥使用量/农作物播种面积；单位播种面积总动力＝农业机械总动力/农作物播种面积；劳均农林牧渔业总产值＝农林牧渔业总产值/第一产业从业人员；劳均第一产业增加值＝第一产业增加值/第一产业从业人员。

长三角地区各地农业现代化水平和发展效率差异较大，一方面是投入差异造成的，另一方面也有农业发展阶段不同造成的。在农业劳动力转移比较充分，农业的组织化、规模化经营程度较高的地区，农业的现代化水平和农业发展效率较高，研究长三角地区农业协同发展，各地区客观存在的发展阶段差异需要得到正视。发展阶段差异主要反映在城市化水平差异上。较高的非农转移率和城市化水平为农业的现代化发展提供了条件，促进了农业生产率的提高。如从城市化率来看，上海的城市化率较高，2015 年城镇人口比重为 87.6%，江苏省和浙江省相近，分别为 66.52% 和 65.8%，均显著高于全国平均水平，安徽省城镇化率较低，低于全国平均水平 5 个百分点。

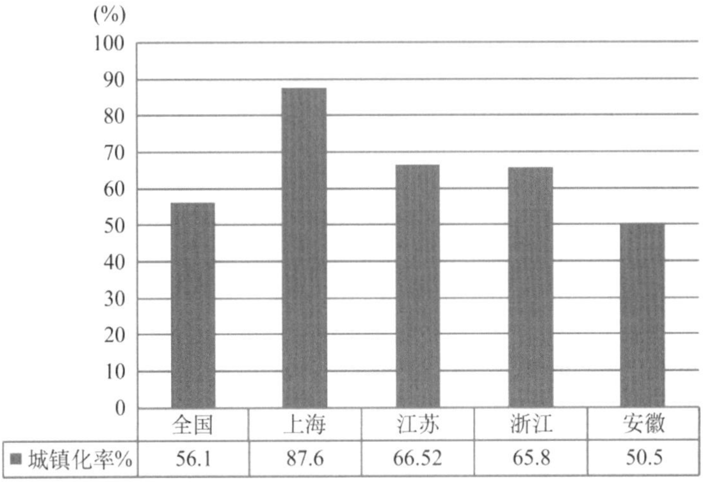

图 8-2　2015 年长三角各地城镇化水平差异比较

数据来源：《中国统计年鉴 2016》。

4. 长三角农业发展水平与发达国家相比差距较大

总体来看，除安徽省外，长三角地区的农业发展水平均高于全国平均水平，但与发达国家相比，差距还比较大。与发达国家 3 万—5 万美元的农业劳动生产率相比，长三角地区仅为 3 000—6 000 美元，相差约 10 倍。与发达国家 70%以上的农业科技进步贡献率相比，长三角大部分地区还相差 5—10 个百分点。

实际上，农业现代化已经成为我国现代化的短板，其中农业生产效率是短板中的短板。长三角地区作为中国最发达的地区之一，存在同样的问题，率先实现农业现代化的任务任重道远。三省一市联合起来，协同发展，成为率先实现农业现代化的最优选择。

此外，区域农业的协同发展还面临诸多内在和外在压力。

(二) 协同发展有强大需求动力

长三角区域内三省一市面临在农业领域协同发展的压力，具体体现在面临实现现代化目标、共同应对国际竞争、共同壮大城市群、在全国发挥领先作用、适应公众日益提高的对农产品质量和生态环境要求等领域。

1. 农业现代化发展和提升农业国际竞争力的内在需要

随着新一轮产业革命的兴起，农业现代化有了新的内涵。信息产业将与农业深度融合，农业物联网将得到广泛应用，农业生产将实现智能化，传统的行业界限被打破，生产主体将实现跨行业重组和融合，并催生出新的技术模式、管理模式和盈利模式。随着农业生产过程更加智能化，流通过程更加信息化，消费过程更加个性化，客观上对农产品的质量、包装的等级化及标准化和数字化提出更高的要求。这些涉及信息产业的前期投入成本巨大，而一旦建成，为单个使用者提供服务的边际成本几乎为零，这一特点使得未来产业进入的门槛越来越高，谁先进入，谁就能掌握未来农业发展的主动权。开展区域合作，共同投资、共享成果，实现区域农业的协同发展，是目前长三角区域农业合作的迫切选择。

随着农业国际竞争加剧，为了突破各国贸易壁垒、提高农业竞争力需要长三角区域加强合作、协同发展。农业具有鲜明的地域特点，长三角地区历来是我国的鱼米之乡，土壤和气候条件与出产的农产品相近，在国际竞争中有共同的利益，同样也面临相似的问题。当前，国际农产品竞争已从过去单纯的关税、非关税措施，转向以技术性贸易壁垒(Technical Barrier to Trade，简称 TBT)为主的限制政策和措施，技术标准和评定程序、商品包装标签及标志、动植物产品检验检疫等已经成为贸易保护的工具。如日本对进口的中国大米，要求进行检测的指标由 1993 年的 20 多项，增加到 100 多项；美国要求所有包装食品应有食品标签，食品标签多达几十种；ISO14000 环境管理体系、ISO9000 系列标准体系，以及诸如德国的“蓝天天使”、日本的“生态标志”和欧盟的“欧洲环保标志”等绿色环保标志成为出口的必要条件。由于事前对各进口国的要求了解不够，导致出口产品被退货索赔等问题常有发生。如浙江舟山冻虾仁因被检出极微量氯霉素而被欧洲公司退货索赔；中国出口欧盟的蜂蜜又被以“抗生素超标”为由遭到“封杀”;日本对从中国进口的蔬菜实行批批检验的苛刻检验措施;欧盟兽医委员会曾宣布禁止从中国进口虾、兔和家禽肉等动物源性食品[①]等。而开展区域合作,一方面,通过集中研究各国相关商品进口要求和条件,逐个击破各种以质量、卫生和技术标准等为借口的技术性贸易壁垒,有助于降低国际交易成本、提高谈判地位。另一方面,通过联合打造区域特色的农业强势品牌,还可大幅提升长三角农产品市场竞争力。

2. 长三角城市群发展壮大的内在需要

未来的区域竞争表现为以都市圈或城市群和产业链为主体的群体竞争,放眼整个都市圈,整合各方面资源,建立新型分工与合作机制,形成都市圈一体化的产业链整体优势,成为提升都市圈整体竞争力的核心和关键所在。[②] 长江三角洲都市圈要想成为世界第六大城市群,根据戈特曼于1957年提出“大都市圈(带)”形成的基本条件和标准,除了具有一定规模外,城市群内有相当多的大城市形成各自的都市区;联系方便的交通走廊联结各核心城市;各都市区之间,以及核心城市与都市区外围地区要有密切的社会经济联系;城市群不仅属于国家的核心区域,还具有国际交往枢纽的作用。从目前来看,长江三角洲城市群仍处于发展的初级阶段,与国际上发达国家五大城市群相比,还没有建立起完全意义上的整体构架,区域的联系紧密的农业产业链也尚未形成。面对世界范围的城市群竞争,引导产业分工、协调与区域性积聚,提升区域整体竞争力是未来长三角城市群发展的内在需要。

同时,“京津冀”、长江经济带相继上升为国家战略,以及“一带一路”建设,协同发展成为当前中国区域经济发展的主旋律,各区域协同进展迅速,成绩显著,对开展区域合作多年的长三角地区带来了前

---

① 程国强:《中国农产品出口面对的技术性贸易壁垒》《高科技与产业化》2002年11期。

② 参见童海华、许浩:《区域竞争升级:从城市到城市群》,《中国经营报》2011年9月17日中魏后凯的观点。

所未有的压力。其中，“一带一路”已经得到沿线近60个国家的认同和支持，中国已同俄罗斯、塔吉克斯坦、哈萨克斯坦、卡塔尔、科威特等国签署了同“一带一路”建设相关的合作协议。珠三角地区也于2014年出台了《珠江三角洲地区生态安全体系一体化规划（2014—2020年）》。而京津冀一体化进展更加迅速且高效。一是京津冀协同发展得到了中央层面的高度重视。中央层面成立了由中共中央政治局常委、国务院副总理张高丽担任组长的高规格领导小组。二是进展迅速。仅在5个月后，北京和河北在7月31日一口气签署了7份文件，包括《共同打造曹妃甸协同发展示范区框架协议》《共建北京新机场临空经济合作区协议》《共同加快张承地区生态环境建设协议》《共同加快推进市场一体化进程协议》《共同推进物流业协同发展合作协议》《交通一体化合作备忘录》等。在环境治理方面推进环境信息共享，逐步实现区域内行业准入、污染治理一体化，开展区域联合巡查、交叉执法；在交通方面，由交通运输部推动，提出要推动三地交通“规划同图、建设同步、运输一体、管理协同”；在税收方面，由国家税务总局推动，正式签署了合作框架协议，将统一三地政策适用标准，区域内涉税信息将共享，企业将在同一平台办税；在旅游方面，建立了京津冀旅游协同发展工作协调机制，通过了协调机制议事规则，明确了工作职责、工作方式和组织领导；在文化方面，签署了京津冀文化领域协同发展战略框架协议，着力解决影响和制约三地文化产业合作与发展的深层次问题，统筹规划京津冀三地区域文化发展布局。[1] 特别在农业协同发展方面，2015年3月14日，北京市农村工作委员会、天津市农村工作委员会、河北省农业厅在北京签署《推进现代农业协同发展框架协议》，旨在推进区域现代农业协同发展。根据该框架协议，京津冀三地将突出大城市农业功能定位，在农业科技交流、农业国际经贸、现代都市农业建设、农产品产销、农产品质量安

① 《京津冀协同发展上位国家战略　对接工作渐次展开》，新华网2014-12-09。

全监管、农产品生产基地建设、农业农村工作等方面加强合作。[①]

3. 满足国家农业规划和中央要求的需要

我国《农业可持续发展规划》要求，到2020年，国家现代农业示范区和粮食主产县基本实现区域内农业资源循环利用，全国农作物病虫害统防统治覆盖率达到40%。到2030年，基本形成产出高效、产品安全、资源节约、环境友好的新格局。稳定发展有比较优势、区域性特色农业，测土配方施肥技术推广覆盖率达到90%以上，农业生态修复工作基本完成。耕地基础地力提升1个等级以上，土壤利用实行分级管理制度，农业主产区农膜和农药包装废弃物实现基本回收利用，全国基本实现农业废弃物趋零排放。2016年5月31日发布的《土壤污染防治行动计划》(俗称"土十条")要求，2020年年底前，实现土壤环境质量监测点位所有县(市、区)全覆盖。对于农业用地，要严格管控，加大保护力度，保障土地的安全使用。明确规定制定治理与修复规划，各省(区、市)2017年年底前完成制定土壤污染治理与修复规划，京津冀、长三角、珠三角地区要率先完成。到2030年，受污染耕地安全利用率达到95%以上，污染地块安全利用率达到95%以上。长三角地区在农业布局、生态保护和修复、农产品安全监管、质量检测、农业标准等方面加强合作，有利于形成合力，节约成本和时间，达到国家对长三角提出的提前完成任务的要求。

此外，国务院《关于进一步推进长江三角洲地区改革开放和经济社会发展的指导意见》提出，长三角应进一步完善合作机制，着力加强基础设施建设、产业分工与布局、生态建设与环境保护等方面的联合与协作。国务院常务会议上也强调，长三角城市群合作要以生态保护提供发展新支撑。实施生态建设与修复工程，深化大气、土壤和水污染跨区域联防联治，建立地区间生态保护补偿机制。

---

① 李飞：《京津冀签署框架协议　推进区域现代农业协同发展》，《农民日报》2015年3月16日。

4. 适应居民日益增长的对农产品质量和环境质量要求的需要

长三角地区苏、浙、沪两省一市虽有明确的行政区域界限，但水系相连，农业环境污染和生态安全问题紧密联系，相互影响。长三角地区农业有机废弃物及农用化学物质的长期大量投入已对区域生态环境构成严重威胁。例如在长江口及杭州湾海域，水质劣于国家四类海水质量标准的已经超过 60%，是我国近海污染量严重的海区。[①]这些问题不仅是限制区域经济发展的重要因素，而且是当地居民日益关注的问题之一。早在 2012 年，长三角两省一市人均 GDP 就已经突破 1 万美元，进入中等发达经济体行列，在此阶段，居民对提高生活质量提出了更高的要求，主要表现为对农产品质量和居住环境的要求不断提高。

同时，在自媒体时代，公众不再是经济和社会发展决策的旁观者，公共参与的自觉性和责任感更加突出，在反腐、食品安全等领域，公众参与已经发挥了重要的作用。农业不仅关乎国计民生，更处于食品安全问题的风口浪尖。农业产品和农业污染源的跨区域流通使得不同地方政府之间必须开展合作，在公众参与的情况下，这种合作得到了公众的监督和促进，地方政府只需管好自己一亩三分地的做法已经不合时宜。2013 年发生的“黄浦江死猪事件”轰动一时，暴露了各地对长三角区域农业协同发展认识的不足。这样的双重背景客观上要求长三角地区的农业协同发展。

专栏 2：黄浦江死猪事件

2013 年 3 月初，从黄浦江打捞起过万头死猪，网传各种致死原因：养殖过程中滥用抗生素、饲料中添加改善卖相的毒药

---

① 王君：《苏浙沪联手修复长三角生态》，《金陵晚报》2003 年 11 月 20 日。

有机砷、以转基因玉米做饲料导致生猪免疫力下降等，而上海和浙江方面则是互相推诿责任，一方说有十几头死猪的耳标显示是嘉兴猪，嘉兴则反驳说仔猪是嘉兴的也可能在上海喂养大，并质疑为何上万头猪只公布十几头死猪的耳标，认为黄浦江上飘的死猪可能大多来自上海本地。该事件引起了长时间的轰动，被人编成了段子。官方"不影响水质"的反应更是受到诟病，甚至上了美国的脱口秀节目，"一万头猪泡下来，水质竟然没变化，那水质标准得有多低啊！"此次"黄浦江死猪浮尸"事件牵涉水务、环保、食品安全等部门，是横跨江浙沪的跨地域事件，该问题不可能由单个部门或单个地域解决，更需要多部门、多地域建立生态环保的应急联动机制。

（三）协同发展已起步

截至目前，长三角地区在政府层面、社会层面都在开展区域合作。在农业的区域协同发展方面，农业科技创新、农业生态保护、农业市场一体化等方面取得了显著进展。

在农产品市场一体化方面，2007 年 11 月，江浙沪三省市签订了《长三角食用农产品标准化互认（合作）协议》；2008 年 3 月，16 个城市进一步达成"绿色互动"8 项共识。上海还将与江浙联手编制三地通过国家安全认证的食用农产品目录，作为三地各大超市、批发市场进货的安全保障。[①] 2014 年 12 月 11 日，江苏、浙江、安徽和上海市商务部门负责人在上海共同签署了《推进长三角区域市场一体化发展合作协议》，从"规则体系共建、创新模式共推、市场监管共治、流通

① 沈锡权、王子闽：《长三角地区蔬菜产业应协同发展》，《东方城乡报》2008 年 12 月 2 日第 B07 版。

设施互联、市场信息互通和信用体系互认”等六个方面加强区域合作，着力打破地区封锁和行业垄断，建设长三角区域一体化大市场，形成具有国际竞争力的长三角世界级城市群。①

在农产品物流区域合作方面，2015 年，长三角区域各省市将重点围绕物流标准化、农产品流通两方面推动区域合作。由上海和江西省牵头推动物流标准化，推进以托盘社会化共用为重点的托盘标准化、搭建服务于物流标准化的公共信息服务平台。由浙江省和上海市牵头，推动农产品流通区域合作，搭建长三角地区农产品产销合作平台，建立覆盖长三角地区的农产品流通对接互动机制，促进长三角地区优质农产品的产销合作和高效流通。探索发布农产品批发、零售指数，引导农产品有序流动。建立从源头到终端的农产品物流体系，逐步整合农产品包装、周转箱、车辆以及配送中心等物流设备设施标准化，推广标准化托盘在农产品全流程的应用，推进农产品流通产业链、冷藏链、供应链的系统建设；完善长三角地区农产品安全保障体系，建立综合性农产品现代流通及食品安全服务信息平台，完善食品流通和食品安全追溯信息的共享机制，建立长三角统一的食品检测认证体系。

在农业技术创新方面，在中央科技部协调支持下，长三角内的江浙沪地方政府陆续制定和出台了一系列科技合作和技术转移的政策和规定，签署了多个合作协议。2003 年 11 月 2 日，两省一市共同签署了《沪苏浙共同推进长三角创新体系建设协议书》，长三角创新体系建设联席会议制度建立，长三角创新体系建设正式启动，逐年各地轮值召开。到 2008 年 6 月，两省一市科技部门正式印发《长三角科技合作三年行动计划》。针对长三角区域经济和社会发展中的重大关键、共性技术，由国家牵头、两省一市共同组织了不同领域的联合攻关。2016 年 5 月，长三角区域创新体系建设联席会议办公室制定

① 《长三角区域市场一体化发展合作机制启动》，中央政府商务部，www. gov. cn，2014－12－17。

的《2016年度长三角区域创新体系建设工作计划》提出，要进一步加强区域内的信息互通和交流，做好科技成果转移转化的区域联动，开展区域共性关键技术联合攻关，进一步推动区域内科技公共资源的共享共用，并积极开展区域科技交流与合作。此外，自“星期六工程师”始，长三角的民间科技互动早已开始，企业与高校、科研机构开展跨区域合作，共同研制和开发工业产品，成立研发中心。长三角区域农业技术创新合作还反映在高校与各地政府之间的合作上。如2010年上海交通大学如皋院士工作室成立，该工作室由院士、专家教授和博士组成，利用上海交通大学农业与生物学院的科教人才优势，为如皋市科技兴农、科技强市提供技术支持，为农业科技服务、后备干部挂职、硕博士生实习锻炼等提供工作平台，探索有效的合作机制和一体化的社会服务模式。又如2015年9月11日，上海交通大学新农村发展研究院与常熟市人民政府合作成立上海交大（常熟）新农村发展研究院和上海交通大学常熟市教授工作室，依托上海交通大学的科技、人才、信息优势，致力于服务常熟市新农村建设、推进常熟乡村社会、经济和生态进步。

在农业生态保护区域合作方面，由长三角主要领导峰会领导下的环保工作组已经逐步建立，国家八部委和三省一市组成的长三角区域大气污染治理和太湖流域治理协作机制已经在运行中。长三角区域农业生态保护和修复方面的研究合作也已经开始。如2003年，浙江大学的浙江省亚热带土壤与植物营养重点实验室、中国科学院南京土壤研究所土壤与环境生物修复研究中心、上海市农业科学研究院上海市农业生态环境重点实验室联合成立“长江三角洲地区环境安全与生态修复研究中心”，致力于长三角生态修复研究工作。

二、长三角农业协同发展的战略目标及瓶颈问题

党的十九大报告提出，从2017年到2020年，是我国全面建成小康

社会决胜期。从 2020 年到 2035 年，基本实现社会主义现代化，我国经济实力和科技实力将大幅跃升，跻身创新型国家前列；人民生活更加宽裕，城乡区域发展差距和居民生活差距显著缩小，基本公共服务均等化基本实现；生态环境根本好转，美丽中国目标基本实现。从 2035 年到 2050 年，我国将建成富强、民主、文明、和谐、美丽的社会主义现代化强国。党的十九大描绘了未来中国发展蓝图，长三角地区作为我国的经济发达区域，理应更早更深入地达到实现社会主义现代化的目标。

随着城镇化的深入，长三角地区的农业从业人员将继续减少，农业的组织化、规模化程度持续提高。随着包括物联网在内的信息技术在农业中的广泛应用，农业生产的操作环境发生实质性改善，农业从业人员逐步实现职业化、专业化，农业组织方式和生产方式逐步工业化、智能化，农业加速与其他产业对接和融合；信息更加对称，农产品从生产到消费之间的环节逐步减少，物流成本大幅降低，农业从业人员收入大幅提高。随着收入的提高，居民更加关注生活质量，高品质农产品受到广泛青睐。

长三角地区农业协同发展，应按照创新、协调、绿色、开放、共享的发展理念，要逐步确立长三角协同发展的整体框架；在保供给、保安全、保生态、提质增效等方面逐步实现区域联动发展；要大力促进长三角区域农业整体开发，争取在 2035 年之前，长三角全域实现农业现代化，三省一市形成“目标同向、措施一体、优势互补、利益相连”的区域农业协同发展新格局。

（一）战略目标

1. 逐步确立农业协同发展整体框架

应树立长三角区域农业整体开发理念，以长三角农业协同发展规划为抓手，形成以长三角共同农业政策引导体系为主要内容的区域农业发展整体框架。长三角农业协同发展的着力点应主要聚焦在单个地方政府不能做或者规模效应较明显的以下六大领域：一是农业发展布局协同。通过构建利益补偿机制和引导机制，粮食生产在长三角全域范围实现统筹布局，逐步形成若干现代化生产基地和若干以国家地理标志产品为特色的农产品基地。二是农业融合发展协同。长三角农业生产实现标准化、绿色化、规模化、专业化，逐步形成一、二、三产业融合发展的现代农业产业体系。三是农业区域市场协同。农产品流通体系不断完善，逐步形成长三角统一的农产品品质和安全标准，集散结合、产销对接、信息畅通、追溯管理的现代农产品市场流通网络①。四是农业科技创新及推广协同，长三角区域的各类农业科技资源实现开放、畅通、共享，鼓励跨省研发合作，推进一系列更有针对性的合作研发成果实现产业化，逐步建立长三角统一布局、享受统一政策的农业技术推广体系。五是农业生态保护协同，聚焦联防联控，农业面源污染、土壤、水体等的生态修复等农业生态环境问题，全面改善区域农业生态。六是农业经营主体培育协同，长三角各地在建立“有文化、懂技术、会经营”的新型职业农民培训体系和职业教育体系，以及提高农业经营进入门槛，为职业农民创造与城镇对等的生存空间、发展空间和盈利空间等方面加强合作，促进成果案例在长三角各地区广泛应用。

专栏3：欧盟共同农业政策体系

随着农村劳动力大量外流，当地人口减少和老龄化，土地荒芜、基本服务萎缩、农村生态环境压力日益增大，经济发展缓慢，在此背景下，欧盟的农业政策目标已经从最初的鼓励生产转变为减少过剩、提高产品质量、保护生态环境、农村发展和农村社

① 章力建、朱立志：《京津冀一体化农业协同发展课题组，京津冀一体化农业协同发展的思考》，《中国农业信息》2014 年第 8 期。

区维护等。欧盟农业政策已从原来以收入支持为中心，演变为日益重视“第二支柱”即农村发展问题。

欧盟共同农业政策从单纯关注农业发展转移到农业和农村发展并重，更加强调农村经济的可持续发展。新的农村发展政策为未来欧盟的农村地区建立起了一个协调一致和可持续发展的基本框架。在促进农村发展，实现农业的可持续发展上，欧盟主要进行了四个方面的改革：一是对生产高质量的农产品的农民予以补贴。最高补贴额为每个农场每年 3 000 欧元，最多 5 年。如果生产高质量产品的生产者组织要宣传和促销该产品，可以对该促销活动予以支持，最多可以按实际费用的 70%给予补贴。二是引导农民按照欧盟标准进行生产。在有关环境、公共健康、动植物健康、动物福利和职业安全等方面，有一些标准在欧盟已经立法确定了，但是在一些成员国中尚没有实行。如果农民开始采用并按照这些标准进行生产，则可以给予临时性的补贴。补贴将按统一的标准，时间最长不超过 5 年，每年每个农场最高补贴额不超过 1 万欧元。如果农民需要有关的咨询服务，则可以对该咨询费用进行补贴，最高可达 80%，数额上不超过 1 500 欧元。三是对实行高标准动物福利的农民实行补贴。如果农民采取的畜牧饲养方式比一般的良好饲养方式标准还要高一些，并且至少要连续 5 年实行同样的措施，则可以视情况给予补贴。补贴的幅度依据采取这种高标准所增加的成本或者减少的收益情况确定，最多每年每个牲畜单位（成牛）可以补贴 500 欧元。四是增加对年轻农民进入农业所进行的投资补贴。其目的是鼓励年轻人进入农业行业和从事农业活动。主要包括对农村农业基础设施建设、农业经济多样化和农业发展的多功能等方面的资助。改革主要强调农产品质量的提高、农村环境的改善以及农业经济的多样化和多功能。

2. 逐步形成现代农业区域合作格局

一是农业生产布局要实现全域统筹。逐步建立各省市之间的利益补偿机制,逐步实现粮食、蔬菜等战略农产品保有量在长三角全域统筹布局。充分发挥安徽、江苏的农业生产优势,农业技术、农业设施持续逐步向两省倾斜,最新农业技术成果优先在两省实现产业化。实验农业、设施农业、种源农业、体验农业等优先在上海、南京、杭州、合肥等地布局,资金、技术、人才优势得到充分利用。各区域农业生产效率更加平衡。大型农产品服务中心在各大主产区合理布局,辐射周边主要产区。如在盐城、阜阳、徐州、合肥、连云港布局六大粮食生产服务中心,辐射安徽省中北部和江苏省北部的其他粮食产区;在盐城、徐州、阜阳、安庆布局四大棉花生产服务中心,辐射安徽和江苏省北部的其他产区。在舟山、台州、盐城、南通布局四大水产生产服务中心,辐射浙江省和江苏省其他主产区。

二是要推动长三角地产特色农产品充分发展,不断增强优势农产品产业带影响力。在长三角农业协同发展框架下,引导各地结合自身的资源、地理和环境条件,重点聚焦具有比较优势的地产特色农产品,初步形成包括粮食、蔬菜、棉花、油料、桑蚕、茶叶、水产和畜牧养殖等在内的若干特色农产品产业基地,各基地精品农业、生态农业、科技农业、循环农业、休闲农业、加工农业交融互动,形成长三角优势农产品大农业产业带,农产品的市场竞争力和占有率显著提高。

三是要形成若干跨区域农业协会组织。大力促进农业生产组织化程度的提高和农业经营者的职业化和专业化,鼓励形成若干诸如“长三角农产品品质和安全联盟”等的跨区域的农业协会组织,作为政府与农业生产者,以及各类农业生产者之间的桥梁,引导农业合理化布局,规模化、标准化、集群化、网络化发展,监管会员单位的农产品质量,为会员提供社会化服务,鼓励、促进深入开展产学研合作等。

四是要打造“长三角”成为区域性农产品品牌。建立诸如“长三角农业发展基金”等农业合作基金,引导农业经营者按照规定的标准生产、包装和销售，加强对长三角农产品品质和安全联盟的监督。逐步使“长三角”农产品在各领域成为高质、生态、安全的代名词。

3. 逐步构建农业物流区域合作体系

要逐步构建形成长三角区域农业物流合作体系。要完善长三角地区农业流通体系，构建起长三角地区统一的、与国际惯例接轨的、多层级的农产品品质标准、物流设施标准、运输通行及收费标准，形成集散结合、产销对接、信息畅通、追溯管理的现代农产品市场流通网络。①

一是要完善区域内农产品流通骨干网络，包括冷链物流设施在内的现代化农产品仓储物流设施在区域内各重要节点合理布局。

二是要实现区域内农产品物流的标准化，显著提高物流效率，大幅降低供应链成本。促进区域内农产品包装、周转箱、车辆以及配送中心等物流设备设施标准统一，标准化托盘在农产品全流程得到广泛应用。不断完善服务于物流标准化的公共信息服务平台。逐步实现长三角地区企业内数据交换标准统一，不断提升长三角地区物流企业标准化服务水平，加快物流产业链上下游企业之间信息流动。

三是不断加强长三角地区农产品质量和安全监管，提高“从田头到餐桌”型的农产品物流方式所占比重。逐步建立综合性农产品现代流通及食品安全服务信息平台、食品流通和食品安全追溯信息的共享机制，统一的长三角食品检测认证体系，与企业与个人征信系统相结合，实现对农户、农企和消费者的全方位监管，加强对农产品质量和安全监管，促进农产品电商的繁荣，“从田头到餐桌”型的农产品物流方式所占比重不断提高。

4. 逐步建立农业科技创新和推广的区域合作体系

加强农业科技合作和科技推广体系模式创新，争取在生物育种、

① 章力建、朱立志：《京津冀一体化农业协同发展课题组，京津冀一体化农业协同发展的思考》，《中国农业信息》2014 年第 8 期。

智能农业、农机装备、生态环保、农业转基因生物技术等领域取得突破性进展。

在农业科技的区域合作方面，与国家科技部区域发展司（局）合作，探索建立三省一市和国家科技部区域发展司（局）“4＋1”联动机制，在共享科技资源、共享科技基础条件平台、联合科技攻关、共建创新载体、共促科技成果转化等方面不断加强合作。不断提升长三角地区在科技界和农业界的影响力；建立水稻、桑蚕、茶叶、各类水产等长三角特色地产农产品联合试验基地，鼓励这些长三角科技合作主要载体在促进科技创新和联合攻关等方面发挥重要作用。

在农业科技推广合作方面，打破教学、科研和推广各自为政的局面，建立长三角区域“教科推”相结合的农业科技服务模式，农业技术推广站、特色产品试验田基地实现在各乡镇的全覆盖，农业高校、农业科研院所和地方农业推广机构之间，农业经营主体与农业推广机构之间形成紧密联系，建立“指导—发现（/反馈）问题—解决问题—改进—指导”的良性循环工作机制，农业高校农业人才培养和培训更有针对性。农业科技贡献率、农业科技推广体系的效率和农业科技成果的转化率大幅提高。

在资金保障方面，形成稳定的来自国家科技部、农业部和三省一市的资金投入机制，通过引导资金引导区域内农业科技资源整合，加强区域合作，促进形成教、研、推紧密联系的良性循环。

专栏4：美国农业科技服务体系的建立

为推动农业发展，美国国会在1914年建立了专门解决农村农业问题的农业技术推广体系，当时美国城市化率约50%，30%的劳动力在农业领域。根据1862年的莫里尔法，各州成立赠地大学，主要进行农业科学及机械技术方面的教学和研究。不同于一般大学，赠地大学除了教学和研究外，还承担着科研成果的推广任务，教学、科研和推广“三位一体”，推广工作通过教育的形式将研究成果及时地传到基层。

1887 年的哈奇农业试验站法案明确规定各州建立农业试验站并由联邦和各州政府专门拨款资助。农业试验站则隶属于各赠地大学农学院，负责向农民示范其研究成果并传授有价值的农业信息。后来成立的“农学院与实验站协会”使教学与科研的联系更加紧密。直到 1893 年，全国已建立了 49 个农业试验站。同时农业中等教育也在州县发展起来。1914 年，史密斯-利弗推广法通过，联邦政府农业部内设立农业推广局，联邦政府通过此机构每年依据各州人口向各州提供经费，赠地学院负责在各县设立推广办公室在基层展开推广工作。美国农技推广工作由联邦推广局、州农业推广站和县推广办公室或理事会共同合作完成，其中，农技推广站的站长由农学院院长担任，推广人员由农学院教授组成，同时负责农业教学、科研和推广工作，将三者紧密地结合到一起。主要职能包括进行科学研究，制定和实施州农技推广计划、管理州推广资金，协助县农业推广站工作、选聘县推广人员，为县推广人员提供技术指导、信息咨询和培训等。县农技推广办公室是州推广站的派出机构，由州推广站负责推广人员的招聘和管理。县推广站接受州计划任务并制定县推广计划，负责直接向农民进行推广工作。县推广员走访农民，诊断农场经营问题并寻找解决方法，提供信息咨询、技术指导等服务，帮助农民解决农业技术问题。

美国的合作推广体系发展至今，已不仅仅是提高农业生产水平的技术推广，还扩展到了经济和社会领域，包括 4－H 青少年发展计划，给予青少年生活或职业规划指导；农业项目：帮助农民建立企业，探索增加收入的新方式；领导力培养：培训推广专家和志愿者的组织和领导能力;农业资源利用:教农民更好地使用自然资源和保护自然环境;家庭消费科学:帮助家庭拥有更健康的生活方式;社区和经济发展:帮助当地政府考察和制定对经济和社区发展可行的方案。

操作上,美国的农业技术推广采取的是交叉式的推广方式,推广人员向农户推广农业科研成果,农户需要解决的科技问题首先交由推广人员来解决,推广人员不能处理的反馈到上一级专家来解决,专家不能解决的问题则展开科研。还可以在市场信息中发现有价值的科研任务,交由专家立项研究,研究内容再自上而下推广到农户中使用。①

美国农业部系统科研经费以国家拨款为主,国家科学基金及其他机构也提供2.6%支持尖端技术研究,以及企业0.4%的资金。美国的农业企业对农业科研的投资力度非常大,集中在农产品、产后和食品加工、兽医技术、机械和植物育种技术。此外,联邦政府承担50%,州政府与县政府各承担25%的农业推广服务经费,经费充足。②此外,日本政府支持农业科技推广的资助力度非常大。2011财年,日本用于合作农业普及事业的资金为562亿日元(100日元约合6.23人民币,2013),用于各种农业科技普及活动。日本普及指导中心共369个,普及指导员6 996人,有力地支持了农业科技推广,实现了农民、科研机构、政府和企业等的合作与发展。③

① 刘冬梅、李俊杰:《美国大学农业技术推广体系对我国的启示》,《中国科学报》2013年6月24。

② Seevers B, Graham D, Conklin N. Education through cooperative extension. 2007(5).

③ 孔祥智、楼栋:《农业技术推广的国际比较、时态举证与中国对策》,《改革》2012年第1期。

5. 逐步确立农业生态保护区域合作机制

不断加强长三角区域农业生态保护方面的合作，逐步解决区域内水系污染问题，改善区域内主要水源水质和长江口及杭州湾海域水质，遏制区域内农业面源污染，不断提升农产品品质。

首先，要在十大领域建立稳定的协同发展机制。长三角三省一市要在动植物疫病联防联控、种源保护、生物多样性保护、外来物种入侵防控、生态环境技术研究、农业面源污染治理、重金属污染耕地修复、水污染防治、节水技术推广、农村循环经济等领域逐步建立稳定的协同发展机制，实现共研、共享、共治。

其次，要建立长三角公众参与农业生态保护的体制机制。一是要建立长三角地区农业生产生活的生态保护长效机制。合作研究制定农业生产过程中农药化肥使用量等农业生态保护标准，并定期公布，方便各生产主体之间相互监督。二是鼓励个人如农村居民成为长三角地区农业生态保护工作的执行者和有力的监督者。农业生态保护与广大农民的生产生活息息相关，广大农民不仅是环境保护的建设者，同时也是受益者。长三角地区公众参与农业生态保护应该成为公众参与农业生态文明建设的常态。三是要培育发展长三角跨行政区的环境保护社会组织，推动其成为长三角地区农业生态保护的重要力量。

（二）战略问题

1. 农业协同发展的动力不足

目前，长三角地区农业协同发展尚处于自发阶段，农业协同发展缺乏必要的规划及指导纲领，协同发展的内外驱动力不足。

一是区域整体利益尚未形成，内在动力不足。长三角各地在农业发展领域整体上仍处于各自为政阶段。长三角地区分属三省一市，行政分割体制下地方壁垒客观存在，各地政策相异，禀赋不同，所处发展阶段各异，利益诉求差别较大，如缺乏区域整体利益驱动，区域合作较难深入。地方政府各部门在制定政策时，尚未把区域利益作为行动的最终目的来考虑，长三角农业协同发展仍受制于各自行政目标，难以实现真正意义上的区域农业协同发展。“黄浦江死猪事件”也折射出大长三角各地方政府各自为政，缺乏区域合作意识，这也是目前长三角农业协同发展面临的瓶颈所在。

二是缺乏农业协同发展规划，外在驱动力不足。按照《长江三角洲地区区域规划》，产业发展与布局、资源利用与生态环境保护是区域合作的重要内容，但长三角地区在农业发展与布局和农业生态保护方面均缺乏区域合作规划，农业合作的目标、重点、资金需求等不明晰，区域合作随意性和盲目性较大，[①]且易于流于形式，难以形成区域合作的推进机制。

2. 农业协同发展机制尚待完善

2008年起，长三角地区在政府层面已经形成“决策层”“协调层”和“执行层”三级运作的区域合作机制。确立了“主要领导座谈会明确任务方向、联席会议协调推进、联席会议办公室和重点专题组具体落实”的机制框架，但该区域协同机制尚不完善，这种不完善同样存在于长三角区域农业协同发展领域。

一是达成的协议缺乏强制性约束力。目前，虽然设立了包括产业和食品安全在内的12个重点合作专题，并已经在越来越多的领域，如工商、人事、生态治理等方面形成了制度性的协议，但总的来说缺乏法律效力，区域共识的达成缺少稳定性，相关的合作机制容易受到地方领导调动的影响。此外，从合作内容上来看，所缔结的行政契约内容过于原则，很多只是一种意向或认识，各方事后应采取的具体措施不多；在长三角的各种协议和意见书中，找不到有关违约责任的规定，因而，需要更具体的、有责任追究机制的制度体系的出台。[②]

① 俞菊生、张晨、罗强、马佳：《长三角区域农业合作的现状与趋势研究》，《上海农业学报》2011年第2期。

② 叶必丰：《长三角经济一体化背景下的法制协调》，《上海交通大学学报》2004年第6期。

二是区域整体立场的“组织者”缺位。长三角与京津冀和珠三角都不同，京津冀的协同发展有中央各部牵头组织协调，珠三角本就在广东省范围之内，长三角区域涉及三个省份和一个直辖市。农业的区域协同发展是一个复杂的行为系统，通常需要一个内生于系统的“组织者”。而在“群龙无首”的集群体系内，要素流动要突破行政壁垒、组织壁垒存在较高成本，导致“组织者”通常是缺位的。[①] 结果是各地各自为政，基于整体关系的区域经济运行体制难以形成，导致长三角区域缺乏整体效应。目前虽然每年轮值召开主要领导座谈会和联席会议，但议题多从当前工作任务清单中选择，鲜有从区域整体角度关注长三角区域协同发展的阶段性目标、进展情况、成效及评价等问题。

三是引导和激励机制尚待完善。虽然建立了长三角合作与发展共同促进基金，但目前该基金仅用于重大课题、重要规划、重点方案的研究，在引导各地政府加强区域合作，激励社会资金向有利于长三角区域农业协同发展的方向加大投资等方面，该基金发挥的作用还比较有限。

三、长三角农业协同发展的战略路径

要构建形成长三角农业协同发展整体框架，在现代农业发展、农业物流、农业科技创新和推广、农业生态保护等方面实现区域协同发展，需要构建包括管理机制、引导机制和多元共治在内的长三角农业协同发展三大机制，促进协同发展机制制度化、法律化，构建完善长三角共同农业政策引导体系和长三角农业协同发展配套体系。

---

① 黄速建、刘建丽：《当前中国区域创新体系的突出问题》，《人民论坛・学术前沿》2014 年 9 月上。

(一)构建长三角农业协同发展三大机制

1. 进一步完善区域协同发展的管理机制

建立跨省市的战略型和规划型的常设管理机构,[①]赋予其超越地方行政壁垒在整个长三角区域进行资源配置的权利和职能,致力于整个区域农业的整体开发,专门研究三省一市凭一己之力难以解决的问题,并制定出台促进长三角区域农业协同发展的相关法律、规划和政策。为加快一体化进程,京津冀三地已签订了《贯彻落实京津冀协同发展重大国家战略推进实施重点工作协议》等多个合作框架协议,长三角地区也有必要在"三省一市"的更高层面成立协调机构,解决重大事项,实质性推动长三角一体化发展。

2. 构建和完善长三角区域农业协同发展的引导机制

如可借鉴欧盟经验,成立类似欧洲农业指导和保障基金、渔业指导融资基金、欧盟团结基金等的长三角农业协同发展基金,三省一市按照一定比例(如 GDP 的 0.1%)出资,接受来自社会各界的以促进区域合作为目的的捐款,作为引导资金,引导整个长三角区域农业合理布局,促进长三角区域在农产品市场、农业科技与推广、农业生态等领域的一体化发展,引导长三角地区农业向高质、生态、高效的方向发展,鼓励农民的职业化、专业化、年轻化发展,形成三省一市利益共享、风险共担的新格局。

3. 构建多元共治的协作框架,形成长三角区域农业协同发展的推进机制

一是建立一套功能性的组织机构,形成制度化的议事和决策机制;二是建立类似欧盟那样的谈判机制,使各层级政府的诉求有制度化的表达与决,并在共同利益的导引下进行合作、协商和共享;[②]三是

① 钱亦杨等:《长三角大都市圈协同发展的战略思考》,《华东经济管理》2004 年 8 月。

② 罗峰等:《欧盟一体化发展对长三角协同发展的启示和思考》,《国家行政学院学报》2010 年第 3 期。

形成多方参与的监督机制，如建立长三角农业发展各领域协同发展的评价指标体系，定期对合作效果进行评估并公开发布，建立全覆盖的农业生态环境监测点，定期公布监测结果等。鼓励大户、家庭农场、农业合作社及联社、农业龙头企业等各利益相关方代表等社会力量参与，在实现多元化治理的同时发挥社会力量对长三角农业协同发展的监督和促进作用。

专栏5：欧盟多元治理结构

在欧盟的协作框架中，有多种行为体的共同参与，既包括各种超国家机构，如欧盟委员会、欧洲议会、欧洲法院，也包括各成员国政府以及由各成员国政府组成的部长理事会、欧洲理事会，还包括次国家机构如地方政府、利益集团、私人机构、非政府组织等。“欧盟的机构组成以及政治意愿形成的程序必须符合决策要有效率和有约束力的要求，同时要使各种不同的利益得到充分表达。在欧盟的治理构架中，既有共同体利益的代表，也有特殊利益的代表。这种不同层面主体间的互动形成了一种多元共治的治理构架。在这一框架下，欧盟的决策权力由不同层次治理主体参与和共享，各种主体都有其运作的规则与利益诉求的平台，都能影响到欧盟的相关决策，这样共同体的利益和特殊的利益都得到了兼顾。①

（二）促进协同发展机制制度化、法律化

可借鉴欧盟在一体化过程中所普遍采用的法律协调的方式，将

① 同上。

区域协调机制的运作及协调的理性化成果以法律的形式固定下来，实现非制度性协调向制度化协调的转换。①

首先，中央政府应明确对长三角农业协同发展的支持，为区域协调管理机构的合法性背书。如可赋予长三角区域合作机构资金分配权，对国家支持地方的农业生产和农业科研及推广的政策资金作为引导资金，通过区域协同机构实施的可行性，并明确国家各部委在长三角区域农业协同发展中的责任。

其次，尽快启动新一轮长三角区域发展规划，把推进农业协同发展作为长三角区域合作的重要内容，明确以“共同规划、联合行动”为主要协同方式，提出制定包括长三角农业协同发展规划在内的一系列长三角共同农业政策的具体要求。聚焦特色农业合理布局、农产品质量和安全检测标准、农业科研与技术推广、农业生态保护与修复、农民组织化职业化等六大重点领域；明晰三省一市的职责及违约责任，强化长三角农业协同发展规划的约束力，明确规划要求和时间表，确保规划可操作、可实施。如可对标国家农业可持续发展规划、土壤污染防治行动计划、长三角城市群规划等各类规划，结合2030年长三角农业发展的愿景，确定到2020年和2030年长三角农业协同发展机制建立和各项政策出台的阶段性目标、各方职责和时间表，以确保长三角区域按时实现各项规划要求。

专栏6：欧盟一体化中的法律保障

欧盟在一体化的每个阶段都制定相关法律，成员国依此实施了一致的对外政策，也加强了内部的合作与交流，使区域一体

① 罗峰等：《欧盟一体化发展对长三角协同发展的启示和思考》，《国家行政学院学报》2010年第3期。

化程度不断加深。《巴黎条约》建立了欧洲煤钢共同体，为特定经济部门的一体化；《罗马条约》建立了关税同盟，实现区域内贸易自由化；《单一欧洲法案》对商品、劳务、人员和资本的自由流动列出了约300项立法，并规定了立法时间表；《里斯本条约》保留了《欧盟宪法条约》的大部分条款，设立欧盟“总统”“外长”的职位与“双重多数表决”制，提升了欧盟理事会等超国家机构运作的有效性与合法性。①

再次，加强研究，尽快制定六大协同领域的共同政策，并在试运行2—3年之后，修订形成具有法律效力的法律和制度。

（三）构建长三角共同农业政策引导体系

1. 构建农产品供给的区域协同保障体系

构建利益补偿机制，在长三角统筹农业生产布局。加强“菜篮子”“米袋子”“果盘子”在长三角三省一市范围内的专业化、规模化布局，建立粮食保有量区域补偿机制、粮食规模化生产补偿机制；建立较高的长三角农产品质量等级标准，对满足质量标准的农产品经营者提供补贴。奖励参与国家地理标志产品基地建设的生产者引导特色农产品基地建设。

2. 构建农产品安全的区域协同保障体系

参照各类国际标准，制定不低于各国际标准的长三角农产品安全标准体系；构建长三角农产品安全联盟，对会员企业或合作社的生产和产品安全进行全方位监管，为会员企业提供包括处理国内、国际贸易在内的各项有关产品安全的服务；建立全域联网的农产品追溯

---

① 罗峰等：《欧盟一体化发展对长三角协同发展的启示和思考》，《国家行政学院学报》2010年第3期。

系统，经营者不诚信行为纳入诚信登记与查询系统，并实行严格的行业禁入政策；加强三省一市农产品监管部门合作，实行联合行动，进行从“田头到餐桌”的农产品安全协同管控。

3. 引导构建区域经济协同的农业产业结构体系

通过提高补贴，引导农业经营主体生产国家地理标志产品，形成若干特色农业生产基地；加大对育苗育种、冷链物流和农业生产、监测和检测设备等农业机械消费的补贴；促进农业智能化发展、融合发展，鼓励发展农业休闲、旅游、观光、养老等都市农业生态增值服务业。刺激各地错位竞争，丰富农业产业链，形成协同发展的农业产业结构体系。

4. 引导建立农业生态环境的区域治理体系

建立长三角农业生态环境管理统一的专门机构，参与制定区域性的环境立法、环境准入标准和污染治理要求；建立统一的农业生态环境监测平台，实时共享区域内农业生态环境信息；参与区域性重大项目环评、环境污染监管和生态治理修复；设立长三角农业生态建设专项基金，重点支持跨区域的环境监测、污染防控、生态修复等。

5. 引导建立统一的职业农民培训政策体系

共同合作，培育新型经营主体和面向长三角全域的社会化服务组织；制定并逐步提高农业进入标准；制定青年农民职业培训和投资农业补贴政策，引导懂技术、会经营的年轻人进入农业。

专栏 7：法国农业科技创新、技术推广和职业农民培育①

在农业科技创新方面，法国鼓励合作创新。法国农业部每5年设定相关的农业科技发展项目，同时每年还有招标项目（如

① 农业部欧盟农业政策考察团：《欧盟共同农业政策的变迁》，《世界农业》2012年第9期。

生态农业、新能源生产等)，同时规定项目研究必须以合作形式进行，以加强部门、领域、产业链之间的沟通。法国有14个农业技术研究院，在全国范围内负责创新试验工作。为保证科研成果质量，每个项目都要成立科技委员会，负责审阅科研成果，提出补充修改的建议与要求。在经过相关程序后，农业科研立项及预算最终由农业部部长来决定。

在农业技术推广方面，农商会和试验站发挥着重要作用。农商会作为公立机构，成立于1923年，隶属农业部，其管理小组由农民选举产生，来自农场主、森林拥有者、农民工会、合作社、信贷机构、互助机构、农业工人，农商会在地区、省级层面都有分支机构(全国有22个地区、100个省)。农业部在地方的农业技术培训和推广工作主要由农商会负责，农商会还负责农业企业注册、为青年农民提供信息、参与农业科技项目的研究和协调、动物卫生、动物标识、帮助销售农产品、督促农民加强环境保护、反映农民诉求等工作，全方位的服务使得农商会成为落实国家农业政策的重要主体。

农民所有、财政支持的试验站是法国农业技术试验和推广的重要基地。以图尔市一个占地35公顷的水果栽培试验中心为例，该中心是法国北方唯一的试验站，苹果产量占全国的40%。该中心为当地果农所有，经费来自国家农业技术项目课题拨款、自营收入和会费，承担国家安排的新品种研发、试验、普及等工作，经常召集果农和技术人员讨论发展规划，请独立的技术专家论证项目并向地区申请资金，并将项目试验的经济效益和技术信息提交给国家有关数据库，在试验推广新品种、新技术，推动果业发展中发挥了重要作用。

关于职业农民培育和选拔，法国对职业农民的培育实行宽进严出。其公立农业学校实施免费职业教育。笔者参观了图尔市一家公立农业学校，该校相当于农业职业高中，每年到初中学校进行宣传，初中毕业生自愿报名、无需考试，满足一些基本条件即可入学，享受免费教育。学校还与附近农场合作，为学生提供实习机会；同时，学校有生产部门，学生可学以致用，生产产品并向市场出售。同时，法国对想从事农业的青年农民素质有较高要求。青年农民若想从事农业，必须先经过相关的技术和经营等培训并取得证书。法国规定，只有取得证书的农民才能使用某些投入品，因为这样才能保证产品质量。而且青年农民在从事农业生产之前，必须有一定时间的实习以获取经验。图尔的一家奶牛养殖场由父子二人共同经营，儿子占 1/4 股份，父亲占 3/4 股份，儿子曾到加拿大一家农场实习一年时间。法国的相关政策鼓励有资格的青年农民进入农业。法国规定，如果农场主退休，他必须找一个年轻农民经营他的土地，否则，其土地要通过租赁、并购等市场途径转让给周围农民经营。如果一个青年农民申请经营土地，起点要在 102 公顷以上，这样，既保障了青年农民生计，确保了农场的规模和竞争力，又避免了农地经营的过度细碎化。国家通过农商会向青年农民提供全方位帮助。农商会除了向青年农民提供信息、农业企业注册、技术培训等服务外，还帮助青年农民做职业发展规划。据介绍，如果青年农民要从事农业，需向当地农商会提出申请，农商会在进行相关的证书和实习经历等资质审查后，会要求青年农民作一个详细的几年职业发展规划；此后农商会对这一规划再进行科学性、经济可行性等审查，帮助青年农民修改完善；然后农商会将安排 5 名青年农民在一起进行为期一周的讨论交流，青年农民再根据交流情况进一步修改职业发展规划。经过一系列严格程序后，青年农民才能最终获得经营农业的资格认定。此外，国家对于青年农民也有支持政策措施，除了提高农业保险保费补贴比例，还给青年农民安排一定数额的贴息贷款，并检查督促他们严格按照计划使用贷款。

6. 建立区域性农业科研和农业技术推广体系

共建共享农业科技基础设施，如联合购买大型仪器设备、促进现有农业科研基础设施和科研仪器设备向社会开放，实现跨区域共享，加强科技人才库、信息库、资源库建设，促进相关研究团体、协会的区域化；结合长三角农业特点，建立农业科技攻关和技术推广项目库，通过共同发展基金引导科技合作，如可规定基金资助的项目须以合作形式进行；加强对农业企业（包括农机、化肥、农药企业）和合作社开展农业科技研发的引导扶持，使企业和合作社成为技术创新和应用的主体；建立长三角农业科技协同创新联盟，搭建农业科技融资、信息、品牌服务平台；逐步把农业科技推广职能和资源赋予涉农的高校、科研院所、职业院校，在各地建立由当地涉农院校一把手全权负责的农业技术推广办公室，发挥其在农业科研成果转化中的作用，把科研和成果转化紧密结合，提高农业科技贡献率；探索建立长三角农业科技成果交易中心，加强农业技术信息交流。

（四）完善长三角农业协同发展配套体系

1. 加快推进财税体制改革和行政官员考核、评价以及擢升机制

加强资金投入，确保农业协同发展基金的充足和稳定；把促进长三角区域农业协同发展纳入地方考核系统，提高各地方政府协同发展的积极性。

2. 把农业协同发展情况纳入统计体系，形成协同发展进展定期评估机制

目前，“京津冀”“长三角经济带”的整体发展情况已经纳入地方

统计体系,并反映在每年的中国统计年鉴中,把长三角地区农业协同发展情况纳入统计体系,并在此基础上定期对农业协同发展进展作出评估,有助于摸清现状、发现差距,为决策提供依据,有利于社会监督。

3. 建立农业协同发展信息定期发布制度,加强公众监督

向社会公开发布长三角农业发展规划,定期发布规划执行情况及六大协同领域进展情况。定期了解各类农业经营主体、农业研发和技术推广人员、环境保护组织和公众对区域农业协同发展的反馈意见,形成政府主体、公众参与、相辅相成的农业协同发展自我促进发展格局。

第九章

长三角协同发展：机制与政策

在国家建设现代化社会主义强国的征程中，长三角要实现率先发展、一体化发展，必须在区域协同发展上构建更加积极、有效的体制机制和政策体系。要对应长三角协同发展的战略愿景与行动方略，更加积极地推进体制机制创新，为保障协同发展提供有力的机制保障。

一、长三角区域合作机制的现况

党的十八大以来，在全面深化改革和“一带一路”倡议、长江经济带建设的国家战略部署下，长三角地区以四大平台和专题合作为抓手，进一步完善“三个层次，四个座谈会”区域协调体制机制，推动区域合作走向纵深。归纳起来主要呈现以下阶段性特征：

（一）深入贯彻国家战略，合作内容不断扩大

各地主动对接国家的创新驱动发展战略、“一带一路”倡议、长江经济带战略、长三角区域规划、长三角城市群规划等，而且积极对接核心城市的战略规划，把创新驱动产业转型升级、扩大开放、促进区域基础设施互联互通、改善区域生态环境、促进市场一体化、共享公

共服务平台等作为区域合作的重要内容。

特别以专题合作组形式积极拓展合作内容。如 2015 年共设立了交通、能源、信息、科技、环保、信用、人社、金融、涉外、产业、食品安全、城市经济等 12 个专题合作组，由三省一市的相关部门具体负责提出合作项目，建立合作机制，推进项目落地(见表 9-1)。

表 9-1　2015 年长三角三省一市专题合作项目

专题	合作内容
交通	共同推进重大铁路项目前期和建设；共同推进省际高速公路和干线建设；共同推进内河和航道整治工程建设；共同推进港航合作；做好“十三五”交通运输规划衔接工作；加强公路运营、管理领域合作；加强甩挂运输、集装箱运输、省际公交与客运班线等方面的合作；交通运输信息化合作；建立高速公路中控机电设备信息交互和交流机制
能源	共同向国家争取能源发展空间；加快推进电力项目建设；推进区域油气管网互联互通；共同推进区域能源市场建设；加强新能源、能源科技装备及服务业领域合作；加强长三角能源合作课题研究，完善合作交流机制；积极推进长三角碳排放交易区域协作
信息	编制《长三角区域信息化合作“十三五”规划》；进一步推动区域信息基础设施协同发展；顺应“互联网＋”发展趋势，落实《中国制造 2025》；推进长三角区域电动汽车安全监控服务一体化平台建设；进一步加强长三角区域 CA 的交流合作；合作促进长三角区域信息消费；开展长三角地区两化融合发展水平指数的深度挖掘应用；推进长三角区域工业云平台资源共享
科技	搭建平台，加速创新资源区域内流动，促进科技成果转化；开展科技联合攻关，为解决区域内面临的重大难题提供技术支撑；加强交流、联动，提升区域一体化水平
环保	区域大气污染联防联控；重点流域水环境治理；重点流域水环境治理；跨界环境污染应急联动；区域生态文明制度建设
信用	推进长三角区域信用联动奖惩机制建设试点；建立长三角区域信用“数据清单”，推动数据交换共享；联合申报国家信用建设区域合作示范；共同申请 2015 年长三角合作与发展基金项目

（续表）

专题	合作内容
人社	加强人社“十三五”规划编制工作衔接；开展医保异地就医联网结算；探索建立统一的长三角地区医保药品、诊疗项目和医疗服务项目范围等基本医保“三个目录”编码；建立工伤保险有关待遇支付情况的协查机制，包括工伤职工异地就医的医疗费用、康复费用、辅助器具配置费用的协查和供养亲属基本情况的协查；建立人力资源需求信息共享机制
金融	召开金融办主任圆桌会；探索建立长三角金融合作机制
涉外	共同推进“一带一路”倡议和长江经济带国家战略实施；推动长三角跨区域投资促进；加强对外贸易领域合作；建立“走出去”合作新模式；推进长三角区域大通关建设提高贸易便利化水平；推进长三角区域口岸城市群合作
产业	推动合作共建园区；探索建立对口联系机制及产业协作发展平台；积极参与“一带一路”国家建设；加强长三角区域内产业合作调研
食品安全	强化食品安全风险防控协作及信息互联互通；携手打击区域内食品安全违法犯罪行为；加强食品安全专项规划及地方立法、相关制度建设工作方面的交流
城市经济	加强长三角区域“十三五”规划衔接，全面推动一体化发展进程；加强制度建设和衔接，推动区域统一市场体系完善；围绕年度合作主题，协力推进新型城镇化试点工作；以建设世界级城市群为目标，加强科技创新合作和专课题合作；加强园区合作共建，推动产业转型升级；继续深化专业委员会工作，推进相关领域深度融合

（二）制度建设引领合作，合作机制不断升级

长三角政府层面的区域合作起步于 20 世纪 80 年代初，总体经历了规划协调、要素合作到全面合作的三个阶段。早在 1982 年，由国务院牵头成立了上海经济区规划办公室，成立之初覆盖太湖流域的 10 个城市，即上海、苏州、无锡、常州、南通、杭州、嘉兴、湖州、宁波、绍兴，第二年扩大为上海、江苏、浙江，随后安徽、江西、福建也陆续加入；其主要职能是编制区域协调发展规划，推动地区间的经济技术协作和横向联合，国务院有 37 个部委派代表参与上海经济区规划

委员会。上海经济区规划办公室于1988年撤销。

以1992年成立的长三角15个城市经济协作办主任联席会议制度为标志(1997年升格为长三角城市经济协调会),长三角区域合作进入要素合作阶段,即通过政府间协商来解决当时城市之间要素流不动问题。特别是随着浦东开放开发,各地需要更多地依托上海的开放优势来解决工业化发展中资金、技术和人才短缺瓶颈,因此需要有常设性的协商平台和机制来解决区域协调实际问题。2001年,沪苏浙三省市发起成立了由常务副省(市)长参加的"沪苏浙经济合作与发展座谈会"制度。2004年,沪苏浙三省市主要领导座谈会制度启动。

2008年国际金融危机后,在国家的大规模基础设施投资和互联网技术创新突破的带动下,长三角区域进入全面合作阶段。这是基于高铁时代、信息化时代的全面到来推动长三角进入深度同城化时代这一重大现实背景。在全面合作阶段,更加重视制度建设和平台建设,通过建立制度化的合作机制,更加积极、有序地推进长三角区域合作向规范化、长效化、法制化发展;通过建立平台化的合作机制,更加有力、有效地推进长三角区域合作向项目化、实体化、一体化发展。如在高速公路管理合作方面,三省一市加强联系、协商,共同建立沪苏浙皖路段高速、高速交警等部门传递、通报相关信息的工作制度和程序,逐步实现跨省部门间的资源共享、信息互联,通过信息平台发布相关信息,便于相关交警、路政部门统筹协调处置。在区域大气污染联防联控方面,全面落实《大气污染防治行动计划》《长三角地区重点行业大气污染限期治理方案》要求,建立健全联防联控机制,确保完成国家考核目标,加快改善长三角区域空气质量。对跨界环境污染,推动建立交界地区基层环保部门间环境应急联动机制,加强跨界地区环境应急管理信息互通互享,加强重点领域环境执法联动和边界区域执法监管,及时有效预防、妥善处置跨界环境污染纠纷和突发环境事件,维护环境安全。

经过多年努力,长三角政府层面的区域合作形成了"高层领导沟通协商、座谈会明确任务、联络组综合协调、专题组推进落实”的省（市）级政府合作机制（见图 9－1）。所谓高层领导沟通协商，就是沪、苏、浙、皖三省一市党政主要领导每年召开协商会议，就事关区域发展全局的重大战略问题和重大事项进行磋商，在决策层构建了长三角区域合作体系中的政府磋商机制。所谓座谈会明确任务，就是三省市每年轮流承办由常务副省（市）长参加的“沪苏浙经济合作与发展联席会”，按照决策层磋商的区域合作重点，明确工作任务和各方责任，在协调层构建了政府合作机制。联席会下设联络组和专题组，在执行层构建了合作执行机制。如联络组负责执行中的综合协调，专题组负责对重大合作问题进行研究并提出具体实施方案。此外，由长三角城市群市长参加的长三角城市经济协调会市长联席会议定期召开，构成了政府层面主要领导协商合作制度的一部分。重点专题合作委员会是推动长三角区域合作的另一种重要方式，目前由政府牵头的 12 个区域合作综合性专题已形成多部门牵头、多部门协同攻关的合作模式和机制。

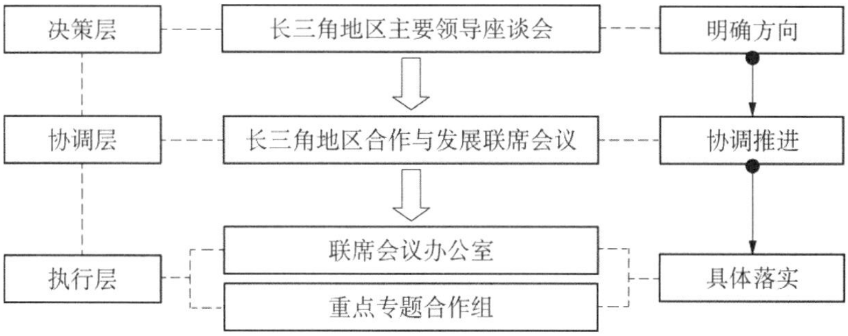

图 9－1　长三角政府层面“三级运作”的区域合作机制

为进一步完善常态长效体制机制，根据 2018 年 1 月长江三角洲地区主要领导座谈会意见，长三角三省一市决定在已有决策层、协调层和执行层“三级运作”机制的基础上，组建长三角区域合作办公室，由三省一市共同派出人员合署办公，成员来自长期负责长三角合作的发展改革部门、交通等重要相关职能部门,以及机构专家学者,办公地点设于上海。2018 年 2 月,长三角区域合作办公室正式挂牌成立,四省市抽调的十几位工作人员全部到位。长三角区域合作办公室的主要职责是研究拟订长三角协同发展战略规划、体制机制和重大政策建议,协调推进区域合作中的重要事项和重大项目,统筹管理长三角合作基金、长三角网站和有关宣传工作。近期重点研究制定《长三角一体化发展行动计划(2018—2020 年)》和《2018 年长三角合作工作计划》,并着力协调解决省际合作重大问题,开展协同创新路径研究,推动改革试点经验复制共享等。

适应新环境新战略,扩大城市合作版图。长三角城市间的主要合作机制是长三角城市经济协调会,根据发展需要,协调会成员城市多次扩容。1992 年,上海及其周边江浙共 15 个城市建立了长三角协作部门主任联席会议制度,1996 年升格为长江三角洲城市经济协调会;2003 年第四次联席会。浙江省台州市加入,成员增至 16 个城市;2010 年第十次市长联席会议,根据《长江三角洲地区区域规划》及区域发展需要,吸纳 6 个新城市,会员城市扩容至 22 市,其中首次包括了安徽省的合肥和马鞍山两市;2013 年第十三次市长联席会议,再次新增 8 个城市,会员城市扩容到 30 市,其中包括了上海市、江苏和浙江两省所有的地级及以上城市,以及安徽省的 5 个地级市。2018 年 4 月 12—13 日,长江三角洲城市经济协调会第 18 次市长联席会议召开,会审议通过了关于吸纳铜陵、安庆、池州、宣城等 4 城市加入长三角协调会的相关提案,至此,会员城市再次扩容至 34 个,《长江三角洲城市群发展规划》提出的 26 市全部加入城市经济协调会,有利于深入推进长三角城市群建设。

(三) 坚持市场主导作用,着力建设统一市场

进入"十二五"以来,长三角地区把推进统一开放的市场体系建设作为区域合作的重点,着重在资本、产权、人才、技术等关键要素市

场上推进区域共同市场建设。2014 年 12 月，江苏、浙江、安徽和上海市商务部门负责人在上海共同签署了《推进长三角区域市场一体化发展合作协议》，从"规则体系共建、创新模式共推、市场监管共治、流通设施互联、市场信息互通和信用体系互认"等六个方面加强区域合作，着力打破地区封锁和行业垄断，建设长三角区域一体化大市场。实行统一的市场准入制度，取消各类产品准入的附加条件；建立区域性产品安全认证机构，对取得安全认证标志的产品制定流通规范，允许在长三角区域自由流通，消除以行政区界为依据的一切歧视行为和做法，为各类市场主体创造公平竞争的环境。2015 年 4 月，四省一市在上海召开了"2015 年推进长三角区域市场一体化发展工作会议"，商务部门围绕"规则体系共建、创新模式共推、市场监管共治、流通设施互联、市场信息互通、信用体系互认"，共同决定将物流标准化、农产品流通、商品市场转型及打击侵权假冒作为 2015 年主推的四项工作专题。2015 年 8 月，上海、江苏、浙江、安徽、江西正式建立了打击侵权假冒工作联动机制，该机制的建立大大推动了长三角地区的跨区域、跨部门协作。2017 年，上海、江苏、浙江、安徽、江西五省市在杭州召开长三角区域市场一体化工作会议，五省市商务部门领导共同签署了合作机制备忘录，围绕建设"中国商贸流通业改革、创新发展先导区、示范区"的共同目标，确定了推动商业设施投资合作、共促供应链区域平台建设、加快现代物流体系共建、推动农产品市场一体化、实施长三角互联网打假、推进区域信用体系建设等九项重点合作内容。

（四）合作路径不断拓宽，社会各界共推合作

在非政府层面，行业协会、园区、投资机构、企业、大学和科研院所等社会力量正成为长三角区域的重要合作主体，通过联席会议、行业联盟、论坛、项目合作、异地共建、专题研究等多种形式，不断扩大合作覆盖面。合作形式多样，有力促进了长三角区域内产业间的紧

密联结和资源的更有效配置。如在长三角地区的很多园区和众创空间，有很多来自上海、浙江的投资机构、风投机构参与投资合作活动。上海、江苏等地一些国家级高新技术开发区积极通过飞地园区、共建园区等合作模式，推动产业向苏北、安徽等地区转移，或以直接投资、管理、技术、服务与品牌输出等多元化模式开展战略合作。上海、杭州、南京、合肥的大学和科研院所通过转化技术创新成果，共建大学分院、技术研究院、创新基地等，促进创新资源在更广阔区域自由流动。

二、长三角地区深化区域合作需要突破的主要问题

从缩小地区差距，加快区域一体化进程的角度看，长三角地区的区域合作仍有诸多有待进一步努力的地方。归纳起来，以下五个方面的问题需要在“十三五”时期予以重视并争取有所突破。

（一）城市功能分工不够清晰

城市群是一个整体，其中各个城市有各自明确的功能分工，这样更加有助于形成区域竞争力和全球影响力，也有助于形成一个地区均衡发展和共同繁荣的良好格局。但至今长三角地区的城市功能分工还没有清晰地呈现出来，反而大城市越来越大，“虹吸效应”越来越强，中小城市实体经济发展难度加大，内生动力有所弱化。“十二五”期间三个省会城市的发展，从经济增长速度和新经济发展，到基础设施建设、资源集聚、开发区建设，甚至民生发展，都明显优于其他城市。从上海这个核心城市看，虽然近些年周边城市发展速度较快，甚至部分城市的人均 GDP、环境品质等部分领域更胜一筹，但从城市基础设施水平、集聚的人才、资金与载体，以及财政收入、公共服务与社会福利等方面看，实际上功能更全、实力更强，各个城市与上海的差距仍然比较悬殊，且从财富效应来看，差距反而在拉大。其背后就

反映出长三角地区大中小城市间的功能分工面临新的挑战，即由于优质资源进一步向大城市集中，可能对中小城市带来抽血效应，面临产业集聚度低、主导产业竞争力不足、人才吸引力弱、财政困难等中小城市病。但在另一方面，大城市越长越大，大城市病也越来越突出，如上海就面临着人口过度集中、生态压力急剧上升、商务成本快速上升等大城市病。要实现区域发展一体化，必须消除资源要素和各种功能过度集中到少数大城市的弊端，建立积极有效的城市功能区域分工，让中小城市依托大城市获得充分的发展机会，让大城市借助中小城市的配套尽快形成全球影响力。长三角地区需要在城市功能分工协同上寻找更大突破，这样才能形成一体化发展的基础。

（二）基础设施互联互通仍有较大差距

长三角地区在高铁、跨江跨海大桥和上海国际航运中心建设带动下，交通基础设施的互联互通有了显著进步，但行政区导致的分割现象仍然到处可见。比如，城际轨道建设进展比较慢，各个城市都在自己的地盘上考虑城市轨道，与周边城市的主动对接考虑较少；上海虹桥机场与浦东机场，与周边地区缺少高密度的快捷轨道，导致苏州、嘉兴都提出要建自己的国际机场；跨省、跨市公共交通及“一卡通”的一体化至今还未取得重大实质性进展；在港口物流方面，各地都很积极推进港口基础设施建设，但在内河港与海港的江海联运中，中间仍有不少障碍，甚至局限在本地区内推进互联互通，而不是在长三角大区域内推进互联互通。至于信息基础设施、环保基础设施等，基本处于各地各自为政状态。建设主体地方化带来运营主体地方化，成为阻碍长三角地区基础设施互联互通的体制性障碍。

（三）生态环境协同治理尤为迫切

这些年各地对生态环境保护的重视程度有了很大进步，对区域性的联防联治也开展了积极的探索和实践,但总的来说,长三角生态环境的协同治理任重而道远,生态环境具有流域性,一个地方的河水污染、废气排放会影响整个区域;一个地方的土壤污染、地下水污染会影响农产品安全和各地市民健康。2016 年,媒体曝光上海的建筑垃圾处理商为节省成本、谋取暴利,竟然将建筑垃圾偷运到周边地区农村随意处置;2013 年,浙江嘉兴农户将大批死猪随意抛入河道,流入黄浦江;上海等沿海城市通过特高压线大量使用清洁电力,但发电源头的安徽淮南市却承担了更大的空气污染压力,时常雾霾随风向一路东去,加剧区域性污染。在长三角环境污染中,雾霾、水污染等跨界污染仍是突出问题,但在跨界联防联治上,覆盖面还比较窄,推动力度较小,省内治理进展较快,跨省协同治理实质性推进相对较少。

(四)社会共享领域亟待启动更多合作

以往长三角地区的合作更多集中在经济领域,随着交通条件的显著改善和就业、房产市场的开放,长三角地区人口的流动性大大增强,围绕人口流动而产生的社会共享应该摆上议事日程。但这方面的合作,往往推动力比较弱,比如医疗,各地自有一套医疗保险体系,城市之间互不衔接,给跨地区医疗,还有想到其他城市安度晚年的老人都带来了极大的不便,这个议题已经提出多年,但实际进展还不够理想。另外,城市群内的各地百姓应该共享同一标准的公共服务和社会福利,也就是要努力缩小地区差距,让社会共享在长三角地区内得到率先实践。这项实践意义很大但目前地区差距仍然很大,往前推的速度更慢。比如高等教育机会各地很不均衡,上海的学生因为录取名额多,升学机会也多,其他地区的学生要进入大学必须倍加努力才能获得平等机会;还有诸如收入差距、养老金差距、职业培训差距等,在各地各自运行的财政体系下都是一座座需要攻克的堡垒。

(五) 阻碍合作深化的体制机制瓶颈仍较突出

上述四个方面的问题，其背后都因体制机制方面的瓶颈障碍而导致难题仍在。目前区域合作的四大平台、12个重点合作专题和6项专题调研及决策层、协调层、执行层“三级运作”的合作机制，在解决一些紧迫问题或认识高度一致的具体问题时效果比较明显，但对于更高层面的一体化发展，取得各地的一致性认识和行动往往难度较大。大城市拥有协调各地的资格，但由于较多顾及自身发展，不愿扩散功能和利益共享，没有更多发挥出牵头引领作用。其背后的根源，是我们长期以来一直把“协调”作为推进长三角合作发展的基本手段，围绕“协调”建立了一些相应的平台和机制。但仅靠“协调”不可能推动长三角地区的合作向一体化方向迈进，只有建立以制度为保障的合作发展框架，才能突破体制机制障碍，建成世界级的城市群。这个制度，包括了国家层面的战略规划，甚至国家层面的立法保障，包括了三省一市在合作发展的重大领域进行一致性的政策设计、立法建设，包括了各个城市推行共同标准的市场秩序、城市建设和社会发展，还包括了推进建立各类跨地区的一体化机构，如要素市场、基础设施建设运营、公共服务、市场监督、环保，等等。

三、构建长三角地区协同发展的有效机制

推进长三角区域协同发展的关键要有有效的机制作保障。要借助京津冀协同发展的东风，着力构建好以下三大机制：

(一) 构建高规格的区域协同决策机制

这是形成区域协同良好格局的前提和保障。长三角地区的政府间合作，至今多数停留在协商、倡议层面，但因缺乏整体的顶层设计和统筹推进，在政策和具体行动方面实现紧密联动的区域合作仍然

较少，所以一定先要在建立高规格的区域协同决策机制上争取新的突破。

建议参照京津冀协同发展模式，国家层面成立领导小组，并在国家发改委内设立领导小组办公室，同时设立一个专业的处室来具体负责统筹。

关键要建立新型的长三角区域合作协调机构，补政府协调之不足。2018 年 1 月，上海牵头正式成立了长三角区域合作办公室，三省一市发改委各抽调 2—3 名干部集中到上海办公。这是一个重大突破。但目前这一规格的办公室可能还难以全面承担起长三角区域合作的重任。应该成立一个人员集中更多、更专业的机构，这个机构类似于 20 世纪 80 年代上海经济区规划办公室模式，但必须运用现代非政府组织模式，或称为跨区域的新型社会组织，在研究、规划、协商、评估、监督等方面形成常态化、实体化、专业化运行机制。这个机构名称可以叫长三角区域合作委员会，或长三角区域合作基金会，下面再设立若干个专业委员会或部门，建立专门的工作班子，赋予其规划、协调和监督功能。

（二）构建协同发展的保障机制

从国家层面看，应该对长三角协同发展提供积极的战略定位保障、整体规划保障和协同资金保障，乃至从立法层面对这三个保障和相关配套政策予以法律机制的保障。

从地方层面看，要积极构建三个基础性的保障机制：

一是政策配套保障机制。各地都要按照统一的区域规划和达成的协同方案，由综合部门牵头，制定专门的配套政策并保障落实。比如生态补偿政策，各地必须协同、衔接，才能保障共治成效。三省一市要齐心协力，共同构建一套比较完整的区域协同政策体系，促进协同发展在城市功能、产业合作、创新协同、基础设施、市场配置、公共服务等各个方面都有配套政策，都有部门负责，都有工作机制。

二是立法保障机制。探索地区合作立法机制，用制度促进和保障长三角协同发展，尤其是不断深化一体化发展。目前，我国关于协调区域发展的法规基本处于空白状态，而从法国、美国和日本等发达国家的城市群发展或流域治理来看，它们都通过国家立法及政府配套条文予以保障和规范。长三角一体化发展是一项需要久久围攻的系统工程，需要有一套能够协调三省一市的制度体系予以推动和保障。国家层面要为长三角专门立法不太现实，所以我们认为，可以赋予长三角地区地方合作立法机制的改革试点，制定出共同遵守、共同建设的法规体系，让更多的一体化项目有法可依、有法支撑。

三是资金保障机制。要坚持长三角共同发展、共享发展的理念，三省一市都应积极主动地拿出一定的财政资金用于协同发展项目，特别是经济发达的城市更应多拿一些、多贡献一份。这里可以多借鉴一些欧盟的成功经验。设立长三角协同发展基金，形成一个大盘子，承担重大基础设施互联互通、区域性生态保护与修复、科技创新协同大平台、产业合作园区建设等功能性项目的资金配套。

（三）构建一体化运作的推进机制

推进协同发展要有一批跨地区一体化运作的机构和载体，通过它们才能更加有效地落实共建项目和协同项目。而且在全面深化改革的新形势下，可以更多地导入市场化、社会化的推进机制。要在基础设施、要素市场和公共服务领域培育和壮大一批一体化运营的专业机构。这三个领域是当前存在不衔接、不协调、不平衡问题的突出领域，也是长三角一体化发展的重点领域。一体化发展是长三角区域协同发展的中长期目标，如何算一体化发展了，就是要看建立了多少覆盖全区域，实行一体化运营的专业机构。这是一个重要的考量指标，也是一体化发展的项目。需要突破的是：一方面是如何新建，三省一市通过共同谋划、共同出资，建设一批覆盖长三角的专业机构。如长三角轨道交通公司、长三角开发银行、长三角生态基金，还有覆盖长三角整个区域的各种专业性社会组织，等等；另一方面是如何整合，通过机制创新，促进各地行业合并或联合，形成覆盖全区域的新型功能平台、新型服务机构。

从近期看，要重点推进四类一体化机构建设。一是长三角协同发展基金机构，也包括其他的专业性基金机构。各地政府共同出资，鼓励社会资本参与，然后建立专业化的运作团队和市场化的运作机制，保证基金发挥作用、安全使用、各方受益。二是长三角发展银行。可由各地的商业银行出资，专门对协同发展中的基础设施建设、产业项目转移、振兴县域经济等提供融资服务。三是长三角城际轨道公司。为防止城际轨道建设高潮来临后的新断头路问题，要加紧谋划设立一体化运营的城际轨道公司，提高轨道建设和运行的规模效应及相互衔接。四是各类跨区域社会组织。要积极推动大学、科研机构、公共服务机构、交易市场、养老机构的跨地区发展和机构整合，形成一体化运作的体系和机制。在环境保护、扶贫帮困、公益慈善等领域，积极突破现行跨区注册、管理上的瓶颈，争取多发展一些跨地区的非政府组织，通过各种社会纽带把长三角地区的各个城市和人群更多地链接起来。

附表 1　2011 年以来长三角地区主要领导座谈会

2011 年 11 月 20 日　在安徽省合肥市召开	
主题	加快转型发展，推动产业转移
取得共识	加快转变经济发展方式是推进科学发展的必然要求，是加强长三角区域合作、提升整体竞争力的中心任务。 要围绕长三角地区经济结构战略性调整，统筹推进区域产业分工合作与有序转移，通过共建产业园区等有效方式，建立长效合作机制，促进承接地加快发展，拓展转出地发展空间，推动形成优势互补、错位竞争、互利共赢的产业分工格局，促进区域经济转型发展。 要继续深化长三角地区交通、能源、信息、科技、环保、信用、金融、人力社保、涉外服务、工商管理和城市、产业转移等重点专题合作，进一步构建互联互通的基础设施体系，加快推进市场服务和社会服务领域一体化建设，不断提升合作层次与合作成效，加速区域发展一体化进程。 要进一步完善长三角合作机制，增强区域合作活力。 会议原则同意《长三角合作与发展共同促进基金管理办法（试行）》，在 2012 年基金正式设立后试行。
2012 年 9 月 21 日　在浙江省杭州市召开	
主题	联动实施国家战略，共同推进创新发展
取得共识	深入实施国家区域发展战略，是长三角地区当前和今后一个时期的重大任务。 创新是长三角地区提升国际竞争力、实现转型发展的关键。要把创新驱动作为核心战略，继续推进国家技术创新工程试点省和各类国家自主创新试验区建设，大力开展重大科技联合攻关，加强长三角科技创新联盟建设，强化创新型人才开发引进的政策协调和制度衔接，加快建设创新型区域。 营造安定和谐的社会环境是长三角地区在新的发展阶段深化合作与交流的重要内容。要以强化公共服务为抓手，大力推进公共服务一体化，建立社会管理联动工作机制，共同打造绿色长三角。 深化合作、扩大开放始终是长三角地区发挥优势、应对挑战的基本途径和必然选择。要进一步优化区域发展环境，继续推进基础设施一体化，共同拓展对外开放广度和深度，加快构建统一市场和政策体系，着力完善区域合作机制，提升合作功能和效率，加快推进一体化进程。

（续表）

2013 年 12 月 18 日	在江苏省南京市召开
主题	加快转型升级，共同打造长三角经济“升级版”
取得共识	发挥长三角地区改革开放先发优势，推进长三角统一大市场建设，着力消除市场壁垒，协同加大“信用长三角”建设力度。 共建共享中国（上海）自贸试验区，推进长三角“大通关”建设，争取上海自贸区改革创新经验尽快在有条件地区复制推广。 加快建设长三角创新型区域，强化区域创新体系建设，争取国家科技体制改革有关举措和政策规定在长三角地区先行先试。 要深化交流合作，合力推动长三角区域发展一体化。走以人为核心、提升质量为关键的新型城镇化道路，在更高层次上打造长三角世界级城市群。 着力完善区域大气污染联防联控机制，制订实施大气污染防治联合行动计划，加快建设美丽长三角。
2014 年 12 月 2 日	在上海市召开
主题	积极参与“一带一路”建设和长江经济带国家战略，在新的起点上推进长三角地区协同发展
取得共识	面对当前错综复杂的国内外经济形势，长三角地区要以建设世界级城市群为目标，深化区域合作，强化创新驱动，积极参与丝绸之路经济带和 21 世纪海上丝绸之路建设，推动长江经济带建设，继续在制度创新、科技进步、产业升级、绿色发展等方面走在全国前列，在新的起点上提升区域协同发展水平和核心竞争力。 深化改革创新，争创长三角地区一体化发展新优势。 推进结构升级，着力提升经济发展的质量和效益。 积极参与“一带一路”建设和长江经济带国家战略，提升开放型经济水平。 落实国家新型城镇化规划，推进世界级城市群建设。 坚持绿色循环低碳发展，共建长三角地区生态文明。 以编制“十三五”规划为契机，完善协同发展机制。
2015 年 12 月 3 日	在安徽省合肥市召开
主题	共同谋划“十三五”长三角协同发展新篇章
取得共识	面对“十三五”时期新形势、新任务，长三角地区要牢固树立创新、协调、绿色、开放、共享的发展理念，以率先全面建成小康社会为总目标，进一步提高发展质量和效益，在现代化建设中继续走在前列，共同谱写“十三五”长三角协同发展的新篇章，为全国经济又好又快发展作出更大贡献。

（续表）

2015 年 12 月 3 日　在安徽省合肥市召开	
取得共识	认真谋划“十三五”，加快全面建成小康社会步伐。 全面深化改革，促进创新驱动发展。 扩大对外开放，增强区域发展活力。 坚持绿色发展，共建区域生态文明。 强化协调联动，推进区域融合发展。 加强民生保障，推动基本公共服务均衡。
2016 年 12 月 8 日　在浙江省杭州市召开	
主题	创新　协同　融合　共建世界级城市群
取得共识	当前，长三角地区合作与发展迎来新机遇，三省一市要深刻认识区域一体化发展的新内涵、新要求，按照国家战略和长三角城市群发展规划的总体部署，主动适应国际政治经济格局新变化和国内经济发展新常态，围绕“共建世界级城市群”的目标，强化创新、协同、融合，进一步推进要素自由流动、资源高效配置、市场统一开放、设施互联互通，合力打造区域一体化发展新格局。 要强化省际统筹，加快构建“一核五圈四带”空间格局。 要提升基础设施互联互通水平，合力打造现代化基础设施网络。 要加大联防联治力度，持续改善区域生态环境。 要着力推动要素市场和公共服务一体化，不断优化区域发展环境。 要创新工作联动机制，进一步提升区域合作效能。 会议期间，三省一市签订了《关于共同推进长三角地区协同创新网络建设合作框架协议》《关于共同推进小洋山区域开发等重大合作事项的框架协议》《关于共同推进宁杭生态经济发展带建设合作框架协议》《关于新安江流域上下游横向生态补偿协议》等多边和双边协议。
2018 年 1 月 12 日　在江苏省苏州市召开	
主题	创新引领，携手打造世界级城市群
取得共识	长三角地区要深刻认识区域协调发展战略的新内涵、新要求、新任务，围绕“创新引领，携手打造世界级城市群”的目标，以创新、优化、协同为路径，以更加有效的区域协调发展新机制为保障，加快构建现代化经济体系，加快建设长三角世界级城市群，推动质量变革、效率变革、动力变革，实现高质量发展，继续在创新引领、转型升级、绿色发展、改革开放等方面走在全国前列。 要强化创新驱动，共建内聚外合的创新网络。

（续表）

2018 年 1 月 12 日　在江苏省苏州市召开	
取得共识	要深化实施《长江三角洲城市群发展规划》，促进一体发展。进一步提升上海全球城市功能，提升南京、杭州、合肥副中心城市的国际化水平和城市首位度。促进公共服务深度融合，加快建设区域一体化市场，大力实施长三角地区市场规则体系共建、创新模式共推、市场监管共治、流通设施互联、市场信息互通、信用体系互动的“三共三互”工程，推进长三角地区创建国家社会信用体系建设区域合作示范区步伐。加强生态共保，协同建设绿色美丽长三角，积极谋划区域发展绿色新空间。 要共建基础设施，提升互联互通和能源保障水平。 要突出先行先试，推动长三角改革开放取得新突破。 要注重统筹务实，建立健全更加有效的合作新机制。强化三级运作的区域合作机制，进一步发挥长三角基金的作用，探索促进区域协同发展的新方式、新手段。提升重点领域协调层级，研究建立由省市分管领导牵头的工作协调平台，明确跨区域协调重点难点事项和责任分工，提升落实成效。 会议期间，有关方面签署了交通、能源、科技等 10 个专题合作一揽子协议，以及《关于共同推进长三角地区民航协同发展努力打造长三角世界级机场群合作协议》。

附表 2　2011 年以来长三角地区合作与发展联席会议

2011 年 9 月 20 日　在安徽省芜湖市召开	
重点内容	会议强调要围绕长三角经济结构战略性调整和转型升级，进一步统筹推进区域内产业分工合作与科学布局，引导和支持长三角地区相关产业向皖江城市带、苏北、浙西南等地有序转移。尤其要全面落实三省一市《关于共同推进皖江城市带承接产业转移示范区建设合作框架协议》，尽快研究出台相关政策措施，协调推动上海、江苏和浙江两省一市在皖江示范区设立或共建产业转移示范园区。 会议审议了《长三角合作与发展共同促进基金管理办法（试行）》。 会议研究确定了下一步主要合作事项，包括共同推进商合杭客专、“皖电东送”二期等重大基础设施项目建设，加快建立长三角信息化交流合作网络平台，联合推进科技体制改革和政策创新，深化千岛湖及新安江流域水环境保护和生态建设合作，推进长三角地区企业信用基础信息在产业转移、食品监管等领域的应用，建立人力资源职业供求信息交换共享和劳务合作机制，推广区域通关改革，开展工商联合执法，加快推进长三角共建园区等重点领域的合作。

（续表）

2013 年 10 月 31 日　在江苏省南通市召开	
重点内容	会议总结交流了 2013 年以来长三角地区合作与发展工作进展情况，谋划下一阶段主要工作。会议认为，2013 年以来，沪、浙、皖、苏三省一市以“联动实施国家战略，共同推进创新发展”为主题，以“长三角地区转型升级”为主线，进一步推动区域优势的整合发挥，深化落实和联动实施国家战略，重点专题合作继续深化，在基础设施网络化、公共服务平台打造、人才科技信息资源共建共享、环境综合防治等重点领域实现了新突破；创新长三角合作与发展共同促进基金运行机制，首次面向社会公开征集基金项目，充分调动社会力量参与长三角合作。 会议确定了交通、能源、信息、科技、环保、信用、金融、人社、涉外服务、城市、产业转移等各重点合作专题组下一步主要合作事项。
2014 年 9 月 25 日　在上海市召开	
重点内容	会议分析了当前长三角地区面临的新机遇、新形势、新要求，总结交流 2014 年以来长三角合作与发展工作进展情况，部署下一阶段区域合作发展工作。 会议指出，当前长三角地区已经进入协同发展新阶段，三省一市要全面贯彻落实党的十八届三中全会精神，按照习近平总书记对长三角合作工作的重要指示，围绕落实中央城镇化工作会议精神、参与丝绸之路经济带和海上丝绸之路建设、推动长江经济带建设等国家战略，继续深化重大领域改革，完善长三角地区合作协调机制，加强重点专题领域合作，做好区域规划协调衔接工作，努力促进长三角地区率先发展、一体化发展。 会议听取了环保、交通、涉外等重点专题合作组的合作成果汇报；审议并原则同意增设食品安全专题合作组，将产业转移专题合作组调整为产业专题合作组。
2015 年 10 月 9 日　在安徽省马鞍山市召开	
重点内容	会议总结了“十二五”期间长三角地区合作与发展的主要成就，分析了“十三五”期间面临的新机遇、新形势、新要求，交流了 2015 年以来各重点专题合作进展情况，共同研究了“十三五”及下一步深化长三角合作与发展的主要工作。 会议同意开通运行“中国 · 长三角”网站。 会议确定了交通、能源、信息、科技、环保、信用、人社、金融、涉外服务、城市、产业、食品安全等各重点专题组下一步主要合作事项。

（续表）

2016 年 11 月 13 日　在浙江省杭州市召开	
重点内容	会议总结了 2016 年以来长三角合作与发展工作，交流 2015 年主要领导座谈会精神贯彻落实和重点专题合作进展情况；综合分析了当前长三角地区合作与发展面临的新形势、新要求。 围绕联动实施《长三角城市群发展规划》，共同研究了下阶段深化长三角合作与发展的重点工作。
2017 年 11 月 29 日　在江苏省南通市召开	
重点内容	会议围绕贯彻落实党的十九大精神，立足创新引领率先实现东部地区优化发展的新目标、新任务，听取了三省一市 2017 年以来推进长三角地区合作与发展的工作进展；综合分析了当前长三角合作与发展面临的新形势、新要求。 审议了拟在主要领导座谈会上签署的多边合作协议，共同研究了下阶段优化深化长三角合作与发展的重点工作。

附表 3　2011 年以来长三角城市经济协调会市长联席会议

2011 年 3 月 31 日—4 月 1 日　第十一次市长联席会议　在江苏省镇江市召开	
会议主题	高铁时代的长三角城市合作
重点议题	确定深化长三角园区共建合作专题，新设长三角农业合作专题。 新设长三角高端商务旅游产品开发、以长三角互联网终端应用推动前沿技术开发、上海“两个中心”建设背景下长三角港口发展、构建长三角城市生活幸福圈、长三角中心城市治理交通拥堵、长三角进沪客运大巴快捷通行、长三角城市知识产权协作机制、探索建立长三角地区产业转移与承接利益分享机制、高速交通发展中长三角经济区域空间结构塑构研究等 9 个课题。
2012 年 4 月 17—18 日　第十二次市长联席会议　在浙江省台州市召开	
会议主题	陆海联动，共赢发展——长三角城市经济合作
重点议题	新设长三角地区专利运用合作体系建设、长三角城市群口岸合作两个专题。 新设促进长三角城市群民营中小企业转型发展、长三角地区人口迁移流动的态势和完善城市群社会管理、长三角城市群法制一体化、长三

（续表）

2012年4月17—18日　第十二次市长联席会议　在浙江省台州市召开	
重点议题	角文化产业合作、长三角高新技术企业合作创新、构建长三角地区创新创业人才交流合作、长三角地区实施基本公共卫生服务一体化、基于产业转型升级的长三角城乡“两个二元结构”破解对策、基于“十二五”发展规划的长三角城市协同发展管理、长三角城市合作共建环太湖地区国家绿色低碳示范区等10个合作课题。
2013年4月13—14日　第十三次市长联席会议　在安徽省合肥市召开	
会议主题	长三角城市群一体化发展新红利——创新、绿色、融合
重点议题	新增江苏、浙江、安徽8个城市，会员扩容至30个城市。 确定长三角城市公共事件应对机制研究、长三角地区战略性新兴产业共性技术合作产业化研究、全球价值链视角下长三角传统制造业升级的路径与对策研究、关于长三角区域差别化发展取向和重点的研究、新型城镇化——长三角一体化的新红利、长三角地区推进陆海统筹发展战略研究、构建长三角地区现代农业合作机制、长三角区域生态环境治理合作机制研究八大重点研究课题。
2014年3月29—30日　第十四次市长联席会议　在江苏省盐城市召开	
会议主题	新起点、新征程、新机遇——共推长三角城市转型升级
重点议题	提出探索建立以行业主管部门牵头、协调成员城市共同推进专业合作平台；建立相关领域专业委员会，批准成立长三角城市经济协调会新型城镇化建设、品牌建设专业委员会、旅游专业委员会和会展专业委员会。
2015年3月26—27日　第十五次市长联席会议　在安徽省马鞍山市召开	
会议主题	适应新常态、把握新机遇——共推长三角城市新型城镇化
重点议题	批准成立长三角协调会健康服务业专业委员会。 设立长三角城市群实施国家“一带一路”建设研究，长三角环太湖城市带新型城镇化进程中生态文明建设研究，都市圈经济融入长三角城市群经济研究，京津冀、长三角、珠三角区域合作比较分析，长三角运河国际旅游产品联动开发与营销的对策与思考，长三角建设科技创新型城市群研究，长三角地区家庭农场发展模式与趋势研究等7个课题。

（续表）

<table>
<tr><td colspan="2">2016 年 3 月 24—25 日　第十六次市长联席会议　在浙江省金华市召开</td></tr>
<tr><td>会议主题</td><td>“互联网＋”长三角城市合作与发展</td></tr>
<tr><td>重点议题</td><td>会议批准成立长三角协调会创意经济产业合作专业委员会、长三角青年创新创业联盟和长三角新能源汽车联盟。
开展构建长三角海洋经济合作机制研究。
签署了《长江三角洲地区城市合作（金华）协议》，协商提出《“互联网＋”长三角城市合作与发展共同宣言》。</td></tr>
<tr><td colspan="2">2017 年 3 月 30 日　第十七次市长联席会议　在江苏省淮安市召开</td></tr>
<tr><td>会议主题</td><td>加速互联互通，促进带状发展——共推长三角城市一体化</td></tr>
<tr><td>重点议题</td><td>会议审议通过了《长江三角洲城市经济协调会 2016 年度工作报告》《长江三角洲城市经济协调会 2016 年度经费决算报告》和《长江三角洲城市经济协调会 2017 年度经费预算报告》。
各成员城市市长共同签署了《长江三角洲地区城市合作（淮安）协议》。
发表了《长江三角洲城市经济协调会淮安宣言》。
批准成立长三角协调会物联网产业专业委员会。</td></tr>
<tr><td colspan="2">2018 年 4 月 12—13 日　第十八次市长联席会议　在浙江省衢州市召开</td></tr>
<tr><td>会议主题</td><td>建设大花园，迈入新时代——协同打造绿色美丽长三角</td></tr>
<tr><td>重点议题</td><td>会议审议通过了《长江三角洲城市经济协调会 2017 年度工作报告》《长江三角洲城市经济协调会 2017 年度经费决算报告》和《长江三角洲城市经济协调会 2018 年度经费预算报告》。
30 城市共同签署了《长江三角洲地区城市合作（衢州）协议》。
会议审议通过了关于吸纳铜陵、安庆、池州、宣城等 4 城市加入长三角协调会的相关提案，会员城市增至 34 个。
30 个城市还共同发表《做文明有礼先行者　共建美丽大花园》倡议，倡导长三角区域共建生态、文明、文化、心灵大花园。</td></tr>
</table>

参考文献

[1] 蔡玮.长三角经济一体化的模式选择[J].苏州大学学报(哲学社会科学版),2007(1):25—28.

[2] 曹宏苓.长三角经济一体化的现状、困惑与制度机制的创新——对国际区域经济一体化经验的借鉴[J].南京社会科学,2008(5):25—30.

[3] 曹卫东,王梅,赵海霞.长三角区域一体化的环境效应研究进展[J].长江流域资源与环境,2012,21(12):1427—1433.

[4] 陈建军.全局视野下的长三角协调发展机制研究[J].人民论坛·学术前沿,2015(18):16—25.

[5] 陈建军.长三角区域经济一体化的源流、动力机制与价值目标[J].嘉兴学院学报,2010,22(5):33—39.

[6] 陈建军.长三角区域经济一体化的历史进程与动力结构[J].学术月刊,2008(8):79—85.

[7] 陈建军.长三角区域经济一体化研究:问题与分析框架的构建[J].经济理论与经济管理,2008(5):56—60.

[8] 陈建军,陈国亮.长三角区域经济一体化的形成、效应与展望[J].南通大学学报:社会科学版,2009,25(5):26—30.

[9] 陈柳,于明超,刘志彪.长三角的区域文化融合与经济一体化[J].中国软科学,2009(11):53—63.

[10] 陈雯,何雨.从文化资本到文化整合:新时期长三角一体化的重要战略[J].现代城市研究,2009,24(10):24—28.

[11] 陈雯,王珏.长江三角洲空间一体化发展格局的初步测度[J].地理科学,2013,33(8):902—908.

[12] 陈雯,王珏,高金龙.城市群区域一体化与旅游共享合作机制——长三角的经验借鉴[J].热带地理,2017,37(6):784—791.

[13] 楚天骄. 自由贸易试验区建设与长三角区域经济一体化[J]. 中国浦东干部学院学报,2013(6): 24—27.
[14] 崔功豪. 重新认识长三角区域协调发展[J]. 上海城市规划,2011(2): 3—6.
[15] 范恒山. 推动长三角城市合作联动新水平[N]. 文汇报,2017－03－28(007).
[16] 傅兆君,岑慧,赵燕敏. 长三角城乡一体化发展对策研究[J]. 南京邮电大学学报(社会科学版),2015(1): 49—56.
[17] 高丽娜,朱舜. 泛长三角经济一体化视角下的安徽省域经济空间结构优化研究[J]. 上海经济研究,2009(2): 66—73.
[18] 顾海兵,张敏. 基于内力和外力的区域经济一体化指数分析: 以长三角城市群为例[J]. 中国人民大学学报,2017,31(3): 71—79.
[19] 侯赟慧,刘志彪,岳中刚. 长三角区域经济一体化进程的社会网络分析[J]. 中国软科学,2009(12): 90—101.
[20] 黄泰,席建超,葛全胜. 高铁对长三角区域旅游一体化影响计量研究[J]. 长江流域资源与环境,2017,26(9): 1311—1322.
[21] 嵇尚洲. 长三角区域一体化举措与路径[J]. 科学发展,2017(3): 47—57.
[22] 蒋媛媛. 长江经济带战略对长三角一体化的影响[J]. 上海经济,2016(2): 50—73.
[23] 李健,吴国伟,高丰. 从商务成本竞争到劳动空间分工——长三角区域经济一体化发展路径探讨[J]. 现代经济探讨,2006(6): 82—86.
[24] 李琳,彭宇光. 中三角城市群与长三角城市群市场一体化及影响因素比较研究[J]. 科技进步与对策,2017,34(1): 25—30.
[25] 李娜. 基于区域一体化背景下的长三角海洋经济整合研究[J]. 上海经济研究,2014(7): 102—112.
[26] 李娜,刘靖. 长江三角洲与京津冀区域协同发展的比较与启示[J]. 上海经济,2015(4): 15—18.
[27] 李娜,郁鸿胜,宗传宏. 加快上海服务长三角,促进区域一体化[J]. 经济研究导刊,2009(24): 135—137.
[28] 李世奇,朱平芳. 长三角一体化评价的指标探索及其新发现[J]. 南京社会科学,2017(7): 33—40.
[29] 李湛. 下好长三角一体化先手棋[N]. 浙江日报,2015－08－10(009).
[30] 厉无畏. 进一步推动长三角区域一体化发展[J]. 科学发展,2010(2): 3—8.
[31] 刘亮. 区域协同背景下长三角科技创新协同发展战略思路研究[J]. 上海经济,2017(4): 75—81.
[32] 刘志彪. 推进长三角一体化发展[N]. 浙江日报,2017－05－26(006).
[33] 刘志彪. 推进长三角一体化发展的七点建议[N]. 联合时报,2014－09－05(004).
[34] 刘志彪. 区域一体化发展的再思考——兼论促进长三角地区一体化发展的

政策与手段[J].南京师大学报(社会科学版),2014(6):37—46.
[35] 刘志彪,于明超.从GVC走向NVC:长三角一体化与产业升级[J].学海,2009(5):59—67.
[36] 吕连生.安徽参与长三角发展分工的合作机制研究[J].铜陵学院学报,2010,09(5):53—56.
[37] 千慧雄.长三角区域经济一体化测度[J].财贸研究,2010,21(5):24—31.
[38] 荣跃明.长三角经济一体化的新特征[J].今日浙江,2007(3):32—33.
[39] 上海社会科学院经济法律社会咨询中心编.长三角区域发展与合作实证研究[M].上海:上海社会科学院出版社,2010.
[40] 沈开艳,陈建华,邓立丽.长三角区域协同创新、提升科创能力研究[J].中国发展,2015,15(4):64—72.
[41] 沈立江,葛立成主编.长三角一体化理论新视角[M].杭州:浙江人民出版社,2003.
[42] 沈玉芳,刘曙华,张婧,等.长三角地区产业群、城市群和港口群协同发展研究[J].经济地理,2010,30(5):778—783.
[43] 孙亚南.新常态下长三角一体化的机遇与挑战[J].当代经济管理,2015,37(10):65—68.
[44] 汤蕴懿.长三角通关一体化制度建设问题[J].上海经济研究,2016(4):108—116.
[45] 唐勇,王祖强.城市群一体化协调模式与合作机制——以长三角城市群为例[J].当代经济,2011(17):10—11.
[46] 汪后继,汪伟全,胡伟.长三角区域经济一体化的演进规律研究[J].浙江大学学报(人文社会科学版),2011,41(6):104—112.
[47] 王立人主编.长三角一体化发展初探[M].北京:新华出版社,2004.
[48] 王茂林.对推进新一轮长三角区域一体化发展的十点建议[J].科学发展,2010(2):9—13.
[49] 王晓娟.长江三角洲地区产业一体化的内涵、主体与途径[J].南通大学学报(社会科学版),2009,25(4):26—30.
[50] 王战."长三角":市场化模式和区域一体化[J].浙江经济,2002(17):42.
[51] 王振.在长三角一体化发展中发挥好"龙头"作用[N].文汇报,2018-01-05(005).
[52] 王振.长三角地区的同城化趋势及其对上海的影响[J].科学发展,2010(4):101—109.
[53] 王振.长三角一体化发展全面进入新阶段[J].江南论坛,2008(6):16—17.
[54] 王振.抓住长三角联动发展的机遇[J].江南论坛,2007(12):14—15.
[55] 魏亭亭,周桂荣.京津冀区域与长三角区域协同一体化发展比较分析[J].经济界,2017(1):37—44.

[56] 肖金成.长三角城市群一体化与高铁网络体系建设[J].发展研究,2014(5):8—12.

[57] 徐长乐,殷为华,袁新敏.联动发展:长三角的现实选择[J].浙江经济,2003(6):26—27.

[58] 徐长乐,曾群华主编.后世博效应与长三角一体化发展的区域联动[M].上海:上海人民出版社,2012.

[59] 薛飞著.长三角科技创新合作与发展战略研究[M].南京:东南大学出版社,2010.

[60] 薛艳杰.长三角一体化进入转型深化新阶段[J].上海经济,2014(10):12—14.

[61] 薛艳杰,王振.长三角城市群协同发展研究[J].社会科学,2016(5):50—58.

[62] 杨凤华,王国华.长江三角洲区域市场一体化水平测度与进程分析[J].管理评论,2012,24(1):34—40.

[63] 杨凤华.长三角区域经济一体化深化发展的思考[J].工业技术经济,2011,30(5):8—14.

[64] 杨凤华,王国华.长江三角洲区域市场一体化水平测度与进程分析[J].管理评论,2012,24(1):34—40.

[65] 姚玟玟.一体化进程中安徽省与长三角城市群协同发展机制研究[J].三峡大学学报(人文社会科学版),2016,38(4):65—70.

[66] 殷君伯,刘志迎著.泛长三角区域发展分工与合作[M].合肥:安徽人民出版社,2008.

[67] 俞立中,徐长乐,宁越敏,等.后世博效应对长三角一体化发展区域联动研究[J].科学发展,2011(5):25—49.

[68] 郁鸿胜.长江三角洲城市群一体化发展的新视野与践行路径[J].上海城市管理,2010(4):49—52.

[69] 郁鸿胜.制度创新:长三角一体化的优化课题——长三角城市群一体化制度率先创新的若干思考[J].浙江经济,2007(11):8—11.

[70] 郁鸿胜.制度合作是长三角一体化的核心[J].江南论坛,2007(8):9.

[71] 苑辉.长三角城市群一体化发展是转型发展之需[J].上海企业,2018(1):17.

[72] 张颢瀚.转型与融合:长三角地区一体化发展的体制机制建设[J].中国浦东干部学院学报,2012(5):28—39.

[73] 张婧,沈玉芳.长三角经济一体化背景下的区域金融协调发展研究[J].上海金融学院学报,2010(1):47—52.

[74] 张仁开.上海建设全球科技创新中心与长三角区域科技一体化[J].江南论坛,2014(10):15—17.

[75] 张学良.服务经济发展与长三角城市群经济一体化[J].中国浦东干部学院学报,2011(2):74—79.

[76] 张学良.后危机时代的长三角城市群一体化发展[J].中国浦东干部学院学报,2010(2):35—39.
[77] 张玉臣著.长三角区域协同创新研究[M].北京:化学工业出版社,2009.
[78] 张兆安.长江三角洲区域经济一体化:条件、现实、目标、趋势[J].上海企业,2007(7):47—49.
[79] 张兆安.把握长三角经济一体化的基本特征[J].江南论坛,2007(11):10—11.
[80] 张兆安.沪港经济转型与长三角联动发展[J].上海企业,2010(11):38—39.
[81] 曾刚.长三角区域协调发展机制建设之管见[J].浙江经济,2003(10):32—34.
[82] 曾刚,林兰.长江三角洲区域产业联动的理论与实践[J].中国发展,2009,9(1):69—75.
[83] 周冯琦,程进.长三角环境保护协同发展评价与推进策略[J].环境保护,2016,44(11):52—57.
[84] 朱红云,孙克强,范玮,等.长三角一体化与智慧城市群研究[J].金陵科技学院学报(社会科学版),2016,30(3):36—40.
[85] 朱英明.长三角城市群产业一体化发展研究——城际战略产业链的视角[J].产业经济研究,2007(6):48—57.
[86] 姚士谋等.中国城市群新论[M].北京:科学出版社,2016.
[87] [日]富田和晓·藤井 正编.王雷译.图说 大都市圈[M].北京:中国建筑工业出版社,2015.
[88] 薛凤旋,郑艳婷等.国外城市群发展及其对中国城市群的启示[J].区域经济评论,2014(4):147—152.
[89] 陈恒,温源等.长三角:世界级城市群从这里兴起[N].光明日报,2016年7月14日第1版.
[90] 刘士林,刘新静.中国城市群发展报告2016[M].上海:东方出版中心,2016.
[91] 世界银行.胡光宇译.2009年世界发展报告:重塑世界经济地理[M].北京:清华大学出版社,2009.
[92] 陈肖飞,张落成,姚士谋.基于新经济地理学的长三角城市群空间格局及发展因素[J].地理科学进展,2015(2):229—236.
[93] 宁越敏.世界城市群的发展趋势.地理教育[J].2013(4):1—1.
[94] 宁越敏.未来30年世界城市体系发展趋势与上海的地位和作用[J].科学发展,2015(3):19—24
[95] 杨建军,蒋迪刚等.世界级城市群发展特征与规划动向探析[J].上海城市规划,2014(1):1—6
[96] 屠烜.长三角城市群与国际城市群的比较及启示[J].上海经济,2015(4):8—14.

[97] 杨俊宴,禚振坤,陈雯.长三角世界级城市群建设方向初探[J].规划师,2006(3):15—18.

[98] 张强,李远航."两型"社会建设的国际借鉴[J].财经理论与实践,2009(1):79—84.

[99] 王淑娟,丁雅雯.去年十大国际金融中心揭晓　上海北京入列[N].经济参考报,2017年6月29日第A03版.

[100] 邓涛涛,John D. Nelson.交通体系内外联动:世界五大城市群的经验[N].中国社会科学报,2012年6月6日第A06版.

[101] 李彤,韩宇.构建环渤海世界级城市群综合交通体系研究探讨[J].城市,2011(9):13—19.

[102] 叶南客,黄南.长三角城市群的国际竞争力及其未来方略[J].改革,2017(3):53—64.

[103] 丁成日.世界巨(特)大城市发展——规律、挑战、增长控制及其评价[M].北京:中国建筑工业出版社,2015.

[104] 陈建军.长江三角洲地区的产业同构及产业定位[J].中国工业经济,2004(2):19—26.

[105] 楚天骄.长江三角洲区域产业分工与合作模式研究[J].中国浦东干部学院学报,2011(4):118—121.

[106] 胡大立.产业关联、产业协同与集群竞争优势的关联机理[J].管理学报,2006(3):709—713.

[107] 李君燕.京津冀地区产业协同发展策略研究[D],天津师范大学硕士论文,2015年5月.

[108] 李树启.基于区域合作的长三角城市创新体系[J].科学发展,2013(6):90—95.

[109] 李伟.上海产业结构调整及产业转移趋势.载于王振主编.泛长三角地区经济发展报告(2010—2011)[M].上海:上海人民出版社,2011.

[110] 卢锋.产品内分工[J].经济学(季刊),2004(4):55—82.

[111] 邱风,张国平,郑恒.对长三角地区产业结构问题的再认识[J].中国工业经济,2005(4):77—85.

[112] 石良平,汤蕴懿.上海自贸区建设与长三角区域经济一体化发展战略[J]."第十届综合配套改革沪津深三城论坛"论文集,2014(12).

[113] 田野,马庆国.沿海三大经济圈产业结构现状与协同发展初探[J].科学学研究,2008(5):962—969.

[114] 徐力行,毕淑青.关于产业创新协同战略框架的构想[J].山西财经大学学报,2007(4):51—55.

[115] 张丽佳,侯红明,李宏荣.长三角、珠三角、环渤海区域创新能力与政策比较研究[J].科技管理研究,2013(18):14—18.

[116] 张仁开.上海建设全球科技创新中心与长三角区域科技一体化[J].江南论坛,2014(10):15—17.
[117] 浙江省企调队课题组.长三角半数企业原材料来自区内[J].上海物流,2005(2):29—29.
[118] 郑东雅.价值链上的“馅饼”与“陷阱”:策略性产业政策.载于刘志彪主编.价值链上的中国:长三角选择性开放新战略[M].北京:中国人民大学出版社,2012.
[119] 周国红,楼锡锦.长三角区域经济一体化的基本态势与战略思考——基于宁波市532家企业的问卷调查与分析[J].经济地理,2007(1):74—77.
[120] 顾菁,薛伟贤.高技术产业协同创新研究[J].科技进步与对策,2012(11):84—89.
[121] 刘志迎,郎春雷.基于共生的产业经济分析范式探讨[J].经济学动态,2004(02):29—31.
[122] 李飞.京津冀签署框架协议 推进区域现代农业协同发展[N].农民日报2015年03月16.
[123] 王君,苏浙沪联手修复长三角生态[N].金陵晚报2003年11月20日.
[124] 沈锡权,王子闽.长三角地区蔬菜产业应协同发展[N].东方城乡报,2008年12月2日第B07版.
[125] 章力建,朱立志.京津冀一体化农业协同发展的思考[J].中国农业信息,2014(15):9—11.
[126] Seevers B, Graham D, Conklin N. Education through cooperative extension. 2007(5).
[127] 孔祥智,楼栋.农业技术推广的国际比较、时态举证与中国对策[J].改革,2012(1):12—23.
[128] 俞菊生,张晨等.长三角区域农业合作的现状与趋势研究[J].上海农业学报,2011(2):1—4.
[129] 叶必丰.长三角经济一体化背景下的法制协调[J].上海交通大学学报,2004(6):5—13.
[130] 黄速建,刘建丽.当前中国区域创新体系的突出问题[J].人民论坛·学术前沿,2014(17):78—89.
[131] 钱亦杨等.长三角大都市圈协同发展的战略思考[J].华东经济管理,2004(8):5—7.
[132] 罗峰等.欧盟一体化发展对长三角协同发展的启示和思考[J].国家行政学院学报,2010(3):114—118.
[133] 农业部欧盟农业政策考察团.欧盟共同农业政策的变迁[J].世界农业,2012(9):139—145.

图书在版编目(CIP)数据

长三角协同发展战略研究 / 王振等著. —上海：上海社会科学院出版社，2018
（上海社会科学院创新成果丛书）
ISBN 978-7-5520-2320-6

Ⅰ. ①长… Ⅱ. ①王… Ⅲ. ①长江三角洲—区域经济发展—研究 Ⅳ. ①F127.5

中国版本图书馆 CIP 数据核字(2018)第 095844 号

长三角协同发展战略研究

著　　者：王　振　等
责任编辑：董汉玲
封面设计：李　廉
出版发行：上海社会科学院出版社
　　　　　上海顺昌路 622 号　邮编 200025
　　　　　电话总机 021-63315900　销售热线 021-53063735
　　　　　http://www.sassp.org.cn　E-mail：sassp@sass.org.cn
照　　排：南京前锦排版服务有限公司
印　　刷：上海颛辉印刷厂
开　　本：710×1010 毫米　1/16 开
印　　张：18.5
字　　数：240 千字
版　　次：2018 年 6 月第 1 版　　2018 年 6 月第 1 次印刷

ISBN 978-7-5520-2320-6/F·520　　定价：89.80 元
